丛书主编／乔 力 丁少伦

WENHUAZHONGGUO YONGHENGDEHUATI

文 济南出版社 化 永恒的话题 中 （第五辑） 国

春秋绝唱

《左传》纵览新说

张 伟／著

《文化中国：永恒的话题》（第五辑）编辑委员会

总 序

乔力　丁少伦

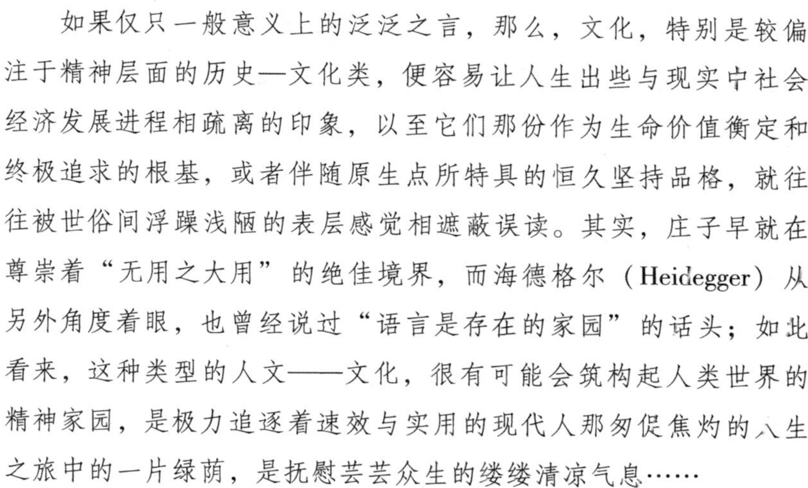

如果仅只一般意义上的泛泛之言，那么，文化，特别是较偏注于精神层面的历史—文化类，便容易让人生出些与现实中社会经济发展进程相疏离的印象，以至它们那份作为生命价值衡定和终极追求的根基，或者伴随原生点所特具的恒久坚持品格，就往往被世俗间浮躁浅陋的表层感觉相遮蔽误读。其实，庄子早就在尊崇着“无用之大用”的绝佳境界，而海德格尔（Heidegger）从另外角度着眼，也曾经说过“语言是存在的家园”的话头；如此看来，这种类型的人文——文化，很有可能会筑构起人类世界的精神家园，是极力追逐着速效与实用的现代人那匆促焦灼的人生之旅中的一片绿荫，是抚慰芸芸众生的缕缕清凉气息……

也许，简单推引东西方先贤高哲的理论来作譬喻依归，是强赋予它们过度严肃严重的功能，将使之疲于担当了；而新文学家朱自清《经典常谈》里的观点倒是颇有意思的参照了：“在中等以上的教育里，经典训练应该是一个必要的项目。经典训练的价值不在实用，而在文化。有一位外国教授说过，阅读经典的用处，就在教人见识经典一番。这是很明达的议论。”此言诚不虚也！佐之以别样异类的眼光，则使我们更多元更宽阔地领略体会到“这一番”：那种智慧的激荡、视野的开张，所带给人心灵的愉悦舒畅。

所以，长时间来，读书界似乎总在期望着能够以广阔大文化视野去引领统摄，凭借知识门类的交叉综融而打通人为壁垒的割裂，借助畅达明朗消解枯涩僻奥，既有机随缘地化合学术于趣味之中，又仍然坚守高品味格调的那一种境界——也正是基于上述考量，从我们擘划构想大型丛书系列《文化中国》初始，便明晰了相关选题取向定位和通体思路走向，即“兼纳文史，综融古今”的开放性观照角度与充溢着现代发现目光的“话题”式结构形态；而二端皆出之以寓深以浅、将熟作新的“文化解读型”的活泼清新的叙述风格，是谓异质同构，若申言之，则兼纳综融者成就其框架，设定了特具的内容实体，解读者则属它那有机的贯通连接的具象方式、形态。故此，于遵循一般性历史史实文献叙述规则的同时，还须得特别注重大众可读性，凸现文字的充分文学性趋势。

顺便说明的是，总体上应该变换已经凝滞固型的惯常思维模式，而移果就因、将反换正，另由逆向方面重新审查中国社会历史中既然的现象、人物、事件，有可能寻找、开启别一扇不被熟知的门扉。那里面或许藏蕴了无限风光不尽胜境，等待被发现、辨识尚未迸发出的生命热情与现代活力，给予现在意义上的形态描述和价值评断。新月派诗人闻一多说：“一般人爱说唐诗，我却要说‘诗唐’——懂得诗的唐朝，才能欣赏唐朝的诗。”借鉴这种自我作古的论辩意味，我们引申出关于“文化”的终极关怀，充分确认了自己的独立研究发端和把握范畴，明晓这并非单纯的中国文学史、哲学史、政治史，或者相关历史、宗教、审美、教化等等所拼接装合的读本。

至于《文化中国》丛书之第一系列《永恒的话题》，我们则不曾有过任何张皇幽渺、搜剔梳罗早已被岁月尘埃堙没的碎琐资料、荒僻遗存以自诩自足的计划；我们之所多为注目留心者，只是那类于漫长的社会历史—文化演进行程中，曾经产生过推动、催变或滞碍、损毁等诸般巨大作用，拥具广泛深刻的影响力，又为民众乐感兴趣，每每引作谈资以伴晨夕诵读茶饭的“话题”。无论对其揄扬臧否，这里面都应当含蕴包纳了可供人们纵横反覆的探讨评骘、上下考量的丰繁内容，能够重新激荡起心灵波纹的感应——这些即是我们选择的参照系，对于“永恒”的理解和定义。

依前所述，虽然关注重点在于社会历史运动进程中，那起到支配主导作用的部分，阐释多种文化现象里的主流内容，力求明晰描绘出那些个关键环节与最璀璨绚丽的亮色；但不应忽略的是，造成它演变的原因、结果往往是多义性的，其运程经过更可能呈现出多元化的、一种异常纷杂繁复的构成形态，而极少见到的是那严格意义上的唯一性。故而，与其强调它的关系属于决定论，倒不如主张为概率式的，才更切合实际，也更需要一种远距离、长时间的“大历史”理念和宽视界、全方位的“大文化”框架去作重新检讨。两者其实是互补而相辅相成。如果将这个方法提升成范式，则很可能显示出同以往传统惯常的观点、结论并不总在趋同的独到之处。这也是我们所希望得到的东西。

以上已明了《文化中国·永恒的话题》丛书系列的缘起和总体立意命思，随后就它们的具体撰写旨趣与大致结构特点略予说明。

首先是关于丛书的：要求必以全面、凿实的史料文献作为立言根基，却主张采取清畅流丽而富于文采意趣的散文体笔调去表述，以实现对诸“话题”的多元考量与文化透视。也就是说，意味着从文化的特定视角来重新解读，并非简单直接地面对某些重大社会历史文化的主题，而给出的现代反思和阐释，折射了一定的时代文化精神。从这里出发，我们尽管极力求取更多的知识信息含量，但却不是一般化的知识读物；虽然倡扬以深厚谨严的学

术品格作前提，但非同那种纯粹的学院派学术论著。我们力推有趣味的可读性，却绝对排斥、摒弃那种纯为娱乐而违背史实随意杜撰编排的“戏说”故事；强调现代发现和个人创见，又拒绝只求新异别调的无根游言及华而不实的浮夸笔墨。总归一句话，丛书所要的只是浓郁的文化观照、历史反思和新见卓识，即新的观点、视角和表述方式方法。

后者是关于本系列的。本次的5种为其第5辑。如果依然采用以类相从而归纳于同一范畴的方式的话，则这五种也是本系列已经出版面世的数十种书里，所未曾展现过的别样类型。换句话说，它亦不再像《永恒的话题》系列以前那样，择用某些历史文化事件、人物、现象或横断面作为关注题材，自拟书目以叙写我们的重新发现与特定的认知理解；却是依凭“筑构经典文化殿堂之路：‘文学—史学’的兼纳交融”的总体构想作为题目，来进行解说阐发。

因为中国向有重史传统，代代持续不绝，产生出数量浩繁的历史著作。如果以宏通发展的目光来看，则萌芽于商周时期的《尚书》记言、《春秋》记事，只是其文学意味还相对幼稚浅薄。至战国时代遂臻达第一次高潮，取得空前繁荣，言事相兼的《左传》和分国记史格局的《国语》《战国策》具载了标志性意义，有实质突破。它们基础在历史的内涵，借助文学表现，实虚互会，兼容文史两端于一身。这种跨界的边缘性著作，同时拥具着历史与文学（散文、小说）的双重因素特征，开创了史传文学类型。其从先秦而至魏晋时代的生长、嬗变到终结，尽管生命轨迹既古老又相对短促，但影响却是非常深远巨大的，那种艺术精神也汇融、活跃在后世多个文学样式里，另外的一部分则分流到史学中。

要之，极具类型特殊化和重要文化标志意义的史传文学，在中国文学史、史学史上，都凸显出由混沌不自觉而渐进至自觉意识的苏醒、成熟、张扬的转化过程。这里固然坚守执着于历史真实，但也并不乏丰富绚丽的艺术想象力。是以，在真实历史事件的叙述中，关注到故事编排、情节渲染与细节描摹；在刻画固有

历史人物时，突出再现他的音容举止等鲜明个性特色。换句话说，史传文学强调录实求真的原则和现实主义的史学品格，但同时又引入了想象、联想、细微间虚构夸饰等一系列文学手法，力求生动形象，饶有趣味，使理性认知和感性激发兼具并存。所以，史传文学作为构建文化经典殿堂的一方重镇，也为后世所继承借鉴，遂得成为永恒。

汉代是史传文学的最后一个发达辉煌期，首先是缘由高耸极顶、横空出世的绝唱《史记》。它于结构形式锐意创新，颠覆先秦史书以事件叙述为中心的编年体模式，而另行以人物为核心去展开历史事件，就成熟的纪传体通史开辟新纪元，让高度典型的文学性和严谨的历史科学形成为完美有机的统一体。其次当推“包举一代”的纪传体断代史《汉书》，但它业已开始显露出了弱化、消解文学成分而朝着史学认同靠拢的倾向。此后，列朝正史无不沿循《汉书》的体制，几成惯例。魏晋二代或可视为史传文学的消歇衰退期，虽然也有《后汉书》《三国志》这样的佳作杰构面世，略可踪迹前贤之风韵文采，但文学与史学分割剥离的趋势愈强愈炽，已不可回转，乃至终成定局共识。结果便是文学自觉走向独立，史学也返原回归，两端歧途异道而各行其是，只不过之后千余年间，史传文学的余波不绝如缕，如杂传、散传文学随之继兴，皆沾溉浸润了其艺术传统和美学理想；尤其是在戏曲文学、小说等叙事文体的成长演化进程中，更始终隐显流贯着它的形影精神。

通过以上的纵览俯瞰，我们极简约地勾画出中国经典文化殿堂里，史传文学粗略的轮廓图卷，力图把握支撑其辉煌的根基柱梁——即下面所拟订的五种书目。借助其所开启的窗口，以我们现代人的新眼界，或得以再重新触摸了解那些壮观景况、美好风光，引发起深入体察的兴味。

下面即依次各略缀数语，聊以为具体而简要的提示发明：

《春秋绝唱：〈左传〉纵览新说》：关于史传文学第一次高潮中涌现的这种类型著作，不妨称之为情节与人物解绎的文史经典，而《左传》便标志了其灿烂开端。它是以故事耸立起来的一座丰碑，叙事详赡，情节曲折完整，人物形象描摹细腻生动。于春秋时期二百四十多年间激烈动荡的特定背景上，揭示出时代特征和历史面貌，尤注重战争、政治与军事的关系，反映了民本、崇礼、崇霸等思想倾向。要之，《左传》作为中国第一部成熟的编年史著作，“左氏之传，史之极也，文采若云月，高深若山海”，臻达了先秦史学的最高成就，向与后来的《史记》并称，被推尊为历史散文之祖，“文有左、马，犹书之羲、献”。

《纵横捭阖：〈战国策〉纵览新说》：颇有异于《左传》雍容徐迂的贵族气度，“敷张扬厉”的《战国策》则以人带事，放笔描写了战国纵横捭阖之世的时代风貌和人文精神。它倡导人的自觉主体意识，表现出强烈的反传统礼教思想，将历史视野转移到新兴知识阶层身上，以重士贵士为主流，鄙弃旧的价值观念和行为准则，凭借竞争奋发、高调昂扬又谲诈机变、工筹善画的举止面貌，伴和着挟霜裹电、智敏雄辩的说辞活跃在各国政治舞台上。虽然并非严谨的史学著作，有着不合史实之处，但《战国策》标志了先秦史传文学的新高峰。也正是缘由于它这种拥具文学与历史二重性质的亦真亦幻特色，故之对后代的历史叙事学和古代小说的发展都产生了长足的重大影响。

《星汉灿烂：〈史记〉纵览新说》：《史记》首创为纪传体，奇峰突起，肇起先端，由之奠定了中国两千年延绵接续的国家修史传统，即官修正史体制。它是自上古而及西汉当代宏伟广阔的百科全书，核心以人为主体的历史画卷，关注人物命运。从帝王将相、王公贵族直到出身地位微贱的社会下层人士，全景式地覆盖了各个阶层断面，于性格形象、情节设置、语言艺术等诸端皆卓越非凡。“究天人之际，通古今之变，成一家之言”。难能可贵的是，司马迁的笔端贯注着强烈的感情，“意有所郁结”，怨愤歌哭，发愤著书，终成此无韵之离骚，可谓空前绝后，遂得以成就中国传记文学的奠基之作，历史散文的巅峰之制。

《盛世遗响：〈汉书〉纵览新说》：《汉书》虽直承《史记》而来，但各自独立撰作成书，前后并无必然的继续关系。这是中国第一部官修断代史，记叙高祖起兵反秦到王莽新朝败亡，共二百三十年间事。它创新纪传，规范体例，蔚成大宗，后世官修正史率皆依此为典范。尤其武帝以后史系新撰，故详后而略前，于事件叙述、人物刻画等各方面自具特色，多有引人入胜处，每常为后世啧啧称道，并列“史汉”。但语言风格已开始走向艰涩古奥，整体上显示文学向史学的回归趋势。客观地看，两美分流，双峰对峙，并不宜强为甲乙。并且因为几百年岁月先后之差，出现《汉书》有而《史记》无的内容（包括传记与表志），故而实际上后者对前者还有所发展。

《鼎足威扬：〈三国志〉纵览新说》：《三国志》是古代二十四史中的“前四史”之殿军，记载了汉晋之交群雄逐鹿、诸侯争霸而战乱频仍，却最终是天下归心，达到江山一统彼岸的历史大趋势。它集聚儒家、兵家、道家、法家、墨家等传统学问于一体，讲求用势之道、用人之道、用兵之道、用笔之道，强调谋略与忠诚，充满着侠义英雄情结与奋发有为、建功立业的主动进取精神，这些都与那高扬的国家意识和坚定的大一统观念相为汇融，直接影响到后代戏曲及“四大奇书”之首《三国志演义》的诞生与叙事，被广泛运用于政治斗争、军事教育、人生智慧等社会各方面。

总括言之，《文化中国·永恒的话题》强调“可操作性与持续发展的张力”，即足够的灵活性和巨大的包容性。作为一个长期的品牌选题，或将视具体情况，分为若干辑陆续推出，以期完成对“文化中国”的重大历史——社会文化主题的另样解读，自然希望能得到更多读者朋友的关注。倘蒙你们慨然指出不足谬误之处，相互切磋商酌，那便是传递出一份浓浓的友情，而我们的欢迎和感念之情，当是不言自明的。

2015 年季秋之月于济南

目　录

第一章
《左传》是怎样写成的

《左传》，作为一部几乎从面世起就承担若干责任的传世经典，凭借其完整的叙事构架、生动的人物塑造、鲜明的思想倾向自由进出各大权威文学史，奠定了其成为我国叙事散文和史传文学双重典范的地位。而今，脱离在经学羽翼下研究的窠臼，从文学方面系统地以现代人的视角来观照《左传》，对《左传》的文学发生、文学影响和其他文学构成要素着力探研，溯源其文学观念表达所发生的依据，还原《左传》一度被遮蔽的文学责任和文学面貌，意义深远而重大。

左传书影

《左传》，这部集经学、史学、文学价值于一身的著作，为什么会成书于战国初期左丘明之手，为什么呈现在我们面前时是那么的文气通达、辞采华赡，会有一种天生的夺人心魄的力量呢？要回答这个问题，首先需要厘定一下《左传》的“立言”与“不朽”的文学观念。《左传》是一部以善

左丘明画像

美的统一为标准对历史人物进行审美关照的文学作品。善美的衡量标准，就在于功业的建树，符合伦理道德规范人格以及合乎礼仪的言行。在作者笔下，能够立功、立德、立言的贤相名臣就是后世效法的楷模，是善的化身，美的形象。《左传·襄公二十四年》记载：

立言

二十四年，春，穆叔如晋，范选子逆之，问焉，曰："古人有言曰：死而不朽，何谓也？"穆叔未对。宣子曰："昔丐之祖，自虞以上为陶唐氏，在夏为御龙氏，在商为豕韦氏，在周为唐杜氏，晋主夏盟为范氏，其是之谓乎！"穆叔曰："以豹所闻，此之谓世禄，非不朽也。鲁有先大夫曰藏文仲，既没，其立言，其是之谓乎！豹闻之：大上有立德，其次有立功，其次有立言。虽久不废，此之谓不朽。若夫保姓受氏，以守宗，世不绝祀，无国无之。禄之大者，不可谓不朽。

上述所描述的可以说是中国文化史上最早最重要的场景：叔孙豹（穆叔）是春秋名臣，在鲁国地位与季孙相当，德行高尚见识非凡。范宣子为晋国范氏之后，执政大臣军工卓著知礼践礼。两人的交谈可以说是文化史上的一次高峰论坛，他们能够讨论"死而不朽"的问题，说明人们已经将此作为个体生命的追求而在寻找某种

叔孙豹

合理的通道。叔孙豹不仅否定了范宣子的观点，指出“禄之大者，不可谓不朽”，而且以藏文仲因“立言”得到不朽直接地指出了通向“不朽”的三条道路：立德、立功、立言。最后用“豹闻之”之语证明自己所言并非杜撰。王运熙、顾易生主编的《先秦两汉文学批评史》中说：“穆叔虽然把立言的地位次在立德、立功之后，但毕竟把立言与立德、立功区别开来，肯定其独立地位及垂诸永久的价值。这种认识，常被后世文学批评用来作为讨论文学的地位和作用的理论依据。”① 《左传》中穆叔在回顾臧文仲一生时这样说道“即没，其言立”，“虽久不费，此之谓之不朽”。这里所说的“立言”指的是：个人言论观点由于具有超于时代的人文性和包含智慧的哲理性而成为后世的准则和典范，他们不随着时代、国家的更替而湮灭，反而会由于岁月的打磨而更具有光彩和价值。同时，他们的价值不限于一个国家，一个时代，他们可以超越普遍的时空意义而存在。春秋时代就有这样一批士人，为后世留下了一笔丰富的思想财富。在春秋时代，人们普遍缺乏后世所言的文学观念，但却在无意中发现了以之为手段可以成就不朽的捷径，这可能也就是人类精神成长道路上的偶然中的必然吧。

《左传》中有一个身为史官的“立言”典范——史佚。史佚是周武王时的太史尹佚，他的言论在《左传》中多次被人提及推重并多次起到止乎礼、平乱象的作用。左丘明能于战国之初为《春秋》做传，说明他也是春秋文化培养出来的士人，无论他是否是与孔子有过交往并为孔子所赏识的那个左丘明，他的思想倾向都是接近于孔子的。左氏观春秋即有感慨和颖悟。文学作品大都是由内心生发并诉诸笔端，他对“立言”选择、“崇礼”思想以及“忠于内心”的情感倾向，都是其最为鲜明的文学思想的体现，并且他的理解也无法离开先秦时期的文化语境。

---

① 王运熙、顾易生《先秦两汉文学批评史》，上海古籍出版社 1990 年版，第 47 页。

第一节　生活底色文质彬彬的培育

一、礼乐的教化功用

西周创造了光辉灿烂的文化。从口耳相传的文王和周公的伟大业绩到考古出土的青铜器物，再到古籍经典的《易》《礼》《诗》《书》，所有一切无不彰显着西周文化的丰厚遗存和巨大魅力。夏商周三代之礼一脉相承，而周礼集其大成："殷因于夏礼，所损益，可知也；周因于殷礼，所损益，可知也。其或继周者，虽百世，可知也。"① 在整个周代，人们最为信奉的文化传说就是周公制礼作乐，时代文化最直接的表达也终于落实于"礼乐"二字，也正因为"乐以象政""审乐知政"，季札才能观乐而知周政，周代的文化也因此被概括为袅袅青铜之音陪衬下的"礼乐文化"。

《左传·僖公十一年》记载："礼，国之干也；敬，礼之舆也。不敬，则礼不行；礼不行，则上下昏，何以长世？"由此观之，恭敬既是礼的外在表现，也是礼的内在要求。西周时代，"乐"是用来配合"礼"的，它虽有着音声的外在，但其本质是"和"，即因素的和谐。《尚书·虞典》中说："八音克谐，无相夺伦，神人以和"，意在说明音声的和谐有着使思想感情和谐的重要作用。

《礼记·仲尼燕居》记载："达于礼而不达于乐，谓之素；达于乐而不达于礼，谓之偏。"说的就是礼乐之间非常重要的相辅相成的关系。礼乐相和，当然其最重要的功能便是教化。《礼记·乐记》记载："以绳德厚，律小大之称，比终始之序，以象事行，使亲疏、贵贱，长幼、男女之理，皆形见于乐。故曰：乐观其深矣。"《荀子》曾说："先王之制礼乐也，非以报口腹目之欲也，将

① 《论语·为政》，陈成国点校：《四书五经》，月麓书社 1991 年版。

以教民平好恶而反人道之正也。”[①]《尚书·舜典》则更直接：“帝曰：夔，命汝典乐，教胄子：直而温，宽而栗，刚而无虐，简而无傲。”这里借圣人的悠悠之口道破其教化的天机，即典乐教人养成知礼懂礼的美好品德，这既是乐官的职责也是礼乐的功用。后来，孔子非常重视礼乐，他在《论语·八佾》中曾经说过：“人而不仁，如礼何？人而不仁，如乐何？”虽然孔子意在强调“仁”的重要性，却也使“礼”和“乐”作为“仁”的外化形态摆在了大家面前。并且，他还将礼乐纳入自己的教学之中，提出“兴于诗，立于礼，成于乐”，对学生进行引导和劝诫。

《礼记·内则》有这样的记载：春秋男子“十有三年，学乐诵《诗》，舞《勺》。成童，舞《象》，学射御；二十而冠，始学礼，可以衣裘帛，舞《大夏》，惇行孝弟，博学不教，内而不出。”表面上看，这些所学习的内容旨在保证音乐方面的修养，实际上最终目的则是实现礼乐的教化。

在春秋时期，除了专业的乐师，很多王公贵族也参加一些音乐活动，是音乐的欣赏者和爱好者。虽然春秋时代礼崩乐坏，越礼行为比守礼行为还要多，但以乐的形式传递礼的内容，礼乐仍然在发挥着其教化的功用。

二、言论自由下的文化空间

朱传誉先生说：“文化普及促使平民上升，文化交流促使政治统一。春秋战国文化的发展即循着这两个方向。”[②] 春秋战国时期，经济的发展、社会的变革和政治斗争的复杂，促进了“士”这一阶层的崛起。他们大都受过教育，是一批有知识、有才干的人物。他们处在时代的漩涡中，活跃于历史舞台上，也使得文化传播的

---

① 《荀子乐论》，王天海校释：《荀子校释》，上海古籍出版社 2005 年版。

② 张玉法著《先秦的传播活动及其影响》，台湾商务印书馆，1993 年 4 月，第 5 页。

春秋战国士人

空间空前扩大。

西周王朝对于士人，从教育培养到选拔任用都是按部就班形成制度化的。“论定，然后官之”①，从周代初年到春秋中期，士人的培养和任用，从头到尾都是官办的。然而，进入春秋末年，士人的培养和任用的官办局面开始被打破。政治格局和统治秩序的崩析和瓦解带给士人的首先是原有制度化的士人培养和任用方式的被迫中断，官学培养下的士人地位明显开始下降，官学的命运也差不多走到了它的尽头。特别是葵丘会盟时制定的盟约中针对“士”的条款明显地苛刻了：“士无世官，官事无摄。取士必得，无专杀大夫。”② 由此产生的影响表现的十分突出，比如就在鲁昭公十七年（公元前 525 年）东方小国的学者郯子到鲁国进行朝拜，在朝拜的过程中，郯子表现出对历史和礼仪制度远超出鲁国本土人氏的博闻和精识，据载：“仲尼闻之，见于郯子而学之。既而告人曰：‘吾闻之：天子失官，官学在四夷。犹信。’”③《论语·微子》篇所谓：“太师挚适齐，亚饭干适楚，三饭缭适蔡，四饭缺适秦，鼓方叔入于河，播鼗武入于汉，少师阳、击磬襄入于海。”虽然还无法完全断定这一事件发生的具体年代，但如果说它大体发生于春秋中后期至战国初年还应该不致于错，而它透露出的的确也是官学四散的消息。《淮南子·俶真训》：“周室衰而王道废，儒、墨乃列道而议，分徒而讼。”《孟子·滕文公下》：“圣王不作，诸侯放恣，处士横议。”

---

① 《仪礼·王制》。

② 《孟子·告子下》，杨伯峻《孟子译注》本，中华书局 1984 年版。

③ 《左传·昭公十七年》，杨伯峻《春秋左传注》本，中华书局 1981 年版。

据《史记·田完世家》载，诸侯愿意听取士人的说辞，大如齐国，“宣王喜文学游说之士。自如驺衍、淳于、田骈、接予、环渊之徒，七十六人，皆赐列第，为上大夫，不治而议论。是以齐稷下学士复盛，且数百千人。”小如燕国，燕昭王“卑身厚币”礼聘郭隗，并“为隗筑宫而师之”。于是“乐毅自魏往，剧辛自赵往，士争凑燕”①。正是官学下移促发了士人群体的流动与衍变，这是与时代变革相伴而行的。

可以说，“从官府散入民间，而又从民间回到官府，是春秋战国士人从整体上展现出的一个历史走向，也同时是他们走过的一段心路里程。”② 周室衰微，官学四散，给士人阶层带来的问题是双重性的，即它切断了周王朝提供的任职机会和俸禄来源，使世袭、兼摄等具体可见的政治、经济依靠变为全无凭借、全无依附；同时，士人又在失业之后被推进市场的情况下获得了一定程度的自由和更大发展的可能性，士人们的思想可以自由驰骋了。刘泽华先生说：

> 人格相对独立是自由思考的前提，而自由思考的程度又是人格独立的标志之一。战国时期是中国古代史上绝无仅有的知识分子的自由时期。
>
> 战国时期并不是所有的人都获得人格相对独立和思考自由的机会，只有一少部分人，即士人，借用现代话说即知识分子才获得。士人数量虽然不大，但其影响与作用却波及到整个社会。而他们相对独立人格的形成与思想自由的宽度与深度是互相促进的。③

① 《战国策·燕策一》。

② 王长华著《春秋战国士人与政治》上海人民出版社 1997 年版。

③ 刘泽华主编《士人与社会》（先秦卷），天津人民出版社 1988 年版。

王室衰微、权力下移，从而使士人与宗法秩序和王朝政治渐次脱钩，这是春秋末年士人获得新发展契机的外缘，而士人自身所具有的文化知识和技艺修养又是士人崛起和勃兴的内因。如果没有这个内因，面对时代机缘，士人所作出的恐怕会是另一种选择。如果没有时代提供的机缘，士人自身所具有的知识和技艺恐怕也永远只能作为为王室和贵族服务的资本和工具。在春秋战国之际，这因与缘的历史际遇，却共同奏响了士人生存新时代的序曲。如果略去若干过于冗长、过分琐碎的历史细节，从长时段、远视界的角度看问题，我们就不难发现这一历史巨变对于士人的意义，还不仅仅是促使他们游离出旧有的等级秩序和从过去的氏族血缘桎梏中解脱出来，① 而更为重要和更具决定意义的，是士人由身份的自由而随之带来的思想和精神的自由。他们在眼前的历史境遇下可以自由地选择居住地，自由地选择职业，同时也可以自由地建构自己的思想学说和传播自己的思想学说。从根本上讲，春秋末年以前的士人所具有、所擅长的知识和修养仅仅成为自身服务于他人的工具和手段。而现在，以往的手段变成了目的，过去被工具化了的知识和修养又真正回到了它自身。以思想和学说为维持生存的重要资本，也同时以此为精神创造和价值追求的安身立命之所在，这是春秋末年士人生命历程中的一个新起点。

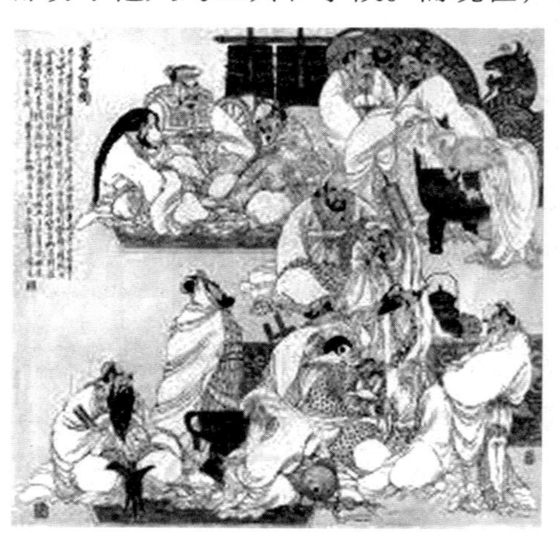

百家争鸣

另外，春秋时代私学的流行，使非贵族出身的

① 参见刘泽华主编《士人与社会》（先秦卷），天津人民出版社 1988 年版，第 35－38 页。

庶人、工、商之辈得以学文化、受教育，社会上涌现出大批非宗法性的新士。这不仅改变了士阶层的原有成分，而且由于私学的学习内容活泼丰富，并不拘泥于传统的六艺，使士的精神也获得空前的解放。从此，士作为一个有巨大能量的社会阶层迅速崛起。他们的人身不再归宗族所有，得以遨游于天南海北；他们的思想不再受传统文化的束缚，他们得以运用自己的才智，对许多重大社会问题独立思考，寻求理想的答案。他们的队伍得以空前壮大，政治舞台的帷幕迅速为他们敞开。战国时代，士人们所遇到的正是这种得天独厚的政治氛围。当时，各国最高统治集团为了在“诸侯力政，争相并”的激烈竞争中求得生存和发展，迫切需要从各方面遴选人才。士阶层中，人才蕴藏量最大，统治者的目光便很自然地集中到士人身上。无论公室、私门，都竟相用优厚的物质和政治待遇延揽士人。社会上出现了空前的养士蓄士之风。不仅励精图治的君主注意招徕、敬重贤士，一些权势显赫的大贵族为发展私人势力，亦不惜代价养士。著名的战国四君子平原君赵胜、信陵君魏无忌、孟尝君田文、春申君黄歇，都曾养士数千人。“皆善遇之”，“不敢以其富骄士”。“好风凭借力，送我上青云”，士人的社会地位乘争士之风迅速提高。而注重养士的贵族和君王，亦依赖由士人组成的庞大的智囊团，“名声闻于诸侯”，并得心应手地从事各种社会改革。西周时代的“士”，政治上隶属于高级贵族，地位低；宗法上受宗子支配，不自由；经济上只不过凭借自己的勇武和才能，从领主贵族统治集团中分得少许残杯冷炙，因而形成了这个社会阶层特有的精神风貌：寄生性小，进取心强，了解社会下层的情况，思想敏锐，善于学习，力求冲破宗法制的桎梏，跃入统治集团上层。这是一股孕育于旧社会，然而盼

战国四公子养士之风

望改变、打破旧的财产和权利分配秩序的潜在力量。各级贵族在相互倾轧中，为了保全自己，战胜对手，也逐渐抛弃“世官世禄”的宗法观念，重用不是同一宗族的优秀之士，即所谓“弃其子孙而好用远人”。著名的春秋霸主，如齐桓公、晋文公、秦穆公、楚庄王等，都曾破格起用有才干的布衣之士作辅弼。如管仲是出身低微的“鄙之贾人”，狐偃、赵衰皆士人；百里奚为秦穆公夫人陪嫁的奴隶；孙叔敖为“期思之鄙人”。尊贤之风一起，士身上的宗法枷锁更为松动。正是因为这样，在春秋战国之际，士人们才真正崛起，成为一股不可忽视的力量。

赵孟頫绘孔子讲学图

另外，到春秋战国时代，教育逐渐解放，官学下移，私学兴起，平民也有了机会接受教育。孔子创办私学，[①] 在我国古代率先打破了“学在官府”、教育由贵族阶层垄断的局面。他提出“有教无类”[②] 的教育主张，力主在平民阶层中普及文化教育，并且身体力行之。他还规定“自行束脩以上，吾未尝诲焉”，[③] “束脩”是指十条肉脯，是先秦时期人们见面时最薄的一种礼物。就是说，无论是谁，只要能向孔子交纳一份“束脩”，他就会对这个人进行教育。孔子通过这种方式，使得当时受教育的范围有所扩大。另外，孔子主张“使民以时”，让民众富庶以外，还强调要加强教育。《论语·子路》：孔子到卫国，“冉有仆，子曰：‘庶矣哉！’冉有曰：‘既庶

① 孔子之前或同时，已经有私学。《说苑》记讼师邓析“操两可之说，设无穷之辞”，只要学生交学费，就教其雄辩之术。《论衡·讲瑞》：“孔子之门，三盈三虚。”私学虽非孔子首创，但他是把私学推向新境界的伟人。

② 《论语·卫灵公》。

③ 《论语·述而》。

矣，又何加焉？’曰：‘富之。’曰：‘既富矣，又何加焉？’曰：‘教之。’”

孔子讲学

这种“富而教之”的主张，虽然是处于对民众利益的关注，其前提也还是从有利于贵族统治着眼的，但它对知识文化的传播仍然是功不可没。

先秦学术发达，始于春秋而盛于战国，推其原因，梁启超举出七点：一、由于蕴蓄宏富，固之文化为三代之最；二、由于社会变迁，阶级消除，贵族世官之学散诸民间；三、由于思想言论自由，处士横议，多得一察以自好；四、由于交通频繁，战争、聘享、商旅、游士，使文化大为沟通；五、由于人才见重，列国兼并，国君求才甚急；六、由于文字趋简，自仓颉象形文至秦时隶书，日趋简易；七、由于讲学风盛。① 朱传誉先生也说，“战国学术思想特别发达，非因传播工具之功，而是由于当时学者享有充分的言论自由。”② 通过以上观之，随着社会的加速发展，人们对文化的需求增加，给口语传播提供了充足的公共空间；言论自由下的文化空间，对春秋战国之际的文化滋养起到了不可估量的作用。

三、专职的口语传播者和自由传播的基地

先秦文明依靠口语传播，与同时期的职业的口语传播者的出现以及他们所进行的活动也是不无关系的。在古代，跑江湖的艺人，戏班子和私塾的教师，也都是职业的传者，只不过他们各司其职，有的专事娱乐，有的传授文化。

---

① 梁启超《中国学术思想变迁之大势》，第 11—15 页。

② 朱传誉著《先秦唐宋明清事业论集》，商务印书馆，1988 年版，第 90 页。

"乐师"是春秋战国时期负责音乐的职官名称。《周礼·春官》："乐师掌国学之政，以教国子小舞。"《礼记·王制》也说："乐正崇四术，立四教，顺先王《诗》《书》《礼》《易》《乐》以造士。春秋教以《礼》《乐》，冬夏教以《诗》《书》。王大子，王子，群后之大子，卿大夫元士之适（嫡）子，国之俊选，皆造焉。"可见，乐师司教职，行礼乐，施乐教，在文化的传播过程中有着不可替代的重要作用。另外，在周代，乐师还有省风观俗，备以箴谏的职责。《国语·周语上》："先时五日，瞽告有协风至"，"是日也，瞽师、音官以风土"。注："瞽，乐太师，知风声者也。协，和也，风气和，时候至也。立春日融风也。""音官，乐官。风土，以音律省土风，风气和则土气养也。"因而，乐师的职责之一就是"省风"。"省风"的目的当然离不开采风观俗，备以咨询。《汉书·艺文志》总结说"古有采诗之官，王者所以观风俗，知得失，自考证也。"乐师通过"省风"，虽然客观上反映了上升时期的统治阶级了解民意的需求，但他们深入生活，深入民间，能够如实地反映劳动人民的意愿。"采诗"更是如此，《诗经》中的诗篇就是明证。从一定意义上说，乐师是劳动人民意愿的传达者。①我们完全有理由说，乐师对诗歌的传播起了积极的促进作用。另外，"省风"备以箴谏有助于统治者的决策，在一定程度上对文化传播的影响也不可忽视。要之，乐师是春秋战国之际职业的口语传播者。

春秋战国之际，学官四散，官府之学，传之民间，有如《史记》所云"畴人子弟分散"。教育解放，士人数量骤然增加，各家莫不广收学生或信徒以巩固自己的地位。再者，"乐正崇四术，立四教。顺先王诗、书、礼、乐以造士，春秋教以礼、乐，冬夏教

① 参照王同《试论乐师在春秋战国时期的社会作用》，《中国音乐学》，1999年第3期。

聚徒讲学

以诗、书。"[①] 他们饱读诗书，身通六艺，精神上又获得极大程度的觉醒，岂能让满腹才学付之东流。陈水云先生说："'士'的内在构成的复杂性，决定着它具有传播的品质；它不受政治宗教及其他外在因素的影响，而是以出卖知识为职业，有恒心无恒产，具有职业自由人的品格；从士的活动范围看，他们既可上与王侯对话，也可下与庶人交流，他们涉及的领域十分广泛，在当时几乎所有的领域里都能找到他们的身影。"[②] 所以，这些士人成为职业的传者当是历史使然。他们不仅通过游说诸侯传播自己的思想观念，还借助聚徒讲学的方式传授自己的思想。孔子是文化传播的先驱，他好古敏求，不仅周游六国，知其不可为而为之，还对尧舜以来夏商周三代的思想文化进行了系统的梳理，并且设坛讲学，广收门徒，述而不作，为中华文化的流传发展做出了重大贡献。柳诒征先生说："孔子者，中国文化之中心也。无孔子则无中

---

① 《仪礼·王制》中华书局影印，十三经注疏本。

② 参照陈水云《"士"与战国时期的传播艺术》，中南民族学院学报，2001 年 1 月。

国文化。自孔子以前数千年之文化，赖孔子而传；自孔子以后数千年之文化，赖孔子而开”。[①] 像他这样的先秦诸子，很多都有类似的经历，他们担负起传授知识、培养人才的职能，“士竞于教”[②]就是这种情况的鲜明写照。他们在中国历史上教育大变革时期掀起了从师受业之风，不仅传递了学术，还培养了大批学术文化的继承者和传播者，如孔子的弟子子夏、曾参、子游等都开门授徒，弘扬先学，阐发新知，称他们为职业的口传者当之无愧。

可见，中国传统文化繁衍传播过程中形成的“师徒制”，对古代文化的流传功不可没；私学的创立，也为文化的传播提供了自由的基地。孔子“弟子三千，贤者七十二”，颜回也早已开门授徒。后又“儒分为八”，各自辐射一方，传播儒学，不仅为儒学在全社会的广泛传播打下了坚实的基础，而且让我们看到了文化传播的非常明晰的纵向发展线索。私学是自由的学术团体，可以自由地流动。私学大师周游列国，主观上是为了寻求改变世界的用武之地，客观上成了流动宣传队，进行了广泛的学术传播和交流。孔子、孟子、荀子以及其他私学大师都是如此，“上说下教”——说服国君，教化民众，扩大其学说的政治影响和学术影响。他们走到哪里，未必从经济上造福一方，却从文化上泽被一带。齐桓公时期建立的稷下学宫，它向各国的自由知识分子敞开大门，不分国籍、不论门第、不囿于一家一派之言，容纳“百家之学”。各派学者都可以在这里自由讲演，宣传自己的政治

稷下学宫

① 柳诒征《中国文化史》，中国大百科全书出版社，1988 年版，第 231 页。

② 《左传襄公九年》，杨伯峻《春秋左传注》第三册。

主张、学术思想，这是此前没有过的文化传播的盛况。一言以蔽之，它是精英文化的集结地，百家争鸣的论坛和文化沙龙，战国时期的文化教育中心。①刘蔚华先生指出：“在稷下，孔子之儒学由孟轲、荀况分别加以弘扬、改铸、重建；墨子之学在宋㫤、尹文那里发生了重大变异；老子之学由慎到、田骈等人的创造性发挥，大大改观；……通过稷下，先秦诸子之学得到了综合、批判，孕育产生出了适应时代要求的新思想、新观念。……因此，稷下之学是先秦文化史上的重要环节，是春秋战国百家争鸣的高潮。”② 总之，稷下学宫集合了各诸侯国的大批学者，加上当时自由气息活跃的深厚文化积累与社会土壤，先秦时期的诸子学派都曾经在这个舞台上一展风采，这种自由传播的基地对先秦时期文明的发扬光大的贡献是卓著的。

齐桓公九合诸侯

士人的游说和聚众讲学，乐师的施礼和司教职以及省风观俗等，都可以说是和专门的职业的传播者在他们各自的岗位上所应该施行的职责是对等的，从这种意义上来说，春秋战国之际已经有了文化知识的专职口语传播者和自由传播的基地，那么，先秦文明与口语传播的关系就不言而喻了。

第二节　古籍经典文学传统的滋养

自从有了文字记载的历史，史学就一统天下，文学几乎没有

---

① 参照周月亮著《中国古代文化传播史》，北京广播学院出版社 2000 年版，第 95 和 98 页。

② 刘蔚华《稷下学史》，中国广播电视出版社 1992 年版，第 53 页。

自己的身份和地位。而正是在这样艰难的背景下，文学突破史学的层层包围，勇敢地萌发出嫩绿的幼芽，破茧出土了。最早向我们透露文学信息的文献便是《尚书》和《春秋》，前者主要是记录言论，后者则是留下了不朽的历史事件记载，在文与史的交融中，它们的记言记事也各具特色，由简到繁，由质朴无华到略具文采，羞涩的开始了文学对历史的原初浸染。

一、“佶屈聱牙”的记言始祖：《尚书》

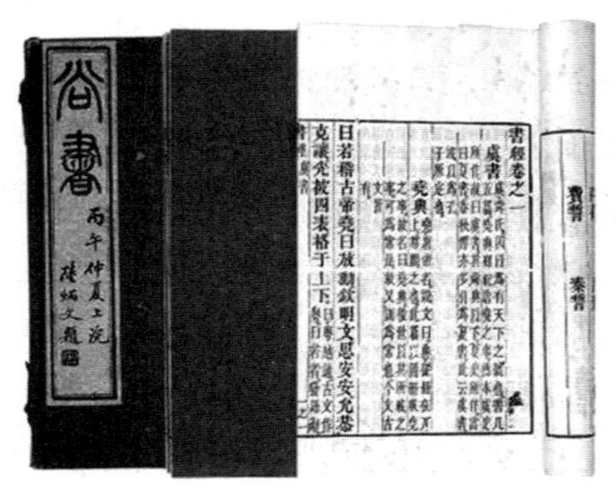

尚书书影

说到《尚书》，人们一般就用“佶屈聱牙”来形容。其实不然，我们所熟知的功德满天下的尧帝，春夏秋冬的四季划分，尧帝挑选接班人，大禹治水，从政者应具备的九种品德等故事，都可以从《尚书》中找到最原始的答案，它里面有很多让人期待的东西。

的确，不是笔者天花乱坠信口雌黄，上面所说的内容恰恰就是《尚书》中《虞夏书》《商书》《周书》分别所讲的内容。《尚书》分为《虞夏书》《商书》《周书》这几部分，是按照朝代划分的，也可以按照体式划分，大概有六种：典，主要记载当时的典章制度；谟，是记君臣谋略的；训，是臣开导君主的话；诰，是勉励的文告；誓，是君主训诫士从的誓词；命，是君主的命令。另外，还有的篇章以人名为标题，如《盘庚》《微子》；有的以事件作为标题，如《高宗肜日》《西伯戡黎》；有的以内容作为标题，如《洪范》《无逸》，这些都是记言的。也有叙事成分较多的篇章，如《顾命》《尧典》。其中的《禹贡》，托言夏禹治水的记录，实为古地理志，与全书体例不一。这些都是对上古帝王的文告和军臣谈话记录的记载，所以《尚书》就是“上古之书”的意思。它所记载的历史，上起传说中的尧舜时代，下至东周（春秋中期）秦穆公时期，历时约一千五百多年，保存了大量弥足珍贵的先秦文献资料，是中国古代最早的政事史料汇编。又因为它使用的语言、词汇比较古老，非常不容易读懂，因此一直被冠以“佶屈聱牙”（韩愈《进学解》）的称谓。

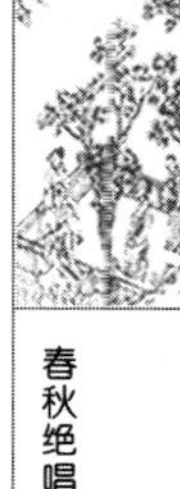

《尚书》最早被称为《书》，到了汉代被叫做《尚书》，汉代以后，《尚书》被尊为《书经》，从此，它成为中国封建社会的政治哲学经典。据说《尚书》原有百篇，秦始皇统一中国之后，把《尚书》列为禁书，规定民间所藏的《尚书》必须烧毁，《尚书》几乎遭到灭顶之灾，幸亏秦汉之际山东的博士伏生，凭借记忆记录下了原文，用当时的文字隶书写成，其中《虞夏书》四篇，《商书》五篇，《周书》十九篇，这就是现存的二十八篇《今文尚书》，这部书被汉朝政府列于学官，据多数学者的考证，认为它是真的。汉武帝时，鲁恭王刘余为了扩大自己的宫殿范围，拆毁了孔子的旧宅，并从孔宅墙壁中发现了许多用蝌蚪文字（汉以前的大篆或籀文）写成的竹简，是古文《尚书》。当时的学者孔安国（孔子的后代），把它和通行的今文《尚书》互相校读了一遍，多出了十六篇。但这部古文《尚书》一直没有被汉朝政府所重视，既没有列于学官，也没有专人传授。到王莽时才把这部古文《尚书》列于学官。到东汉时，才逐渐盛行，当时的大学者马融、郑玄等人为它作注释，这样才盛行于世。古文《尚书》的出现，引发了今文《尚书》和古文《尚书》之间无休止的争论。流传至今的《尚书》包括《今文尚书》和《古文尚书》两部分。《今文尚书》共二十八篇，《古文尚书》共二十五篇。从唐代以来，人们把《今文尚书》和《古文尚书》混编在一起，后来经过明、清两代的一些学者考证、辨析，确认由汉代孔安国传下来的二十五篇《古文尚书》和孔安国写的《尚书传》是伪造的，因此被称为《伪古文尚书》和《尚书伪孔传》，这个问题在学术界已成为定论。这部书的写作和编辑年代、作者已很难确定，但在汉代以前就有了定本。据说孔子曾经用它作教育弟子的教材，也有一种传闻说孔子曾经对此书进行删订，但不少人认为这个说法不可靠。有一点可以肯定的是，《尚书》既不是写定于一时，也不是出于一人之手，而是经过很长时期的汇集和流传，到春秋战国时才定型成书的。

《尚书》以记言为主，与甲骨卜辞和铜器铭文相比，其中的文章篇幅更长，内容也更丰富了。这些文章分为典、谟、训、诰、誓、命等类别，可以看作古代最早的散文体式。它们总的特点是质实古朴，读起来佶屈聱牙，艰涩难懂。但随着时代的发展，书中文章演进的轨迹非常清晰，有些作品运用了较为成熟的写作技巧，已具有一定的文学因素。

就文学性而言，《尚书》是中国古代散文已经形成的标志。书中的文章，结构已趋于完整，也有了一定的层次，已注意在谋篇布局上下功夫。这些作品由简到繁，说理日趋细密，逐步具备了完整的篇章。《商书》中的《汤誓》是商汤伐桀时的一篇誓词。文中反复强调天命，说明伐桀的原因，如："非台小子，敢行称乱，有夏多罪，天命殛之"，"夏氏有罪，予畏上帝，不敢不正。"道理讲得非常简单，只是在篇末表明赏罚，以作为劝惩。而发展到周初，收在《周书》中的那些训诰如《大诰》《康诰》《酒诰》《召诰》《多士》《无逸》《多方》等，说理就更加繁复周密，颇为讲究立意谋篇和论证手段。如《无逸》是周公对成王的一篇训辞，文中首先提出中心观点"君子所，其无逸"，然后便征引商周两代的历史，说明"无逸"才能享国长久的道理，接着又具体提出对成王的要求："继自今嗣王，无淫于观、于逸、于游、于田，以万民为正之供。"最后列举殷代中宗、高宗、祖甲及周文王等榜样，要求"嗣王其监于兹"。文章中心明确，论证周详，各部分之间联系紧凑，堪称初具规模的论说文。

其中有的篇章已经具备一定的文采，带有某些情态，还运用了一些修辞手段，使说理带有一定的形象性。《商书》中的《盘庚》三篇是盘庚迁殷时对臣民的讲话，在上篇中，他针对大臣反对迁都的情绪，反复劝说，把迁都可使国运昌盛比作“若颠木之有由蘖”；要求臣下听命奉职，“若网在纲，有条而不紊；若农服田，力穑乃亦有秋”；又征引先贤之言说：“迟任有言曰：‘人惟求旧，器非求旧，惟新。’”篇中还用“予若观火”比喻自己对情况十分明了，指责大臣用浮言惑众：“若火之燎于原，不可向迩，其犹可扑灭”。这些比喻和引言生动贴切，富于生活气息。在其他篇章中，还有不少类似的例子，它们为作品增添了文学色彩。如《盘庚》三篇，是盘庚动员臣民迁殷的训词，语气坚定、果断，显示了盘庚的目光远大。其中用“若火之燎于原，不可向迩”比喻煽动群众的“浮言”，用“若乘舟，汝弗济，臭厥载”比喻群臣坐观国家的衰败，都比较形象。《无逸》篇中周公劝告成王：“呜乎！君子所其无逸，先知稼穑之艰难乃逸，则知小人之依。”《秦誓》篇写秦穆公打了败仗后，检讨自己没有接受蹇叔的意见时说：“古人有言曰：‘民讫自若是多盘，责人斯无难，惟受责俾如流，是惟艰哉！’我心之忧，日月逾迈，若弗云来！”话语中流露出诚恳真切的态度。此外，《尧典》《皋陶谟》等篇中，还有的带有神话色彩，有的在文章结尾用诗歌来点缀。

还有些作品运用了较多的语气词，表现出说话人的口吻，带有一定的感情色彩。如《周书・立政》记周公对成王的告诫：“呜呼！休兹知恤，鲜哉！”“呜呼！予旦已受人之徽言咸告孺子王矣！”“今文子文孙，孺子王矣！其勿误于庶狱，惟有司之牧夫。……呜呼！继自今后王立政，其惟克用常人。”通过这些语气词，你能够深切地体会到那股殷勤恳切之情。又如《周书・秦誓》中秦穆公对臣下的悔过的言辞，更是饱含着沉痛的悔恨之情。这类作品在表达思想的基础上，带有一定的感染力。

另外，《尚书》中也不乏叙述和描写之笔，有些篇章写出了一定的情节和场面。如《周书・顾命》写成王崩，康王继位，从成王临终前交代遗嘱，一直到康王举行继位大典的过程，都叙述得

具体周详，井然有序。至于典礼的场面，诸如礼器之摆设、宾相之排列，以及各类人物的活动，更是历历在目。而《周书》中的《金縢》，写周公摄政时的一段故事，不仅有具体的叙述和描写，而且颇具传奇色彩。

总之，《尚书》中的作品已形成完整的篇章，无论是记事记言，都有了一定成就，它标志着古代散文正在走向成熟。后来春秋战国时期散文的勃兴，是对它的继承和发展；秦汉以后，各个朝代的制诰、诏令、章奏之文，都明显地受它的影响，如司马迁写《史记》时，采用了《尚书》的材料，或录全文，或取部分文字，但他运用了“以训诂代经文”的原则，把《尚书》的原文翻译了一遍，使先秦的古书，变成为汉代通行的语言文字。例如《尚书·尧典》中有“钦若昊天”的话，《史记·五帝本纪》便写为“敬顺昊天”。又如《尧典》中的“瞽子”，《五帝本纪》中改作“盲者”。所以我们可以把《尚书》和《史记》中的《五帝本纪》《夏本纪》《殷本纪》《周本纪》等对照来读；刘勰《文心雕龙》在论述“诏策”“檄移”“章表”“奏启”“议对”“书记”等文体时，也都溯源到《尚书》。因此，不管《尚书》多么的“佶屈聱牙”，古奥难读，实际上后来的历代散文家们都从中取得了一定的借鉴。

二、“简而有法”的记事先驱：《春秋》

《春秋》民国版

春秋时期的大思想家、大教育家孔子（前 770 – 前 476），根据鲁国史料编纂而成《春秋》，是我国第一部以记事为主的编年体史书。古书中记时常用“春秋”，今人便以为“春秋”指四季，其实，关于“春秋”的说法，是有一个发展变化过程的。我国历法原来把一年分为春秋二时，后来才逐渐演变成为春夏秋冬四季。殷人甲骨卜辞中关于“春秋”的观念影响深远，西周时期各个诸侯国都设有史官，他们负责编修各国的史书，“春秋”便成为古代记事史书的通称。由于其他诸侯国的春秋都散佚亡失，只有鲁国的春秋流传于世，于是《春秋》便成为鲁国史书的专称，因其属于儒家“六经”之一，所以又称为《春秋经》。

采用编年体记事，是《春秋》首创，并且极具特色。这里所说的“编年”，就是建构明确的时间顺序，按照年月日来记录历史事件，正所谓“以事系日，以日系月，以月系时，以时系年”（杜预《春秋左传集解·序》）。这一体例的创造，堪称伟大创举，在我国历史上具有划时代的意义。《春秋》用鲁国纪元，它以年为经，以事为纬，具备了明确的时间观念和自觉的记事意识。它记载了从鲁隐公元年，依次经历桓、庄、闵、僖、文、宣、成、襄、昭、定诸国君，直到鲁哀公十四年，总共二百四十二年（前 722－前 481）的历史，对这一时期的史事做了简洁的大纲式的叙述。其中提到的诸侯国和蛮、夷、戎、狄部族共有一百多个，对于中原有较大影响的十几个诸侯国也有较多的记载，基本上反映出了春秋时代的大格局。

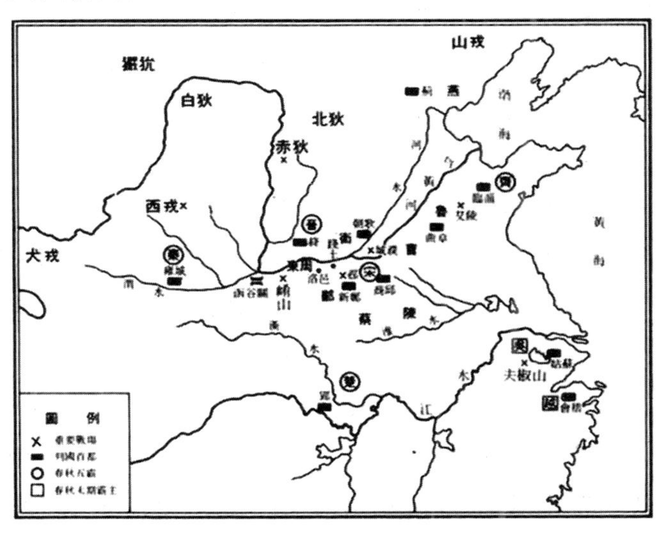

春秋五霸形势图

《春秋》是一部信史，它专于记事，而且记事“简而有法”。比如：“夏，五月，郑伯克段于鄢”，寥寥几字，就交待了时间、地点、人物、事件，虽然对事件的因果、过程、人物的行为等没有作任何说明，但了解历史的读者会发现，其记事不仅清晰地显现了事件发生的时代背景，而且揭示了同一时代史实之间的相互关系，褒贬之意自在其中。共叔段不遵守做弟弟的本分，所以不说他是庄公的弟弟；兄弟俩的关系，如同两个国君一样，两人之间的战争，就如同两国交战，所以用“克”字；称庄公为“郑伯”，是讥讽他对弟弟有失教诲；赶走共叔段是出于郑庄公的本意，便不写共叔段自动出奔，这么处理含有责难郑庄公的意思。由此可见，《春秋》不仅记事简略，于一字之中见褒贬也可谓是名副其实。它所记录的历史事件，长的不过四十多字，短的仅有一个字。但很明显的是，它叙事扼要谨严，极为简略，但“简而有法”，每记一事，只寥寥数语，不带什么文学色彩。但它的语言简练明白，遣词造句都很讲究。如僖公十六年载“春，王正月，戊申朔，陨石于宋五；是月，六鹢退飞，过宋都”。简洁明了，错落有致，比起佶屈聱牙的《尚书》，确实有了很大进步，它对古代散文尚简传统的形成，起了很大作用。全书虽然不过一万八千余字，却能够纪远近、别同异，直接呈现事件，其中既没有记录因果过程，也没有作任何主观人为的评判，做到文约事丰，确实很有功力。

晋杜预在《春秋左传注·序》中说：“春秋者，鲁史记之名也，记事者。”《春秋》是鲁国史官的记录，它以“鲁君断代，逐年记事”，处处反映鲁史特征。如书中记载鲁国之事时常称“我”：如记鲁君及夫人葬事时，《春秋》均书作“葬我君某公”“葬我小君某某”；鲁国受其他诸侯国或戎狄侵伐，均书作“某某侵我某地”“某某伐我某地”；鲁国军队打了败仗，书作“我师败绩”；鲁使者被其他诸侯国扣押，书作“某某执我行人某某”；宣十年齐人归还强占的鲁国土地，书作“齐人归我济西田”，等等。[①] 它简明扼要地记录了鲁国的史事，比较完整地反映了鲁国的历史面貌，与此同时，还兼顾了其他诸侯国发生的事件。但比较明显的是，它只是记载与鲁国有关或对鲁国有影响的其他诸侯国之事，并没有系统全面地照顾到各国的历史，纵然这样，也丝毫不妨碍它的我国第一部断代简史的地位。并且这种叙事方法，给后世史传文学的生长也埋下了饱满的极具活力的种子。

另外，它的体式、内容、叙事、语言也都自成一家，不仅是后世编年体史书的始祖，而且显示出后世史传文学的稚嫩萌芽，在史传文学发展史上有着重要的地位。《史记·太史公自序》记载孔子的话说：“我欲载之空言，不如见之于行事之深切著明也。”虽然传说《春秋》因孔子“感麟而作，作起获麟，则文止于所起”的说法不足以服人，但他要记录实际的人事得失以便达到切实可用的良苦用心可见一斑。

就像“没有表情”也是一种表情一样，孔子于无声之处发出了振聋发聩的声音，后人把这种简约而凝练的记录观照历史的方式称之为“春秋笔法”。所谓“春秋笔法”，即一字见义、一字褒贬、微言大义，即在平常的记事中隐含着深刻的垂教后世的褒贬劝惩之意。《春秋》在记事中体现出鲜明的思想倾向，常常通过用语和行文寄予褒贬爱憎、裁定是非曲直。对僭号称王的吴楚之君，即贬称为“子”，凡悖礼作乱，以下杀上者，都斥之为“弑”。鲁隐公四年春，卫公子州吁杀卫桓公而自立为君，后来又被卫人所杀，《春秋》记载此事说：“卫州吁弑其君，卫人来告乱”，“九月，卫人杀州吁于濮”。一“弑”一“杀”，褒贬自明。再如庄公三十二年庆父使人杀鲁君子般，《春秋》写道：“冬十月乙未，子般卒，公子庆父如齐。”暗示庆父对子般被杀负责。又如，桓公十三年载“郜人、牟人、葛人来朝”，来朝者，都是小国之君，至少

① 参照晁岳佩《〈春秋〉说例》，古籍整理学刊，2000 年第 1 期。

是他们的兄弟或世子，《春秋》不像称呼“宋公、齐侯、郑伯、楚子”等称其爵称，也不像称呼“郑伯突（厉公）、郑伯忽（昭公）”一样在爵称后称名，却只书作“人”，可见鲁人对这些小国的轻视。杜预《春秋经传集解》载：“齐豹为卫司寇守嗣大夫，作而不义其书为盗；邾庶其、莒牟夷、邾黑肱以土地出，求食而已，不求其名，贱而必书。此二物者所以惩肆而去贪也。”齐豹身为卫国大夫，为了一官半职就杀害了卫国国君的兄弟，虽说“欲求不畏强御之名”，但在孔子眼中仍然是“盗”；襄公二十一年邾庶其、昭公五年莒牟夷、昭公三十一年邾黑肱都曾拿着自己国家的土地取悦于鲁国，他们都是小国的大夫，孔子说他们“来奔”，本身就是对他们的鄙视，可他还是不解恨，他不惜笔墨，又点出三人姓名，以便让卖国贼遗臭万年。在这里，一个“盗”字写出了孔子的厌恶和谴责，一词“来奔”便现出了叛国者卖地求荣的丑态。显然，纯粹客观的历史记载不但古代，将来恐怕也不会出现，但人们绝不会将严肃的史书记载与荒诞虚构的东西抑或是神话混为一谈。由于孔子的用意在于“为天下仪表，贬天子，退诸侯，讨大夫，以达王事而已矣”（司马迁《史记》），所以牺牲历史事实的客观性，以迁就道德标准也就无可厚非。王安石曾讥讽《春秋》为“断烂朝报”，实际就是批评孔子没有有效地保留历史。很明显，王安石的说法有失偏颇，《春秋》的“简”只不过是有目的的简，这种“简”的背后掺入了编者自己的评价而已，从客观上说，《春秋》能够比较客观地记载史实，它并没有歪曲历史，并且这比直接明白的劝诫要高千万倍。《左传·成公十四年》载：“微而显，志而晦，婉而成章，尽而不污，惩恶而劝善。”① 就是对这种“笔法”的一次总结，他基本概括出了孔子作《春秋》的核心意旨。《春秋》这种以一字为褒贬的写法和微婉含蓄的风格，对后代散文也有不小的影响。

---

① 杨伯峻，春秋左传注。北京：中华书局1990年版，第870页。

在文字记录的历史中，史官能够秉笔直书，丝毫不体现出个人的好恶，是非常不容易的，可以说，自从有了史官，就有了对历史的褒贬记录。孔子也是这样，《春秋》中记事虽简而有法，但褒贬劝惩之意跃然纸上。

据司马迁记载："孔子曰：'后世知丘者以《春秋》，而罪丘者亦以《春秋》。'"（《史记·孔子世家》）《春秋》一书在当时的现实政治中的确产生了很大影响，孟子说："孔子成《春秋》，而乱臣贼子惧。"（《孟子·滕文公下》）司马迁也说："弗乎弗乎，君子病没世而名不称焉。吾道不行矣，吾何以自见于后世哉？乃因史记作《春秋》上至隐公，下讫哀公十四年，十二公。据鲁、亲周、故殷，运之三代。约其文辞而指博。故吴楚之君自称王，而《春秋》贬之曰'子'；践土之会实名周天子，而《春秋》讳之曰'天下狩于河阳'；推此类以绳当世。贬损之义，后有王者举而开之。《春秋》之义行，则天下乱臣贼子惧焉。"（《史记·孔子世家》）这都印证了《春秋》笔法生动地体现了孔子的政治思想，并且在记录史实之中，包含着巨大的褒贬抑扬的意蕴。"褒贬进退，史官之职"（梁玉绳《〈汉书人表考〉序》），孔子以惩恶扬善的方式，达到"别嫌疑，明是非，定犹豫，善善恶恶，贤贤贱不肖"（《史记·太史公自序》）、"采善贬恶，推三代之德，褒周室，非独制讥而已也"（《汉书·司马迁传》）的目的，就这一点而言，已非常明确地表现在"春秋笔法"中了。《春秋》之中，"弑君三十六，亡国五十二，诸侯奔走不得保其社稷者不可胜数。"① 可见，春秋之时，像"弑君""亡国"这样的非常事件已成为一个非常突出的社会现象，并且也引起了史官对这类非常事件的高度关注，但他们往往无权直接表达自己的见解和评判，而只能通过另外的较为巧妙的方式来表达自己的态度和立场。实际上，这是一种隐讳的表达方式，隐而不书并不是一味遮掩，它同样也是一种藏否

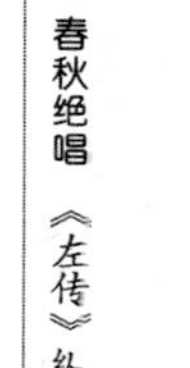

① 公羊传注疏。十三经注疏。北京：中华书局1980年版，第329页。

方式，体现着史官的价值评判标准，透露出《春秋》“遵循周制，维护周礼，反对僭越违礼行为，贬斥邪说暴行”的思想倾向。也许孔子就是想通过这样的手段来“尊王攘夷”，极力挽救周天子一统天下的社会秩序吧。

“春秋笔法”集中体现了《春秋》的语言特点：凝练含蓄。简洁的用语中所包含的信息量是惊人的，也是历来为人们所叹赏的；委婉的曲笔中又隐含着品之不尽的韵味和深意。较之于“佶屈聱牙”的《尚书》，《春秋》已明显地成为了简明含蓄的标榜，这昭显着史传文学的发展和进步。

《春秋》是一部忧患之书，它在叙事中倾注了鲜明的感情色彩，不动声色地表达出至深至隐的大义，就在于它所特有的这种“春秋笔法”。虽然它的文学性并不甚强，但它的叙事方式以及语言运用技巧却足以为后世史传文学大厦的巍峨耸立打下夯实的地基。

三、温柔敦厚的诗教经典：《诗经》

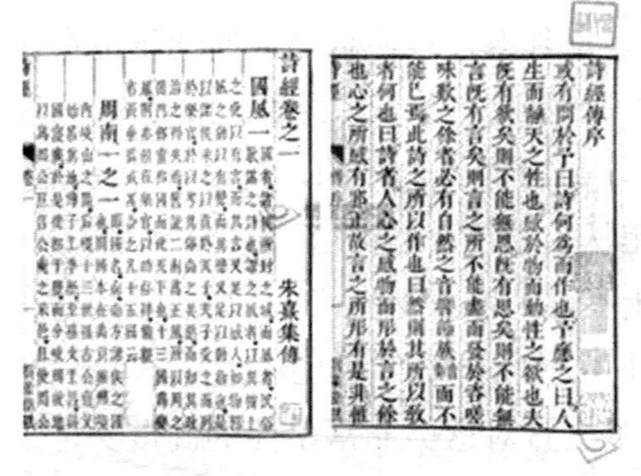
詩經傳序
或有問於予曰詩何為而作也予應之曰人生而靜天之性也感於物而動性之欲也夫既有欲矣則不能無思既有思矣則不能無言既有言矣則言之所不能盡而發於咨嗟咏歎之餘者必有自然之音響節族而不能已焉此詩之所以作也曰然則其所以教者何也曰詩者人心之感物而形於言之餘也心之所感有邪正故言之所形有是非惟

詩經卷之一
國風一
周南一之一
朱熹集傳

诗经书影

《诗经》，又称为“诗”或“诗三百”，是我国最早的一部诗歌总集，反映了西周初期到春秋中叶约五百年间的社会面貌。它由《风》《雅》《颂》组成，内容丰富，如《小雅·小弁》《邶风·谷风》等表达仁爱恻隐之心；《小雅·蓼莪》《大雅·下武》《大雅·既醉》等表达孝思；《唐风·杕杜》《小雅·伐木》《小雅·常棣》等表达宗亲兄弟之情；“三颂”等歌颂明君贤臣；《大雅·江汉》《大雅·常武》讲天子的策命；《邶风·

雄雉》《邶风·新台》等讽刺君王淫乱失道；《魏风·硕鼠》《小雅·大东》《小雅·楚茨》等刺国君重敛；《魏风·葛屦》《小雅·鸿雁》等表现民生疾苦。总之，《诗经》中的篇章大都与政治、社会、人生密切相关，反映了周代社会生活的方方面面，饱含着悲天悯人的情怀与深沉的忧患意识。《左传·僖公二十七年》中记载赵衰的话："《诗》、《书》，义之府也。"因此，《诗经》中有不少篇章可以用来劝诫君王，使其改恶从善，或效法前贤励精图治。

孔子曾这样来评价《诗经》："诗三百首一言以蔽之曰无邪"；"乐而不淫，哀而不伤"；"温柔敦厚，诗教也"。"无邪"是《诗经》的宗旨，孔子以诗这种百姓喜闻乐见的形式来传达自己的思想，并教育他的弟子们读《诗经》，以作为立言、立行的准则。《论语·乡党》篇记："孔子于乡党，恂恂如也，似不能言者。其在宗庙朝廷，便便言，唯谨尔。""朝，与下大夫言，侃侃如也。与上大夫言，訚訚如也。君在，踧踖如也，与与如也。"孔子在乡里，温恭谦逊，好像不会说话。在宗庙朝廷之上，则能言善辩，只是非常谨慎。与不同级别的人交接言谈，都合乎礼仪。这种谦卑的态度，虚心柔逊的处世方法，展现的就是儒者的风范。

温柔敦厚是《诗经》的核心，它既培养情感，也塑造人性。"发乎情，止乎礼"，诗教就是要人们以正直、朴素、温和的方式来处理国与国之间、社会成员之间的关系，以达到整个社会的和谐。"怨而不怒，哀而不伤，乐而不淫"，《诗经》把这个度掌握得巧妙而有分寸。《毛诗序》中讲《关雎》之义："《关雎》，后妃之德也。风之始也。所以风天下而正夫妇也。故用之乡人焉，用之邦国焉……是以《关雎》乐得淑女，以配君子，忧在进贤，不淫其色；哀窈窕，思贤才，而无伤善之心焉。是《关雎》之义也"。《诗经·凯风》阐发了儿女对父母的爱，《诗经·周颂》中对文王、武王的美好品德有多方面的揭示，《诗经·大雅·抑》将"温"的品行视为大人君子善行懿德的基础，完全是赞许、推崇的态度。《诗经·秦风·小戎》中说："言念君子，温其如玉"，直观揭示了

"温""柔"观念的文化内涵。《诗经·小雅·都人士》中说："彼都人士，充耳琇实"，"充耳"是玉制的佩饰物，又称"瑱"，周代贵族大都有佩玉的爱好，因为美玉总给人以温润柔和之感，与"仁"的品德非常相似。《诗经·邶风·击鼓》其中一句"生死契阔，与子成说。执子之手，与子携老"写出了对战争的厌恶。作者在描述思念的美中感受到对战争的厌恶。总之，做人做事做文一定要从真善美出发，温柔敦厚才是美的表达。

"温柔敦厚"诗教观念的形成，与周王朝及各诸侯国在政治、外交中的用《诗》用乐以及周人的诵谏传统也有着密切的关系。春秋时，人们用"诗"是一种社会时尚，先秦诸子们在说理论证时，也喜欢引用《诗经》中的句子以增强说服力。《左传》也用了相当多的笔墨记录其间的风雅与从容。如《左传·僖公二十二年》记"臧文仲谏卑邾"一事："国无小，不可易也。无备，虽众，不可恃也。《诗》曰：'战战兢兢，如临深渊，如履薄冰。'又曰：'敬之敬之！天惟显思，命不易哉！'先王之明德，犹无不难也，无不惧也，况我小国乎！君其无谓邾小，蠭虿有毒，而况国乎！"臧文仲引用《诗经》中的句子来劝告僖公，即便对小国也不能掉以轻心，而应该严阵以待。"诗教"在春秋时期的广泛进行和巨大影响，全面真切的展示了春秋文质彬彬的社会风貌和社会文化生活场景。

周代贵族教育崇尚"君子"之德，是"温柔敦厚"诗教观念产生的重要文化基础。周代开国之君深知殷商因失民心而失天下，因而力倡敬德保民，重视礼乐教化。贵族相见、交流沟通的重要方式就是歌《诗》、弦《诗》、引《诗》、赋《诗》，这种生活方式本身就具有温柔敦厚的特点。其他如燕礼、射仪、祭祀等典礼活动，也大都伴有《诗》乐。《大雅》中的《文王》《大明》《緜》，《小雅》中的《鹿鸣》《四牡》《皇皇者华》，《周南》中的《关雎》，《召南》中的《采蘩》《采蘋》《驺虞》，《豳风》中的《七月》等，都是见载于先秦典籍的常用于典礼的乐章。而《周颂》

《鲁颂》《商颂》，本身就是用于宗庙祭祀的乐歌，不但配合乐器，而且带有一定的扮演、舞蹈的舞台艺术成份。《左传·襄公二十九年》记载“吴公子季札访问鲁国”的史事，当时叔孙豹接待他，乐工为他弹唱《周南》《召南》《邶风》《鄘风》《卫风》《王风》《郑风》《齐风》《豳风》《秦风》《魏风》《唐风》《陈风》《郐风》《小雅》《大雅》《颂》，季札分别对不同的乐歌给予评价，如“为之歌《周南》《召南》，曰：‘美哉！始基之矣，犹未也，然勤而不怨矣。’”从这里可以看出，《诗经》经常作为演奏节目出现，达官显贵们对《诗经》大都耳熟能详，因而能够潜移默化深入人心。

由于《诗经》本身具有贴近生活、扬善抑恶、诉诸情感的特点，长于感发志意，与周人富于家庭伦理温情的政治氛围相契合，因而王公大臣在讨论政治、道德等问题时，多引用《诗经》成句，以增强说服力与感染力。

章学诚《文史通义》这样评价《诗经》：“至战国而文章之变尽，至战国而著述之事专，至战国而后世之文体备”，但“后世之文，其体皆备于战国，人不知；其源多出于《诗》教也，人愈不知也。”①《诗》在极其漫长的历史时段中履行着“先王以是经夫妇，成孝敬，厚人伦，美教化，移风俗”的职责，其抒情性特征为后人留下了借景抒情、托物言志等不朽的文学手法，其审美性特征突出了文学本质的显现，其教育性特征则形成了中国温柔敦厚的诗教传统。温柔敦厚在潜移默化中表达对真实世界的无尽诉求，《诗》，已悄悄揪住了中国人的心。

---

① 章学诚著，严杰、武秀成译注：《文史通义全译》，贵州人民出版社1997年版，第70－71页。

第三节　文学活动蔚为大观的影响

一、"说"的教育与述而不作

孔子行教

我国古典时代的教育充满了"说"，或者说，其主导成分就是"说"。孔子创办私学，"述而不作"，以生动活泼的对话育得弟子三千，身通六艺者七十二人，他因材施教，启发诱导，给后人留下了"说"的教育的典范。春秋战国之际的先秦诸子也都秉承了这一传统。

罗根泽先生研究先秦诸子，有《战国前无私家著作说》一文，探赜索隐，发现战国前著录书无私家著作，《汉书·艺文志》所载战国前私家著作皆属伪托，《左传》《国语》《公羊传》《榖梁传》及其他战国初年书目，不引战国前私家著作，春秋时孔子等所用教学者无私家著作。因此认为"离事言理之私家著作始于战国，前此无有也"。这个结论无疑是成立的。罗先生提出"战国前无私家著述"这一重要论点，显然是受章学诚学说的影响，但章氏仅仅是一种智者的猜测，而罗氏引经据典，建立起了一个科学的观点。我们可以再从春秋战国之际士人们的聚徒讲学、述而不作来细究一下。

有些士人因为受过较高的教育，拥有六艺等传统文化知识，在失去官守后，便自觉成为读书人、学者。他们依靠钻研学问、聚徒讲学，既据此以维持生存，也因此而传播思想，成就事业。我们在本节中所要讨论的士人，就是指春秋战国之际的这一种士

人，这是需要在这里明确的。当然，以读书、为学为职业的士人并不能囊括春秋战国士人的全部，但是这部分士人在春秋战国时期所产生的作用和影响，以及由他们的思想、行为所显示的风格和倾向，却足以映现和代表那个独特的时代。

聚徒讲学的风气形成于春秋时期，当时天子失官，学在四夷，私学兴起，出现了李耳、孔丘、墨翟等著名的教育家。士人的崛起，诸家私学的涌现，使得聚徒讲学成为一时的风尚。如淳于髡弟子达三千人；孟子也是“后车数十乘，从者数百人，以传食于诸侯”；田骈在齐“资养千钟，徒百人”；农家许行也有徒数十人。他们都从各地相聚于当时的学术中心——稷下学宫，从事着文化传播活动，活跃着稷下学术空气。在这里，教师传授的内容不再限于周代学官规定的“六艺”，他们可以自由地宣传自己的学术思想，当然，为了吸引学生，他们也很重视教学艺术，不仅教学内容丰富多彩，教学方法也灵活多样。从教学内容上看，他们根据现实需要，给学生传授政治斗争的策略、游说诸侯的论辩艺术以及有关个人的修身、齐家、治国、平天下的伦理道德规范。但不管什么内容，他们教学的方式都是“说”，“‘你’‘说’，‘我’‘说’，师‘说’，‘生’‘说’，以各种方式，比如谈话、讨论、辩论、演讲、提问、答问来‘说’，让每个人都参与于‘说’之中；在时间中‘说’，在空间中‘说’；在‘说’中‘听’，在‘说’中‘思’；‘听’、‘思’、‘说’世界、人生、社会，在‘听’、‘思’、‘说’中理解世界、人生、社会，在‘说’中实现相互理解、沟通，获致共同的意义。充满了‘说’的教育，是‘活’的教育。”“‘说话’意味着参与、倾听、思索、表达、沟通、分享，‘说’的教育乃是‘你’、‘我’共同参与、共同建构、共同分享的教育，意味着‘你’、‘我’的思想共振、情绪互染、心灵相契、意义共有，‘说’的教育乃是活生生的交往的教育。”孔子、孟子等先哲在教学实践中，经常运用言近旨远的方法，在浅显的言语交谈中传授给学生深刻的思想。孔子周游列国时，“日夜不休”，或大树之下，或杏坛之上，无时不讲，无处不讲。一部《论语》，用了四百余“子曰”，辗转传述，就是记载孔子的语录的见证，与“说”的关系自无需多谈，“说”的教育更被他运用得游刃有余。《史记·天官书》说：“是以孔子论六经，记异而说不书”，按“说”即口说解释之言。刘师培曰：“三代之时学术授受，多凭口耳之流传。孔子之以六经教授也，大抵仅录经文以为课本，而参考之语，诠释之词，则大抵以口而相传。”谓六经之解皆在口说传授之中，也恰好印证了这一点。《孙子兵法》与之类似，“虽然每篇都有一个概括主旨的标题，但如果仔细观察，便可看出其实每篇都是由若干条主旨相关的格言语录组成，结构相当松散，每条格言语录都有着较强的独立性。”可想而知，当时的士人是多么重视而又身体力行地实行着说的教育。

他们从事教育，既培养了大批人才，又对学术的发展起到了决定性的作用，才有了墨、儒、道、法等诸子的百家争鸣、百花齐放。但是，他们却本着严谨务实的学术精神，述而不作。他们的主张和学说都是被他们的弟子或后学整理成书的。诸子之文大都属于某一学派，而非属于某一个人。有的著作虽有名号，却只能说明该著作属于某家学说，而不能认定其必出自某人之手，往往是师徒之间代代相传，师辈之论、徒辈之说杂然相混，很难分辨。“古人并无私自著书之事，皆是后人缀辑。”吕思勉先生的《先秦学术概论》也认为“先秦诸子，大抵不自著书。今其书之存者，大抵治其学者所为，而其纂辑，则更出于后之人”。孔子被捧为“万事师表”，也只是搜集、校核、编辑而已。《论语》是一部语录体散文集，其作者绝非一人，皇侃《论语集解义疏序》认为“《论语》者，是孔子没后七十弟子之门徒共所撰录也。”陆德明、梁启超等各有已见。要之，孔子“述而不作”。《老子》《庄子》《孟子》等也都体现了这一点，书中大多运用活泼的口语，也还多次出现“子曰”这样的字眼，从书中完全可以看出后人记录加工的痕迹。其实，“述而不作，是中国古代重要的著述思想，它不仅负载着严谨务实的学术精神，背后还潜藏着凡人难以达到的‘三性’，即圣化原创性、心智神秘性和天下为公精神。正由于此，古人一般对‘作’有一种敬畏心态，而宁愿以‘迷’，即沿袭、因循的文化姿态和谦卑态度去进行著述活动。”显然，古人的“述而不作”思想和口说传业的传统，无形中影响着中华民族的创造性思想。

二、诗以言志

春秋时期是一个产生诗歌及流传诗歌的时代。孔子所删定的《诗》三百篇，除《雅》《颂》及豳风以外，风诗的绝大部分都是平王迁都以后的作品。诗歌在人们的日产生活中占有十分重要的地位。在重要的礼仪场合，一般都要奏乐歌诗，在交往论辩时往往也要引用诗句来表达自己的意见，反驳对方的观点。孔子曾教导自己的儿子伯鱼说：“不学诗，无以言。”[①] 对于普通百姓而言，诗歌既是他们表达情感的一种重要方式，也是他们讽喻时政、下情上达的一个重要渠道。另外，《左传·襄公十四年》云：“故《夏书》曰：‘遒人以木铎徇于路。’”所谓“徇于路”，据杜预注即为“求歌谣之言”。采风制度滥觞于夏，到周代得到发展，当时就设有“遒人”一职，他们专门负责搜集民间的诗歌，借以掌握各地的民风民情。春秋时期民间仍保持着这个传统。《诗》三百篇，大多数来源于社会各阶层的口头创作，内容十分丰富，能够真实地反映出当时春秋时期社会发展的状况，也是了解人民生活的最宝贵的历史资料。

在我国先秦时期，人们通过诗歌的传播，达到交流思想、共享信息甚至处理问题、规范行为的目的。诗是依靠乐来传播的，传播的内容当然是作者之“志”。《尚书·尧典》：“诗言志”。[②] 闻

① 《论语·季氏》。

② 还有说法认为“诗言志”最早的出处在《左传》。

一多先生《歌与诗》中说："志有三个意义：一、记意，二、记录，三、怀抱。这三个意义正代表着诗的发展途径上三个主要阶段。"显而言之，"志"的最初意义是记忆，诗言志即诗言记忆。后来，人们所谓"诗言志"，主要指作者的志向和抱负。作为上情下达的一种工具，诗歌是怎样传递着作者的"志"，又是怎样被接受，综合考察文献及汉代论述，可有以下说法。

采诗：

三代、周、秦，轩车使者，道人使者以岁八月巡路，求代语、僮谣、歌戏。刘歆《与扬雄书》

子思曰："古者天子将巡守……命史采民诗谣，以观其风。"《孔从子》卷三《巡守》

孟春之月，群居者将散，行人振木铎徇于路以采诗，献之太师，比其音律，以闻于天子。班固《汉书·食货志》

古有采诗之官，王者所以观风俗，知得失，自考证也。《汉书·艺文志》

男年六十、女年五十无子者，官衣食之，使之民间求诗。乡移于邑，邑移于国，国以闻于天子。何休《春秋公羊传解诂·宣公十五年》

献诗：

故天子听政，使公卿至于列士献诗，瞽献曲，史献书，师箴，瞍赋，矇诵，百工谏，庶人传语，近臣尽规，亲戚补察，瞽史教诲，耆艾修之，而后王斟酌焉。《国语·周语上》召公语自王以下，各有父兄子弟，以补察其政：史为书，瞽为诗，工诵箴谏，大夫规悔，士传言，庶人谤。《左传·襄公十四年》师旷语天子五年一巡守……觐诸侯。……命大师陈诗，以观民风。《礼记·王制》

不管是“行人”采诗，孤寡老者采诗，还是贵族献诗，无庸质疑的是，采诗、献诗并不是诗的创作，而是诗的接受。它们都是春秋战国时期的广泛的传播活动，我们可以大略地看出先秦诗歌传播的活跃，而诗歌的传播正是作为社会传播的重要方面，在当时社会政治、经济、文化生活中发挥重要作用。这从所采集到诗歌的内容本身、统治者大力采诗的目的以及诗歌的广泛应用皆可看出。

赋诗言志：

郑伯与公宴于棐。子家赋《鸿雁》，季文子曰：“寡君未免于此。”文子赋《四月》。子家赋《载驰》之四章，文子赋《采薇》之四章。郑伯拜，公答拜。《左传·文公十三年》

晋范宣子来聘……告将用师于郑。公享之，宣子赋《摽有梅》，季武子曰：“谁敢哉？今譬于草木，寡君在君，君之臭味也。欢以承命，何时之有？”武子赋《彤弓》。宣子曰：“城濮之役，我先君文公，献公于衡雍，受彤弓于襄王，以为子孙藏。匄也，先君守官之嗣也，敢不承命！”君子以为知理。《左传·襄公八年》

秦伯享公子……秦伯赋《采菽》。自余使公子降拜，秦伯降辞。子余曰：“君以天子之命服命重耳，敢有安志！敢不降拜？”成拜卒登。子余使公子赋《黍苗》。子余曰：“重耳之仰君也，若黍苗之仰阴雨也。若君实庇荫膏泽之，使能成嘉穀，荐在宗庙，君之力也。君若召先君之荣，东行济河，整师以复强周室，重耳之望也。重耳若获集德而归载，使主晋民，成封国，其何实不从？君若恣志以用重耳，四方诸侯，其谁不从命？”秦伯叹曰：“是子将有焉，其专在寡人乎？”秦伯赋《鸠飞》，公子赋《河水》。秦伯赋《六月》，子余使公子拜。秦伯降辞。子余曰：“君称可以佐天子匡王国者，以命重耳，

重耳敢有惰心，敢不从德?”《国语·晋语》

综观以上史料，我们知道，先秦时期诗歌传播的着眼点在“志”，春秋战国时期的“志”主要指志向怀抱，涉及政治、外交、伦理教化诸方面。歌诗在诸侯国的外交关系中所起的作用也是显而易见的。点出现成的诗篇由乐工演唱，借以表明自己的心意，诗三百已经成了他们表情达意的信息通道。再加上“春秋时人所赋的诗都是乐歌”,[①] 显而易见，诗乐一体，诗歌和乐歌唱，唱乐中又使诗歌得以流传，二者相得益彰，在一定程度上也印证了诗以言志和乐的传通。

三、士人的游说和说服

春秋战国之际，由于士这一阶层的崛起，士集团的结集，“士”的剩余问题也就随着时代的进展而日趋扩大，日益严重。萨孟武氏说：“春秋时代，士之人数尚小，他们入仕容易，所以在《论语》中，孔子门人未曾以‘仕’为问题，只惟子张一人才学干禄。到了战国时代，士之人数渐多，由是就发生了生存竞争，而今他们注意到‘仕’的问题，所以在《孟子》书中，孟子门人喜欢问‘仕’，而孟子以‘仕’为君子的职业。”[②] 孔子曰：“士而怀居，不足以为士矣。”[③] 孟子曰：“士之仕也，犹农夫之耕也。”[④] 可见，士的人数大量增加，仕的问题亦格外严重。僧多粥少，势必会有人失业。这批做不到官的士人势必游说列国诸侯与封君以求出仕。例如，毛遂之自荐、冯驩之弹铗，其方法固不相同，而其目的则属一致，都是想方设法地谋取功名和富贵。要之，游士的产生，终究离不开出仕，而要出仕，必须说服当权者采纳自己的

---

① 《古史辩》（第三册下编），第648页。
② 参见《中国社会政治史》第二章。
③ 《论语·宪问》。
④ 《孟子·滕文公下》。

见解。

游士是以辩论或其他方法实现其政治上主张的在野知识分子也。[1] 他们有意地利用信息来影响或控制人们对环境作出的反应，说服各诸侯国国君采纳自己的主张，靠的就是三寸不烂之舌。“暨战国争雄，辩士云涌；从横参谋，长短角势；转丸骋其巧辞，飞钳伏其精术；一人之辩，重于九鼎之宝；三寸之舌，强于百万雄师。”[2] 纵横捭阖靠的就是口才，无怪张仪未发达时，一次让人殴打几乎至死，醒来先问自己的舌头还在不在。他们游说于四方，宣扬自己的学说和政治主张，使得口语传播活动非常频繁。钱仲联先生的阐释甚是透彻：

> 孔子以后所谓士，则主要指知识分子阶层，《论语·泰伯》所谓“士不可以不弘毅”者是。春秋战国之时，百家争鸣，《汉书·艺文志》所列九流十家，胥士也。《庄子·天下》云：“天下之治方术者多矣，皆以其有，为不可加矣”，“皆有所长，时有所用”。恩格斯论西方文艺复兴运动时有云：“这是一次人类从来没有经历过的最伟大的、进步的变革，是一个需要巨人而且产生了巨人——在思维能力、热情和性格方面，在多才多艺和学识渊博方面的巨人时代，……那时差不多没有一个著名人物不曾作过长途旅行，不会说四、五种语言，不在几个专业上放射出光芒。”方之先秦，若合符契。百家志在匡时致用，游历各国，如《汉书·儒林传》所谓“仲尼既没，七十子之徒散游诸侯，大者为卿相师傅，小者友教士大夫”。《孟子·滕文公》所谓“后车数十乘，从者数百人，以传食于诸侯”。是为规模弘大之游士群。复有各人游历各国者，不胜缕指。士无定主，合则留，不合则去。其时诸侯王

---

① 杨柳著《先秦游士》，当代中国出版社 1996 年版，第 23 页。

② 刘勰《文心雕龙·论说》。

又百计延揽，齐于国都稷门外立学官，高门大屋尊宠之。①

时代的孕育把他们推到了历史舞台的最前沿，他们只有施展浑身解数，依靠精彩的表演，才能在舞台上站稳，实现自己的价值。这一部分士人乐观、积极，虽不满于现状，但他们有改造社会的愿望和不懈奋斗的勇气，为了拯救政治社会的危机，他们不惜碌碌奔波，历干诸侯，为整个国家、芸芸众生付出了他们全部的力量、热情乃至生命。孔子席不暇暖，墨突不得黔，这种“摩顶放踵，利天下而为之”的精神，给中国的政治社会带来了无限的光明和希望，给暮气沉沉的古老的民族带来了无限的生机和活力。诚有如东方朔所论：“得士者强，失士者亡”。

苏秦

当时，许多士人为了仕进，到处游说诸侯，碰钉子、受挫折，在所不惜。有的因“游仕不遂”，倾家荡产，由富变穷而矢志不移，如战国初年的吴起。有的“家贫无资”，为了仕进而给贵族做家臣，受尽侮辱，历尽坎坷而不灰心，如战国中期的范雎。著名的纵横家苏秦，早年出游失败，“大困而归”，被家人耻笑，于是发奋闭门苦读。“读书欲睡”，便“引锥自刺其股，血流至踵”。并经常以“安有说人主不能出其金玉锦绣、取卿相之尊”自勉，终于揣摩出一套因势利导的干世主之术。后因他说服山东六国“合纵”抗秦而“并相六国”，再路过故乡洛阳时，其“昆弟妻妇侧目不敢仰视，俯伏待其食”。社会上这种尊富贵鄙贫穷的风气，令苏秦发出了“且使我有

① 杨柳著《先秦游士》，当代中国出版社 1996 年版，钱仲联序。

洛阳负郭之田二顷，吾岂能佩六国相印乎”的感叹。[①] 策士张仪，亦为功名四处游说。起初在楚国无端遭到楚相毒打，皮开肉绽，妻子心疼地责备他：“子毋读书游说，安得此辱乎?”而张仪满不在乎地问妻子：“视吾舌尚在不?”其妻笑曰：“舌在也”，而张仪随即表示“足矣”。[②] 士通过游说宣传自己的学术和政治主张，一经国君赏识，便可变布衣为卿相。士和政治结合，在当时大多通过这种方式而完成。士和君主既互相吸引，又互相选择，“合则留，不合则去”，互不勉强。这样，就形成了战国时代独具一格的在人才的大规模自由流动中实现知识分子和当权者自由结合的壮观场面。

张仪

靠游说才能出仕，要想取得游说的成功，士人们除了有坚韧不拔的决心和意志外，更重要地是在说服的过程中要采用一定的方法和技巧。刘向说：“其谋扶急持倾，为一切之权，虽不可以临国教化，兵革救急之势也。皆高才秀士，度时君之能行，出奇策异智，转危为安，运亡为存，亦可喜，皆可观”。[③] 下面略举几例，即可一窥当时这些社会传播者的风采及其运用的酣畅淋漓的言语艺术。“邹忌讽齐王纳谏”是妇孺皆知的历史故事，邹忌用听说者乐于接受的日常琐事来劝勉君王。邹忌与徐公比美，他的妻、妾、客都口是心非地认为邹忌比徐公美，看是只是单纯地比美，与劝谏没有丝毫关系，但是却引起了齐王的浓厚兴趣。后面邹忌紧接

---

① 《史记·苏秦列传》。

② 《史记·张仪列传》。

③ 刘向《战国策书录》。

着分析上述情况发生的原因，那是“臣之妻私臣，臣之妾畏臣，臣之客有求与臣”的缘故，其实故事讲到这里，与劝谏好像也没有必然的联系，但是听者已经在认真地听，下面讲的事情他也很容易接受了。下面邹忌才进入正题，“今齐地方千里，宫妇左右莫不私王，朝廷之臣莫不畏王，四境之内莫不有求于王：由此观之，王之蔽甚矣”，通过日常琐事，以小见大，层层递进，步步紧逼，没有花言巧语，没有惊心动魄，但是跌荡起伏，婉转千回，事半功倍，令人刮目相看。另外，颖考叔用替代理论抚平君王的矛盾心态，展喜用心理分析打动齐王的黩武野心，烛之武用归因理论巧退秦师，子贡的舌粲莲花操纵五国的兴亡，邹忌用乐韵琴理谏劝君王的治国理念，苏代用先破后立片言扭转国家的危机等等，[①]都显示了游士们游说技巧的淋漓尽致的发挥，他们是“用话做事”的特殊人士，靠的就是一张能打动人趋利避害心理的嘴，充当各种层次的调解人。当然，在游说过程中，他们可能会运用一种或几种甚至更多的方法来说服君主，但不管怎样，他们都具有完善的语言表达能力，都能够因势利导，运用最准确的话语表达方式，层层递进的、充分灵活地表达自己的观点，把握住被说服者的心理变化，让他们心悦诚服地接受。在这一层面上，这些说服者已经很好地运用了语言的不同层次，达到了三寸不烂之舌运用的最高境界。

汉代的王充曾在《论衡》一书中，对战国时代士人在政治生活中举足轻重的作用做了精练的概括：“六国之士，入楚楚重，出齐齐轻，为赵赵完，畔魏魏丧”。[②] 这在竞争剧烈的战国时代，是千真万确的现实。他们虽有求富贵、谋功业的个人动机，但客观上却在整个社会中传播了知识。而且他们还尤其注重信息的传输，

---

① 参照吴东权著《先秦的口语传播》，行政院文化建设委员会，1992年，目录。

② 王充《论衡·效力篇》。

充分利用口语传播的直接交流优势，把思想和语言的层次性活灵活现的运用，把握传播对象的心理，或因势利导，或当头棒喝，以期信息得到最大限度的传通。他们绚烂生动的语言，不仅影响了一个个传播对象，更影响了整个时代。

第二章
以故事耸立起的丰碑

《左传》是我国第一部大规模的叙事性作品，刘知几在《史通》中称赞它是先秦散文的“叙事之最”，标志着我国叙事散文的成熟，带动了后世史传文学的发展和繁荣。的确，比较《左传》以前的任何一种著作，它都表现出惊人的叙事能力。许多头绪纷杂、变化多端的历史大事件，都能处理得有条不紊，繁而不乱。而且作者创造性地运用了不少出色的艺术手法，通过文学性剪裁，把历史事件情节化、故事化，把头绪纷繁的人物、事件构成情节生动、结构完整的故事情节。而完整曲折故事的再现，得益于故事情节的生动展开和对波澜壮阔的战争情景的描摹刻写。作者妙笔生花，采用各式各样精彩纷呈的叙述方式，把很多历史事件像讲故事一样娓娓道来，把这些事件讲述的井然真切，并且还能够随事写人，把人物刻画的同样精彩，并且能够时刻抓住读者的心。

第一节　曲折动人的情节摹写

故事或事件讲述得是否精彩，情节的勾画是关键。《左传》作为叙事作品的典范，故事情节在整个叙事中占有重要的地位。它在记述春秋时期周王朝及各诸侯国约240多年的历史过程中，对所叙写的政治、经济、军事、外交等各种事件，并不是简单地记录，而是施以富于文学性的笔法来描绘，那些在《春秋》里记录的简单又看似枯燥的事件，在《左传》作者匠心独运的谋划下，叙述得栩栩如生、活灵活现。各诸侯国之间有争夺霸权、争夺土地、互相报复的战争，周王室内部和各诸侯国内部有争夺君主权、争夺执政权、争夺妻室田地等斗争，家族内部有争夺继承权等矛盾，反映在《左传》里，就成了丰富多彩的故事情节。如果把那些重大的、历时多年、又逐年记述的事件衔接起来，就不仅克服了《左传》因为分年记述而看起来较为分散、零碎的缺陷，而且能够让读者看到有始有终、清晰完整的历史事件，其中当然不乏艺术性和可读性。

能够完整地叙述一个事件，情节曲折、故事性强，并且有着完整谨严的结构和布局，这是使叙述生动感人的一个必要条件。《左传》的叙事也同样具备这个特征。如鲁宣公二年“晋灵公被赵穿所杀”一事，《左传》是这样记载的：

晋灵公不君：厚敛以雕墙；从台上弹人，而观其辟丸也；宰夫胹熊蹯不熟，杀之，置诸畚，使妇人载以过朝。赵盾、士季见其手，问其故，而患之。将谏，士季曰：“谏而不入，则莫之继也。会请先，不入，则子继之。”三进，及溜，而后视之，曰：“吾知所过矣，将改之。”稽首而对曰：“人谁无过？过而能改，善莫大焉。《诗》曰：‘靡不有初，鲜克有终。’夫如是，则能补过者鲜矣。君能有终，则社稷之固也，岂惟群臣赖之”。又曰：‘衮职有阙，惟仲山甫补之，能补过也。君能补过，衮不废矣。”犹不改。宣子骤谏，公患之，使鉏麑贼之。晨往，寝门辟矣，盛服将朝。尚早，坐而假寐。麑退，叹而言曰：“不忘恭敬，民之主也。贼民之主，不忠；弃君之命，不信。有一于此，不如死也！”触槐而死。

秋九月，晋侯饮赵盾酒，伏甲，将攻之。其右提弥明知之，趋登，曰：“臣侍君宴，过三爵，非礼也。”遂扶以下。

公嗾夫獒焉。明搏而杀之。盾曰：“弃人用犬，虽猛何为！”斗且出。提弥明死之。

初，宣子田于首山，舍于翳桑。见灵辄饿，问其病。曰：“不食三日矣！”食之，舍其半。问之，曰：“宦三年矣”，未知母之存否。今近焉，请以遗之。”使尽之，而为之箪食与肉，置诸橐以与之。既而与为公介，倒戟以御公徒，而免之。问何故，对曰：“翳桑之饿人也。”问其名居，不告而退。遂自亡也。

乙丑，赵穿攻灵公于桃园。宣子未出山而复。大史书曰：“赵盾弑其君。”以示于朝。宣子曰：“不然。”对曰：“子为正卿，亡不越竟，反不讨贼，非子而谁？”宣子曰：“呜呼！《诗》曰：‘我之怀矣，自诒伊戚。’其我之谓矣。”

孔子曰：“董狐，古之良史也，书法不隐。赵宣子，古之良大夫也，为法受恶。惜也，越竟乃免。”

宣子使赵穿逆公子黑臀于周而立之。壬申，朝于武宫。

赵盾弑君

这样的事件和场面，《春秋》中仅用“晋赵盾弑其君夷皋”一句话来叙述，虽然简洁，但不明了，很容易让人认为是赵盾杀害了国君。但国君其实不是赵盾杀的，至于事情的来龙去脉，《左传》就做了详细的交代。文中先叙述了晋灵公的种种暴行，接着叙述赵盾的直谏，这样就有了矛盾冲突，导致晋灵公想除掉赵盾。于是他派鉏麑去行刺，鉏麑被赵盾的恭敬所感动，自己触槐而死；后来，晋灵公又想在酒宴上杀他，被赵盾的卫士提弥明发觉，于是提弥明舍身为主，救下了赵盾。就在这样的关键时刻，作者笔锋一转，插入了赵盾在桑翳救灵辄的往事，然后写灵辄在危急关头挺身而出，保护赵盾脱身；接着又叙述赵穿杀害灵公，赵盾受连累而逃走，但却被史官记录为“弑君”，作者还引用孔子的话，对此表示惋惜。文中有曲折的情节，有惊险的场面，波澜层出而又脉络分明，虽是编年叙事中的一段，却完全可以独立成篇。作者在记述历史事件时，总要具体地交代事件发生、发展的全过程，这恰恰是《左传》作为编年史的特点所在，书中出现的引人入胜的情节、生动逼真的细节和场面，大大增强了历史事件的故事性。

《左传》中这些较长、较完整的历史事件，故事情节的叙述有

鲁昭公攻打季平子

着完整曲折、跌宕起伏的特点。书中记载的“鲁昭公攻打季平子”的故事也是一个明证。在鲁昭公之时，季氏已执政掌权，鲁国实际君权已下移季氏，鲁国国君位同大夫。但鲁君心有不甘，想赶

走季氏，因此鲁君与季氏积怨已久。鲁昭公二十五年，“谛襄公，万者二人，其众万于季氏”的事件，导致了鲁君与季氏矛盾的大爆发。以鲁昭公、后吕氏、减氏为一方，以季孙氏、孟孙氏、叔孙氏为一方，为争夺鲁国政权而展开了长期的斗争。起初，鲁昭公抢先下手，派兵杀进季氏家。季平子被困于高台之上，进退不能。他要求“符罪于沂”，又要求“囚于费”，又要求“以五乘亡”，都被昭公拒绝。后肠孙高喊，“必杀之，”形势对季氏十分危急。这时，叔孙氏的家臣认为，季氏的灭亡对他们不利，于是出兵相救。孟孙氏见孙叔氏出兵，也杀掉昭公派去笼络他的郡孙氏，引兵前来协助季平子。鲁昭公被打败，饮恨出逃齐国。季平子惧怕“逐君”的恶名称，想对昭公妥协，但随即反悔。齐景公出兵协助鲁昭公。季平子贿赂齐景公的宠臣梁丘据。齐鲁两军虽相遇，但终因齐军不肯为鲁昭公尽力，使他归国无望。于是鲁昭公转而求助于晋国，“晋侯将以师纳公”。兴君先把季平子叫去，探听他对鲁昭公的态度。季平子愿意妥协，昭公也欲与季氏和解。但昭公的随从不同意和解，要昭公借晋国的力量除掉季氏。晋国不答应。昭公又听从谋臣子家的意见，准备不理睬随从而单车去投靠季氏。但“众从者胁公，不得归”。三十二年，昭公死于乾侯。这个历时八年的事件，作者细致的描述了鲁昭公与季平子的矛盾斗争，情节故事叙写得跌宕起伏、曲折多变，确实精彩得让人大开眼界。

还有《左传》记载的两次“弭兵大会”，也是写得一波三折、高潮迭起。弭兵大会是春秋时期最重要的一次外交活动，对后来各诸侯国的和平共处起了良好的作用。第一次弭兵大会发生在成公十二年（前579），处于中立的宋国为了调和晋、楚之间的矛盾，“如楚，遂如晋，合晋、楚之成”。宋国大夫华元奔走于晋、楚之间，以调解晋楚的关系，促成晋楚之和。晋卿士燮与楚公子罢、许偃在宋国的西门之外会盟，并签订盟约。但晋、楚第一次弭兵之盟非常不稳定，晋、楚两国长达半个世纪的积怨与仇隙也并非一朝一夕或一个盟约所能化解的，晋楚双方在形势对自己不利时，都希望通过暂时的休战而得以调整；而当形势好转时，就会撕毁盟约，发起新的进攻。所以，两国之间征战一直不断。后来，春秋时期的强国秦、晋、齐、楚等都想再次弭兵。于是，中立的宋国于襄公二十七年筹划了第二次弭兵大会。当时称霸南方的楚国和北方的霸主晋国，为争夺中原的霸主地位进行了长期的战争，但谁也没能捞到好处，他们参加弭兵大会，可以说是矛盾重重，各怀鬼胎。弭兵会上，和上次一样，杀气腾腾。刚开始，楚国提出“请晋、楚之从交相见”，企图把归顺晋国的小国家也归顺楚国。楚国的令尹“子木”曰：“晋、楚无信久矣，事利而已。苟得志焉，焉用有信?”于是“楚人衷甲”，楚人衣内皆裹甲，即身上暗藏武器、战甲，准备动武，企图偷袭晋军，气氛十分紧张。在排列“歃血”的次序时，又发生了“晋楚争先”的激烈争吵，结果楚国达到了先“歃血”的目的。直到最后，楚令尹子木了解了晋国执政大臣范武子和卿佐叔向的惊人才德以后，认为“晋之宜伯也”，“楚无以当之，不可与争”，楚国才甘心情愿与晋国和解。文章自始至终紧凑，让人一呼一吸都紧跟着作者的节奏。

跌宕起伏、曲折变化的故事情节可以给人留下深刻的印象，层层递进、层波叠浪的情节描述也难以让人忘怀，《左传》记载的楚灵王的故事就是很好的例子。楚灵王即位前，被称为王子围或公子围。他第一次出现，是鲁襄公二十六年楚郑之战结束之时。这次战争，楚将穿封戌俘获了郑国守将皇颉。与这事无关的公子围却与穿封戌争功，说皇颉是他抓获的。这表明他是一个心术不正、不安本分的人。楚康王死，郏敖即位，王子围升为令尹。这个时候，他的野心急速膨胀，已经处处表现出他想当楚王的架势。鲁昭公元年冬天，公子围出使郑国途中，听说楚王生病，楚灵王立即赶回，“入问王疾，缢而杀之”，它以卑劣的手段杀死了自己的侄子，篡夺了王位。楚灵王当政后，干了一系列愚蠢可笑的事，企图称霸天下。他杀夫夺妻、强占人田、害人子弟，得罪了大臣和民众。以公子弃疾为首的另一个政治集团发动政变，楚灵王上吊自尽。总之，楚灵王的一生可以用无耻和暴虐来形容。他篡权夺位以前，与下属争功，卑鄙而无耻；篡权以后，他暴虐愚蠢；甚至他的灭亡，都让人觉得解恨。文章用了几个层次来铺叙，一层比一层写得深入、微妙，写得淋漓尽致，写得让人欲罢不能。

大家耳熟能详的“郑伯克段于鄢”的故事，是《左传》的开篇之作，文章围绕郑伯与姜氏、共叔段这一主要矛盾，作者有目的地选择和组织材料，把事件的起因、发展、高潮和结局，完整曲折地做细致的描述。京城大叔在其母亲的怂恿、支持下，阴谋夺取其兄郑庄公的地位。随着野心的膨胀，京城大叔的夺权活动一步紧似一步地加紧进行。郑庄公对其弟的所作所为，装着无可奈何的样子，而骨子里是处心积虑地一步步把他自己的弟弟引向自我暴露、自我灭亡的可悲结局。文中刻画人物的面貌，揭示他们成败的原因，生动再现了统治者家庭内部为争夺权力和财产而骨肉相残的斗争情状。这个故事同样也具有这种特点。

分析故事情节的艺术性，完整的较长的故事比较容易引起读者的注意，但长篇幅的故事中情节完美、短小甚至分撒在若干篇章中的故事中短小的情节也非常值得一读。有些较长的故事，是由许多短小的情节构成的，《左传》中的短小情节很丰富，它的艺术特色也表现出多样性。

据《鲁襄公十五年》记载，郑国把一百六十四匹马和师茷、师慧两位盲乐师送给宋国，让宋国把逃亡在那里的堵汝父、慰翩、司齐等郑国叛巨交给郑国。这三位叛臣被押回郑国杀掉之后，留在那里的师慧就想回国。但他不是直接向宋国提出请求，而是以罕见的方式提醒宋国。《左传》写道：

> 师慧过宋朝，将私焉。其相曰：‘朝也。’慧曰：‘无人焉。’相曰：‘朝也，何故无人？慧白：‘必无人焉，若犹育人，岂以其千乘之相，易淫乐之朦？’子罕闻之，固请而归之。

这可以说是一个妙趣横生的情节。师慧故意在宋国的朝廷上解小便，这动作非常滑稽可笑；他嘲笑说宋国朝廷“无人”，尖锐而幽默地讽刺宋国大臣没有眼光，因为他们不看重郑国的千乘之相，而是看重一两个瞎乐师。清代学者冯李烨在《春秋左繍》中针对这件事情评论说：“此又一首绝妙嘲哮文字，不必造作歌淫，不必另寻议论，只就一便溺细事，将口头言语小作掉弄，巳令人嬉笑怒骂，一时都到。想天生隽妙，虽游戏都臻绝顶也。”

另外《鲁宣公二年》记载的宋国执政大臣华元的故事更是风趣幽默。当时华元率兵抵抗郑国的进犯，结果宋军大败，华元被俘，宋国用一百辆兵车和四百匹马把他赎回来后，让他担任筑城监督官。有一天华元出来巡查，筑城的工役对着他唱道：“焊其目，蟋其腹，弃甲而复！于思于思，弃甲复来！”他们嘲笑华元的丑陋面貌，讽刺他丢灰弃甲的惨败。但华元以牛犀尚多为由，恬不知耻地为自己的失败辩解。工役们立即反驳道：“从其有皮，丹漆若何。”华元当时语塞，以“其口众我寡”为借口，溜之大吉。这是一出充满喜剧气氛的短小情节，工役们语气幽默而带着讽刺，华元则满口无赖之语。清代学者冯李烨在《春秋左绣》也中对这段文字做了评论，他说：“嘲其目，又朝其轰，语语绝倒。”这个评价切中肯綮，这些短小精悍的文字，确实有着丰富无穷的表现力和渗透力，让人忍俊不禁的同时，也得到了很多关于人物和事件的信息。

《鲁哀公十七年》记载了卫庄公逃跑的故事。这段故事写得非常有趣。卫庄公平时暴虐无道，于是大巨石圃利用人们的不满情绪发动政变。卫庄公慌忙从北边的城墙跳下去，捧断了腿。这里穿插了一点儿卫庄公过去的所作所为：

> 公入于戎州己氏。初，公自城上见己氏之妻发美，使髡之，以为吕姜髢。既入焉，而示之璧，曰：‘活我，吾与汝璧。’已氏曰：‘杀女，璧其焉往?’遂杀之而取其璧。

以前，卫庄公曾经残酷地屠杀戎州人民，对戎州巳氏之妻又曾施行过强断其美发的暴行。为了躲过叛军的追捕，卫庄公慌不择路。却偏偏逃进戎州，躲进仇人之家，自己送上门去让仇人报复泄恨。这真是鬼使神差的巧合。这一奇妙的偶然相遇，出乎人们的意料之外，使文章增添了许多趣味。

《鲁宣公四年》记载的“郑公子宋染指于鼎”的故事，也非常容易刺激读者的神经。

公子宋染指于鼎

斋楚人献鼋于郑灵公。公子宋与子家将见，子公之食指动，以示子家，曰：‘他日我如此，必尝异味。及入，宰夫将解鼋，相视而笑。公问之，子家以告。及食大夫鼋，召子公而弗与也。子公怒，染指于鼎，尝之而出，公怒，欲杀之。子公与子家谋先。子家曰：“畜老，犹惮杀之，而况君乎？”反谮子家，子家惧而従之。夏，弑灵公。

公子宋以前食指动而尝异味，今日上朝食指也动，又恰恰碰到宰夫将“解鼋”，似乎公子宋的食指很灵。这是现实生活中偶然遇到的现象。宰夫煮好鼋，郑灵公让上朝的大臣们吃，却偏不让公子宋吃，有意让公子宋的食指失灵。郑灵公的这一做法不仅出乎公子宋的意外，而且也是大家料想不到的。以下公子宋“染指于鼎”，气氛突变，一场玩笑演变成君臣之间互相残杀的悲剧，这更使人目瞪口呆，惊讶不已了。这个故事带有非常强烈的偶然性，自然读起来也出乎意料，让人兴奋，又让人紧张。《鲁定公八年》记载的“鲁国季桓子脱险”的情节片断，就写得异常惊险与紧张。季桓子的家臣阳虎叛乱，他阴谋“将享季氏于蒲圃而杀之。”那天，“阳虎前驱，林楚御桓子，虞人以披盾夹之，阳越殿”。阳越是阳虎的堂兄弟，也是他的同党。在去蒲圃的路上，前有阳虎挡路，中有虞人监押，后有阳越监守，连季桓子的车夫也是阳虎的同谋，季桓子完全陷入了阳虎的魔掌，成了阳虎砧板上随时可以宰割的肉。身陷绝境的季桓子机灵一动，想把车夫林楚争取过来。他说：“而先皆季氏之良也，尔以是继之。”要求林楚把车拉到孟氏之家，林楚被季桓子的话语所感动，他决定帮助季桓子脱险。当车子经过十字路口时，林楚突然加快速度，猛地把车往赶孟氏家。阳越发觉后紧紧追赶，接连放箭，但都被季桓子躲过。车子赶到孟氏家大门前时，孟子家臣约三百人一拥而上，把阳越杀死，救下了季桓子。这个情节几乎让人们的心悬到了嗓子眼，可以说是千钧一发，是生死时速，直到最后一刻，季桓子才绝处逢生。虽然季桓子是僭越之徒，阳虎跟他的关系有点儿“上梁不正下梁歪”的意思，但书中的人物命悬一线，又化险为夷还是让读者松了一口气。

还有《鲁昭公二十一年》记载的“宋公子城与华豹车战”的故事，情节也写得激动人心。

十一月癸未，公子城以晋师至。曹翰胡会晋荀吴、齐苑何忌、卫公子朝救宋。丙戌，与华氏战于赭丘。郑翩愿为鹳，

其御愿为鹅。子禄御公子城，庄堇为右。干犨御吕封人华豹，张丐为右。相遇，城还。华豹曰："城也！"城怒而反之，将注，豹则关矣。曰："平公之灵，尚辅相余。"豹射，出其间。将注，则又关矣。曰："不狎，鄙！"抻矢。城射之，殪。张丐抽殳而下，射之，折股。扶伏而击之，折轸。又射之，死。干丐请一矢，城曰："余言汝于君。"对曰："不死伍乘，军之大刑也。干刑而从子，君焉用之？子速诸。"乃射之，殪。大败华氏，围诸南里。

宋国华氏家族中的华豹被迫起来造反，受到镇压，战斗十分激烈。十一月癸未那天，公子城率领的援军与华驱的族兄弟华豹相遇。起初，公子城不敢与华豹正面撕杀，而掉头走开。华豹指着公子城的背后高喊："城也！"这下子激怒了公子城，他又掉转车头，赶来与华豹撕杀。当他刚赶到，要搭箭上弦时，华豹已抢先拉弓放箭。一箭不中，华豹不等公子城还手，就准备好要放第二箭。情况紧急，公子城骂了一句，"不押，鄙！"意思是"不让人还手，真卑鄙！"华豹被骂，犹豫了一下，公子城乘机猛射，一箭把华豹射死。华豹的车右张句见主人被射死，愤怒地举着长赞从车上跳下来，要与公子城决斗，公子城射断了他的腿，张忍痛狠命地举手向公子城砸去，把公子城的车转砸断，只差一点没把公子城砸碎。公子城又补上一箭，把张句杀死。这场恶战，公子城胜利了。作者把这一故事写得险象环生、你死我活，在紧张激烈、扣人心弦的情节描述中把读者的注意力紧紧地抓住了。

《鲁成公二年》记载的"齐晋窐之战"，整个战争过程，都是在人物的言语和行动的描述中得以展开的。另外，通过对事件的细节描写来刻画人物性格，通过人物性格的发展变化来叙述情节，也是《左传》的精彩之处。另外，《宣公四年》记载的"郑公子归生弑其君"也是如此。对于这一重大历史事件，作者写了公子宋食指大动，郑灵公食无鼋不与公子宋，公子宋怒而染指于鼎等细节，整个事变由食无鼋这件小事引起，而公子宋的贪馋好怒，公子归生的迟疑懦弱、郑灵公的昏庸可笑都在对生活细节的描写中表现了出来。作者把主人公放到尖锐的矛盾冲突中，通过具有典型意义的细节、场面和对话，展现不同人物的性情和心理。文章笔墨俭省，故事性强，人物之间互相映衬烘托，在动态中凸现了各自的个性特征。这些人物在情节推进中的作用也是不容忽视的。

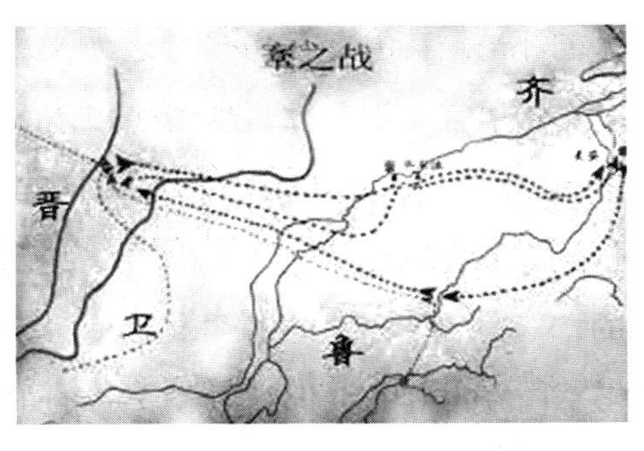

鞌之战

总之，以上这些多彩纷呈的情节，有着强烈的艺术感染力，带给人们多种不同的体验和感受。它们或让人惊异，或让人慨叹，或让人紧张，或让人轻松，或让人震撼，或让人麻痹……梁启超先生肯定并赞扬了《左传》的高度的艺术美，他在《要籍解题及其读法：左传、国语》一文中说："《左传》文章优美，其记事文对于极复杂事项——如五大战役等，纲领提携得极严谨而分明，情节叙述得极委婉而简洁，可谓极艺术之能事……故专以学文为目的，《左传》亦应在精读之列也。"这里，梁启超指示我们这些学文学的人，要把《左传》列为精读的范本，这是对《左传》艺术特色尤其是对它情节魅力的肯定和褒奖。

在故事情节铺展的过程中，读者可以随着故事情节的精彩推进，产生各种各样的心理反应，这都是《左传》作者高超的情节布排艺术和润笔技艺使然。笔者这样强调的根据非常明白。一是先圣孔子曾非常重视"文"的妙用。据《鲁襄公二十五年》记载的史事中，作者记录了郑国子产精彩的外交辞令，关键是后面孔子的评论。其中有一句“言之无文，行而不远”，这里的“文”，就是指语言的形象性、生动性和艺术性。整句的意思是说语言只有表述得形象、生动、艺术，才能流传久远。孔子的评论，恰恰传达了作者的意思，很显然，《左传》作者是明白“文”的深意的，“言”需要“文”，“文”使得“言”流播久远。既然作者能够认同并正确的认识到了“文”的重要意义，他势必在自己的写作中加以运用，自觉地加强自己文章的艺术性，注意润笔的技艺，那么他在描述事件讲述历史时，强调渲染历史故事的艺术性给读者以美的享受也是理所当然的了。二是与《左传》关系密切的《国语》重视“教之故志”。《楚语》中记载了“楚太子篇的师傅士营曾向申叔时请教如何教育好太子”一事。当时申叔时的答话里有这么一句话：“教之故志，使知废兴者而戒惧焉。”这里提到的“故志”，指的就是史籍。很显然，这里是要让人们从史籍里知道废和兴，而要知道了解废与兴，只有详细记载事件发生的前因后果，以及事件发展变化的具体过程才能做到。《春秋》的记述提纲挈领，言简意赅，虽然意图是让“乱臣贼子惧”，但这样简单的记录却难以让人明白其中的缘由和深意。所以，历代史学家和作家们是不可能离开现实社会的要求而写作的，《左传》的作者当然也是如此。他紧扣历史，从总结历史经验教训的目的出发，对历史人物、历史事件做详细地描述，目的就是为了满足现实社会政治的要求。因此，产生出生动的故事性强的情节描摹，是作者的历史责任感使然。三是作者吸收前代成果并自己运营的结果。据粗略统计，《左传》里的人物及作者引用西周及其以前的古籍、古人的话、古代历史故事和神话传说等，共约有七十九次之多。这些流传完整而又精彩的故事，成了《左传》丰富的精神食粮。在作者所引用的故事当中，读者看到的大多是一些支离破碎的零星片断，但也有像后男失国、少康复兴等情节相对完整的故事。作为当时有学问有身份的士人，《左传》的作者当然对那些前代的故事烂熟于心，因此，他信手拈来那些古代的初始的文学，并做到从中有选择地经营运用这些故事，组织适用于自己文章的故事情节，这也是一个自然而然的过程。

总之，作者既能够明确描绘历史的目的，有着对艺术的自觉追求，又能够从人类先前积淀的优秀成果神话、传说、历史故事等口头的叙事文学中汲取丰富的养料，然后选取自己所熟知的历史事件，进行加工锻造，《左传》的情节摹写取得这么巨大的成功，使得《左传》成为可读性强、值得欣赏的历史文学，也是不容置疑的。

当然，笔者这样评价《左传》，并不是说它的情节摹写就“前无古人，后无来者”。客观的说，《左传》的情节与后世的小说相比，差距还是比较大的。《左传》在叙述历史事件的过程中，总是渗杂着作者解经的文字和一些议论的文字，这是些非情节的因素，在某些程度上影响甚至限制了情节描述的进一步完善。另外，其中不少的史实述写，有的事件记得过于简略，只有三言两语，还不能称之为故事情节；有的事件不够完整，情节还有些缺陷；有的记述的故事很长，情节也很完整，但只是历史经过的大概记录，文字的形象性并不强。但我们也不能吹毛求疵，作为我国的初期的叙事文学，《左传》在情节方面粗糙简约，甚至有着简陋粗鄙等不足之处，这是不用讳言，也是情有可原的。但有一点我们不能否定，《左传》在故事情节方面的成就是巨大的，它不仅高出于同时期的《春秋》《国语》，而且某些情节完全可以与后代的名篇名章相媲美。更值得一提的是，后世的散文、小说等，也都从《左传》中汲取了充足的养分，才取得光彩夺目的辉煌成果。所以，从我国文学发展史来看，作为我国第一部叙事性文学著作，《左传》在情节方面的成就当之无愧。

第二节　波澜壮阔的战争画卷

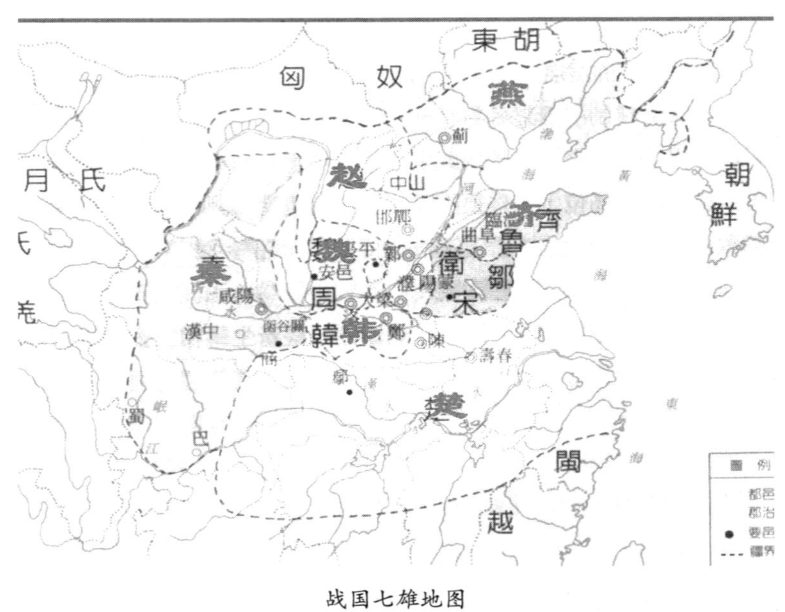

战国七雄地图

《左传》是我国第一部叙事详赡的编年史，它工于叙事，尤善写战争。朱自清说：“战争是个复杂的程序，叙得头头是道，已经不易，叙得有声有色，更难；这差不多全靠忙里有闲，透着优游不迫神儿才成。这却正是《左传》著者所擅长的。”① 历代文人没有不承认《左传》战争描写之美的，而历代的军事文学作品也没有不受《左传》的战争描写影响的。因此深入探寻《左传》战争描写的种种艺术奥秘，

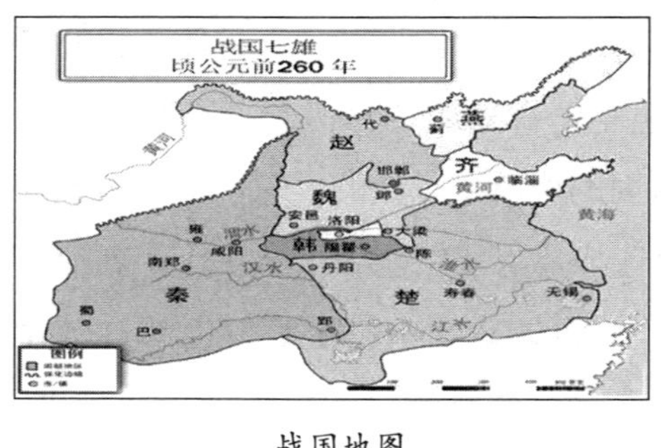

战国地图

① 朱自清：《朱自清古典文学论文集》，上海古籍出版社 1981 年版，第 44 页。

仍是《左传》研究一个重要课题。

如果谈到《左传》中波澜壮阔的战争画卷，简直没有比仔细分析一场战争再能说明问题的了，下面咱就先看看齐晋鞌之战，那生动逼真的场面只能让你拍手叫绝。

秦晋鞌之战

《鲁成公二年》记载了齐国和晋国对阵的鞌之战。在这场战事开始之前，作者首先追述了事件发生的背景，他从宣公十七年写起，陆陆续续交代了“郤克受辱”“晋侯伐齐”“齐伐鲁”“卫侯侵齐”“齐侵鲁、卫”等历史背景，揭示了战争发生的原因。背景交待清楚，原因就非常明白了：因为齐侯攻伐鲁国，卫军侵略齐国，鲁国、卫国军队战败，转而向晋国求救，晋国出兵援救鲁国和卫国而攻伐齐国。于是，齐、晋在鞌地爆发了这场战争。接下来写本年六月壬申，即交战的前一天，双方在靡笄山下对阵，齐侯首先派人请战，并发出“大夫之许，寡人之愿；若其不许，亦将见也”的狂言；同时齐国将领高固单车闯入晋军挑战，“桀石以投人，禽之而乘其车，系桑本焉以徇其垒，曰：‘欲勇者，贾余余勇!’”他生擒一人，徇齐垒以示勇，可见齐军士气高昂，勇不可当。当然也写出了齐军的自负和狂妄轻敌。而此时的晋国方面也不甘示弱，提出：“能进不能退，君无所辱命。”看来双方已是剑拔弩张，战事到了一触即发的地步。接下来写次日双方具体的鞌地交锋。战斗开始前，齐侯又狂妄地宣称：“余姑翦灭此而朝食!”并且“不介马而驰之”。他竟然说“先把晋军消灭了再吃早饭”，而且不给自己的战马披戴盔甲就带头驾车冲锋，好像消灭晋军不过是举手之劳。晋军奋力迎战，可是战况不佳战情不顺：

郤克伤于矢，流血及屦，未绝鼓音。曰：“余病矣!”张侯（即解张）曰：“自合，而矢贯余手及肘，余折以御。左轮朱殷，岂敢言病？吾子忍之!”（郑丘）始缓曰：“自始合，苟有险，余必下推车，子岂识之？然子病矣!”张侯曰：“师之耳目，在吾旗鼓，进退从之。此车一人殿之，可以集事。若之何其以病败君之大事？擐甲执兵，固即死也；病未及死，吾子勉之!”左并辔，右援枹而鼓，马逸不能止，师从之。齐师败绩。逐之，三周华不注。

郤克被箭射伤，血流至足，仍击鼓不停，但终因伤势过重，大叫：“余病矣!”张侯手臂中箭，鲜血染红车轮，他斩断箭杆，继续驾车，在这关键时刻，他一面与郑丘缓一齐鼓励郤克，一面又用左手执辔，腾出右手帮助击鼓，战马狂奔不止，晋军紧紧跟随。关键时刻，以郤克为首的晋国将帅发扬了大无畏的英雄主义精神，他们相互勉励，浴血奋战，军鼓不息，车进不止，以至于战事很快发展到“齐师败绩，逐之，三周华不注”的结局。在这里，通过作者生动形象的描述，我们仿佛亲眼看到齐顷公的傲慢和骄狂，也能够清晰地看见晋军将帅的勇敢和顽强，战斗的紧张激烈可以说历历在目，好像能够看得见战马荡起的灰尘，战争的激烈程度几乎让我们屏住了呼吸，每一个场面，每一次交锋，都会让站在远处观战的读者揪心不已。接下来文中详细描写了齐军的败逃：

逢丑父与君易位。将及华泉，骖絓于木而止。丑父寝于辗中，蛇出于其下，以肱击之，伤而匿之，故不能推车而及。韩厥执絷马前，再拜稽首，奉觞加璧以进，曰：“寡君使群臣为鲁、卫请，曰：‘无令舆师陷入君地。下臣不幸，属当戎行，无所逃隐。且惧奔辟，而忝两君。臣辱戎士，敢告不敏，摄官承乏。"丑父使公下，如华泉取饮。郑周父御佐车，宛茷为右，载齐侯以免。韩厥献丑父，郤献子将戮之，呼曰："自今无有代其君任患者，有一于此，将为戮乎?"郤子曰："人不九难以死免其君，我戮之，不祥。赦之，以劝事君者。"乃免之。

这一段写齐师败逃，韩厥奋力追上齐侯车，却不想"逢丑父与公易位"，使齐侯免于被俘。他误将逢丑父当齐侯，把齐侯当一般人。而逢丑父则趁韩厥不备，又命令齐侯到山下华泉取水，齐侯就借此机会逃跑了。后面又写了齐侯逃出后"求丑父，三入三出"等情节。后来郤献子认出韩厥所献的齐侯是假的，要杀这个假齐侯，丑父当即喊：从来都没个能替他君主受苦送死的忠臣，刚有一个，你们就要杀他？郤克听后，就把他赦免了。几笔细致入微的叙写，不仅清楚交代了事态的发展，还生动刻画出逢丑父这个忠于国家，机智勇敢，既能解救君主，又能保护自己的忠臣、才臣形象。再接下来细写了双方在战后外交谈判上的争执。最后交代出"秋七月，晋师及齐国佐盟于爰娄。使齐人归我汶阳之田"。到这里，齐国和晋国在鞌地争战前后这段激烈复杂的争霸史实，就清楚交代完毕了。这么精彩绝伦、惊心动魄的战争描写，在以往的作品中从来没有出现过。

仔细分析可以看到，从这场战斗一开始，齐军就占尽了优势。可骄兵必败，哀兵必胜。像齐侯和齐将高固，此战就完全骄傲轻敌。而晋军这边却危机重重，晋军主帅郤克和御者张侯受重伤，驾车的战马受惊，失去控制。但郤克继续擂鼓指挥作战，张侯折断射中自己的箭继续驾车。在这样的危急关头，部下张侯和郑丘缓鼓励主帅郤克要挺住。当郤克支持不住时，张侯在手掌和手肘被射穿的情况下，一手抓住四根缰绳驾车，一手接过鼓槌擂鼓指挥进攻。两强相遇勇者胜，晋国负责击鼓指挥作战的郤克突然身负重伤，难以再击鼓，而同车上同样也负重伤的解张、郑丘缓则万死不惧，他们没有自乱阵脚，而是再三勉励他击鼓，拼死帮助他击鼓，始终保持着指挥车上的进军鼓一刻不停地紧擂，晋军不停冲阵，最终顶住了齐军的强攻，打败了齐军。因此，这一战晋国的胜利很大程度还取决于晋主帅指挥车中的三人同心共勉，英雄主义精神大发扬。另外，在追击齐侯的过程中，綦毋张的战车被毁，要求上韩厥的战车继续战斗。这里是晋国韩厥战车的一个特写镜头：

> 韩厥梦（其父）子舆谓己曰："旦辟左右！"故中御而从齐侯。邴夏曰："射其御者，君子也。"公曰："谓之君子而射之，非礼也。"射其左，越于车下。射其右，毙于车中。綦毋张丧车，从韩厥曰："请寓乘！"从左右，皆肘之，使立于后。韩厥俛，定其右。

这一段是对韩厥战车上的情况的精描细绘。充分写出当时战斗的激烈，綦毋张站到左边、右边，韩厥都用手肘撞他，让他站在自己的身后。这是因为韩厥在战争前夜梦见父亲告诉自己：交战时一定要避开战车的左右位，不要站左边，也不要站右边，白天作战就居中间位赶车。而在追击的过程中，齐侯也刚好把车左车右的士兵都射死了。綦毋张被齐军打得连战车都丢了，仓皇奔向韩厥要求搭乘，韩厥怕他在车左右位危险，就叫他在自己身后站立，韩厥是为了保护綦毋张才拿胳膊肘捣他。连差点捉住齐侯的英雄韩厥都车左车右俱死，綦毋张竟连车子都丢了，可见，晋国战胜齐国也是极其不容易的。

韩厥对綦毋张的这种同僚之间的关爱，也说明晋军上下团结一心。难怪在郤克的指挥车失去控制，往前冲去的时候，晋军能一鼓作气冲上前去，从而打败齐军。还有，齐国因轻狂召祸。晋国这次之所以发狠拼死攻打齐国，就因为《宣公十七年》曾记载齐顷公对晋国的郤克轻狂无礼，他竟然让他母亲偷看郤克跛足，并嘲笑郤克的缺陷。郤克因此前在齐国严重受辱，拼死要报仇也是情理之中的事情。从这里可以看出，作者没有把战争作为孤立的事件去对待，不是把战争看成单纯的军事行动，而是把战争参与各方的政治、外交、民心等因素结合起来，透析了战争胜负的原因。

“齐晋鞌之战”这样大的战争场面，交待了许许多多异彩纷呈、出神入化的精妙的细节摹写，作品把这些妙趣横生的细节“以胜负的必然性为主线，围绕主线加以穿插，为整个战役的描述增添了生动和丰富”。[①] 最主要的是，作者高瞻远瞩，清楚地把握、表现好战争的全局，交代好战争的前因后果、方方面面外，还把笔墨主要集中在战争背景的交待、战争场景的摹写、交战双方心理等因素的比较等上面，气势恢宏地写出了战争的波澜壮阔。

鞌之战让我们领略了《左传》战争描写的慑人心魄的美，但书中记录的大小规模的战争，并不是千篇一律的，它们各具特色，各有侧重。如《左传·僖公三十二年、三十三年》记载的秦晋崤之战，是一场自冬至春、历时三月而败于一日的战争。作者着重描述了战前、战后的情形：秦军出征前，蹇叔的哭师、王孙满的议论和文嬴的说情、先轸暴怒和阳处父追赶，作者都详细地作了交待；而秦师被打败，军帅束手就擒的情景则一概忽略不记。晋楚城濮之战，作者重在记写战前的酝酿过程。从晋伐曹、卫的外围战写起，继而写宋国告急、晋将设连环之计、子玉治兵、晋师退避三舍，一直写到晋文公占梦坚定出战信心，两国才开始正式交锋。而双方交战仅仅是“己巳”一天的事，作者没有用更多的笔墨。以上两场战事，我们都能够了解战争的全过程，但侧重点也一目了然。当然，作者侧重哪一方面，是有他的道理的。他所着重记录或者分析的地方，或者战争的某一个阶段，都是为了最终分析战争胜败的原因做准备的。鄗之战中蹇叔的哭师、王孙满

① 沈玉成：《春秋左传学史稿》，江苏古籍出版社，1992。第94页。

的议论等，都也昭示了战争的结果，作者浓墨重彩的描写也在情理之中；城濮之战的胜利主要是晋文公与诸将帅谋划的结果，因此作者自然对战前的酝酿过程做细致入微的分析。

邲之战

还有《宣公十二年》记载的著名的“晋楚邲之战”。作者写这场战争，就非常细致全面，他对这场争霸战争的起因、开端、发展、高潮、结局做了极其细致逼真的描述。首先作者从宣公三年写起，把这场战争的序幕或者说是原因交代清楚，即晋国和楚国进行了连续九年的拉锯战，目的是争夺他们的中间地带——郑国所控的地盘；接下来交代了此次战争的导火索——当年春天楚庄王围困郑国；紧接着叙写战事开始前晋军方面的情况——“夏六月，晋师救郑”，“及河，闻郑既及楚平（讲和)”，主帅桓子（荀林父)、副帅随武子等以为无与楚交战的必要，欲撤退，而中军佐先縠以为“有敌而不从，不可谓武”，独自率本部强行渡河追楚，迫使晋军其他部队只好参战；后来写战事开始前楚军方面的情况——楚在郑愿降以后，将饮马于河而归，闻晋军追来，楚王与令尹欲不理晋军，按原计划撤军，而嬖人伍参欲战，且以他对当时战争利于楚而不利于晋的异常清楚的局势分析说服了楚王，使楚军遂“改辕而北之”，迎战晋军；再接下来写战争爆发，但很快以楚胜晋败而结束。具体情况交待得非常详细：楚师“次于管”，“晋师在敖、鄗之间”，两军对峙，晋军除先縠以外各重要将领都不欲战，欲与楚讲和，晋人亦许之，“盟有日矣”；楚之三将领却私自向晋挑战，晋魏锜、赵旃亦私自向楚挑战；楚在追逐赵旃时，孙叔敖果决地向晋发起猛攻，晋措手不及大败。交待完战争结局，接着给了战争中的六个重要场面情节以特效镜头，形象地再现了晋军仓皇败逃的情景——“晋师右移，上军有备而退，不败”、“楚王乘左广以逐赵旃”、“楚人追逃”、“逢大夫诫子”、“知庄子择矢射将”、“晋师宵济”；最后作者总结经验教训。先叙了战胜国楚国战后的善后情况以及郑国战后一些事情，还有战败国晋国总结城濮之战的教训，从宽处理主帅荀林父等情况。就这样，作者一张一弛，有板有眼，把这场战争发生的原因、发展变化的过程、战争的结果以及历史经验等都交代得清清楚楚明明白白了。

可见，在《左传》所叙写的众多的战争中，有一个非常重要的特点，就是作者对战争常常有一个总体把握，他高瞻远瞩、洞察全局，尤其是对那些复杂而巨大的争霸战争，作者总要把它放到整个大的历史背景中，详细地写出当时的政治形势、各国错综复杂的关系及其参战时的心态和战争所用的战略战术等，从而使我们由某一个战争个例，就看到一段广阔复杂的历史总貌，总结出重要的历史经验和教训。这种高瞻远瞩、清楚全面，能抓住事物要害的叙写，在《左传》中还有韩之战、城濮之战、殽之战、鄢陵之战、柏举之战、铁之战、清之战等著名篇章。这些波澜壮阔的战争画卷，都写得曲折完整，精彩动人。既简洁明了，又次序井然；既有真切的描写，更寄寓了深刻的战争经验。

而齐鲁长勺之战又有不同。《左传》对于长勺之战的记载主要是以曹刿为中心来“论战”。文章通过“论战”写出了曹刿的卓越军事才能和正确的战略思想。在长勺交战中，鲁庄公想击鼓进军，曹刿说：“还不行。”等齐军三次击鼓，曹刿说：“现在行了。”结果齐军被打得大败。齐军败逃时，鲁庄公想驱车追击，曹刿说：“还不行。”等他下了车，察看完齐军的车轮轧

曹刿论战

过地面留下的痕迹，又登上车，又扶着车前横木瞭望完远去的齐军后，才说："现在可以了。"于是鲁军开始追击齐军。齐鲁长勺之战，这场不太大但却以少胜多以弱胜强的战役，既展现了曹刿的将帅之才，又说明了战略防御的一些基本原则——"彼竭我盈""辙乱旗靡""敌疲我打"，因此，《曹刿论战》也成了是中国战争史上的名篇。它的特点是后发制人，指挥有方，谋略得当。表面上看，作者是在写曹刿，从他请见，到与鲁庄公论战，再到同乘指挥战斗，通过曹刿一个人的活动，就把整个战事展现在大家面前了。这也是《左传》战争描写的一个重要特点，通过个别情节和场面的描写，记录战事的全貌，使得战争的多样性和复杂性得到充分的表现。实际上，作者是通过曹刿的一举一动，来揭示战争胜利的关键性因素——成功的谋略运用。《孙子兵法》提出"上兵伐谋"的思想，揭示了战争中谋略的重要性。历史上没有不用计谋的战争，谋略常使战争发生奇迹变化，谋略之所在，乃是胜利之所在！

齐鲁长勺之战，鲁军用的是诱敌深入的战略战术，成功诱歼齐军。这是《左传》注重战略战术运用成功的案例。另外还有秦晋崤之战，晋用的是伏击战术；晋楚城濮之战，晋战略上采用退避三舍，先让一步，后发制人，战术上采用避强击弱的方法。对城濮之战晋方战术的运用，《左传》有一段相当精彩细致的描写：

> 胥臣蒙马以虎皮，先犯陈、蔡，陈蔡奔；楚右师溃。狐毛设二旆而退之，栾枝使舆曳柴而伪遁，楚师驰之。原轸、隙溱以中军公族横击之，狐毛、狐偃以上军夹击子西，楚左师溃。楚师败绩。

两军交战，晋军先进攻楚方右翼薄弱的陈国、蔡国联军，而避开子玉率领的强大的中军，并假装失败，麻痹他们的左军，表面上看晋军不堪一击，实际上是以失败为掩护，来集中力量夹击子西统帅的左军。这样，楚军的左右两翼都被击垮，就像失去了翅膀的孤雁，子玉的中军变得孤立无援，他孤掌难鸣。两翼被摧垮，中军又无援，这样整个楚军的失败就是不可避免的了。《左传》这样来描摹述写战争，不仅增强了战争本身的生动性，让读者像身临其境一样始终参与其中；而且，通过战争中双方的排兵布阵和运筹帷幄，我们能够看到指挥者们运用怎样的战略战术，也能够清晰地看到决定一场战争胜负的因素，领悟到怎样让战争取得胜利的道理。大大小小的战争，《左传》在记述战争时都很注重详略的安排，对于重大战役都不惜笔墨进行全面而详尽的记载，对一些中小战役往往只是集中刻画其中的主要方面。而军事谋略的发展变化和实际应用始终是记述的中心脉络之一，这样通过形形色色战争的描摹，就形成了一个谋略化的记述体系。

《左传》对战争的描写不仅仅是记述，而是通过大量的人物对话、人物行为来表现的，常常将客观情景和人物对话结合起来进行描写，使一方的情节通过另一方人物的行动和对话表现出来，从而给读者描绘出一个鲜明生动的画面。这种写作方法使《左传》成为一部有血有肉的文学精品，也同时让文章很具有戏剧性。比如“城濮之战”的原因，整个一段描写晋文公与先轸的对话，用以表现晋国欲挑起战争之意以及如何挑起战争的过程。同时用“公说”这一简单描写晋国欲战的心愿，而并非直接叙述“谁想如何，谁又想如何”的形式使人觉得枯燥乏味。又如《成公十六年》的记载：

楚子登巢车以望晋军，子重使大宰伯州犁侍于王后。王曰：“骋而左右，何也?”曰：“召军吏也。”“皆聚于中军矣。”曰：“合谋也。”“张幕矣。”曰：“虔卜于先君也。”“彻幕矣。”曰：“将发命也。”“甚嚣，且尘上矣。”曰：“将塞井夷灶而为行也。”“皆乘矣，左右执兵而下矣。”曰：“听誓也。’，“战乎? 曰：“未可知也。”“乘而左右皆下矣。”曰：

"战祷也。"

上述对话来自楚共王与大宰伯州犁，这是写在晋楚鄢陵之战前，共王与伯州犁在观察敌方的情况。敌我双方的战前准备工作，都是通过他们的所见所谈我们才知道的。这种写法，对于后世的小说写作影响很大。常见于我国古典小说和西方小说。荷马史诗写特洛伊之战，狄更斯小说中写选举的场面，用的也是这种笔法。

《左传》中描写战争时，还记叙了大量的占卜释梦和神异传闻的事件。如"成公十年"记晋景公之死，情节曲折怪诞，用三个梦构成了互为关连的情节；写晋侯所梦大厉，画鬼如生动得令人毛骨悚然；病入膏肓的描写，极为生动有趣；桑田巫释梦之语，小臣之梦的印证，更是充满神秘色彩；又如"僖公十五年"写的秦晋之战，秦国在与晋国作战前进行占卜："卜徒父筮之，吉。涉河，侯车败。诘之，对曰：'乃大吉也，三败必获晋军'。"作战的实际结果是"秦获晋侯而归"。类似这样的事件描写，使文章充满了神秘的色彩，通过一些神谕或卜示来预测事件的结局，解释事件的因果关系，这也反映了春秋时代人们的世界观和认知水平。

再如作者写"城濮之战"的前夜，主要就写了"文公惊梦"和"子犯圆梦"。作者通过对"惊梦"和"圆梦"的描写，充分刻画出了文公和子犯的性格。"惊梦"是说城濮之战前夜，晋文公由于紧张、担心次日对楚作战不能取胜，做梦时竟然梦见了楚成王！两人梦中相见，厮打成一团，可楚成王力量大，还把他给摔倒了。摔倒以后，

城濮之战

他就想爬起来，可那楚成王把他的两臂按得死死的，而且还趴在他的身上，咬他的额头。他心急如焚，越想反抗越反抗不了，眼看着他自己的额头就被咬破，脑浆都要被吸出来的时候，他急醒了！俗话说“日有所思夜有所梦”，文公白天考虑得多，晚上就有梦出现，这跟我们平时的情景是一样的，作者叙写得真切自然，没有一点儿雕琢的痕迹。“圆梦”是说文公此梦醒后，心情很不好，以为这是明天对楚作战的不祥之兆。但他把梦说给子犯听，可子犯却是另外的说法，他说：您这梦好极了！您梦中仰面倒地，仰面就朝天，朝天就得了天助；他伏身压您，伏身即伏罪，表明他此战必败，最后还要给您伏地请罪！再说他吸您脑浆，脑浆能腐蚀他胃肠，这表明我们最终能够降服他们。这里面描写的文公“惊梦”和梦醒以后的让子犯圆梦，就十分贴切地写出了文公的谨小慎微，就像《论语·述而》中所说的：“临事而惧，好谋而成”。而子犯的“圆梦”，则充分体现出他过人的机敏。其实，人们晚上做梦本来就与他日后的事情没有什么关系，而他竟巧舌如簧、煞有介事地讲了那么多的吉兆，一下子就把文公做梦后的悲观情绪驱除掉了，使文公能够非常乐观自信地迎接即将到来的战争。

像这样戏剧化的场面，还有“鞌之战”中描述的齐侯战车中的逢丑父。逢丑父是个忠国忠君、英勇机智的好汉子。在当时那种齐军溃逃，齐侯车被绊住在半路，晋军眼看就要追上之际，如果不是他机敏果断地与君主易位，施行“金蝉脱壳”计瞒过韩厥，让君主逃脱，那君主就肯定当了俘虏，成为齐国历史上“耻莫大焉”的“国耻”！他不仅忠君，而且还很善于保护自己。在败逃的过程中，郤献子发现他抓住的“齐侯”是个冒牌货，就传令杀他，可他当即力断，大声呼喊：“从来都没个能替他君主受苦送死的忠臣，刚有一个，你们就要杀他？那你

逢丑父

们怎勉励人做忠臣呢?”郤克听后，果然从勉励人做忠臣的角度考虑，赦免了他。又如“殽之战”中描写因释秦囚先轸发怒是通过语言及行动描写的，如“不顾而唾”。又称襄公之母为妇人，使得这一形象跃然纸上。

《左传》描写战争，还特别善于在紧张激烈的气氛中插入生动有趣的细节，有时甚至加入一些主观的揣度、臆测或虚构，使得对战争的描述更加细致形象，其中也不乏幽默性和戏剧性的效果。忙中有闲，推波助澜，使叙战之文摇曳多姿，美不胜收。三舍之退，一麇之献，下车免胄，执梳犒师，这些《左传》称之为“戎仪”者，就是生动的实例。另外，卜益和梦的描写在《左传》全书中占有相当地位。散之战前，卜偃的“必大捷”的结论。城濮之战中，晋文公梦与楚子搏等等。《左传》正是用这类细节来表现叙事的倾向性，同时也加强了语言的生动性。虽然《左传》是历史著作，但它的描写语言别出心裁，光怪陆离，比人物对话和独白有着更为错综多样的表达方式。

《左传》有的叙事记言，明显不是对历史事实的真实记录，而是出于臆测或虚构。如《僖公二十四年》记载的介子推母子间的对话，不可能有第三者在旁听见或记录，当是作者根据传闻和揣想虚拟而成。

《左传》除了善于描写轰轰烈烈的征伐场面外，也把笔触伸入到聘问、会盟、搜狩、城筑、婚姻、死葬、篡夺、族灭、出亡等各个方面。有时候描写极细致，如“履士会之足于朝介”的描写，有时候描写极风趣诙谐，最有名的例子是泌之战中，楚兵教晋兵脱肩，拔旆，投衡伙逃，进而晋兵解嘲说：“若不如大国之数奔也。”有时候描叙得正气凛凛，虎虎有生气，如齐大电书崔抒拭其君，被杀，南兄氏执简以往。有时候又写得满纸阴森鬼气，如对太子申生阴魂和公子彭生鬼魂的描写。有时候夸张到极点，如“楚子闻之，投袂而起，屦及于窒皇，剑及于寝门之外，车及于蒲青之市”之类。

总而言之，《左传》的战争描写是全书中最为精彩的部分，是《左传》的精华，也是它高超叙事艺术的集中体现。善于描写纷纭复杂、如火如荼的战争场面。或状武士之狙诈，或绘盟国之态度；军心所向，真是头绪纷繁，《左传》叙来有条有理，娓娓动听。梁启超在《要籍解题及其读法》中说："《左传》文章优美，其记事对于极复杂之事项——如五大战役等，纲领提挈得极严谨而分明，情节叙述得极委曲简洁，可谓极技术之能事。"《左传》的战争描写之所以精彩纷呈，除了战争本身具有的特殊的时代意义外，作者对战斗过程跌宕多姿的讲述，对战事全局的把握，对战争的侧重点的截取，对战争前因后果的揭示和对人物事件绘声绘色的描绘，才是真正的点睛之处，也更加充分地显现出《左传》战争描写的与众不同。另外，我们还能够从作者对战争的描写中，看到各路诸侯力量的对比和消长，几乎在每一场战争的背后，都有作者对当时时局的透视，在战争中囊括时代的特点，是《左传》的大气之处。以上种种，都对后代以战争为题材的小说以及历史演义等小说中有关战争的描写，产生了深远的影响。有了这样精细传神的刻画，再加上气势恢宏的磅礴场面，《左传》的战争不引人注目才怪呢？

"国之大事，在祀与戎"，《左传》不是专门的战争史，但对战争的描写成为《左传》全书的重要组成部分，俨然是一部春秋争霸战争史。《左传》共记录战争492起，对战争描写采用了多种不同的表现手法，将每一次战事都写得精彩生动、各具千秋，它对各种战争反映之全面深刻，艺术手法之高超神妙，在我国史书中也是独一无二的。作者写战争，不仅能够通观全局，将战争放在整个社会大背景中加以宏观和历史的审视，而且能够突出某一战争与众不同的特点。另外，《左传》还以其现实性与哲理性高度统一的军事思想，对后世产生了深远影响。它往往能运用朴素的唯物论和辩证法来阐述战争起因，揭示战争的本质和规律，评点战略战术的得失，成为我国军事史上重要的思想资料来源。

第三节 精密简赅的细节描写

《左传》既有对大场面金戈铁马的叙述，也有对局部场景细致入微的描绘。细节描写是《左传》诸多艺术成就中的一个方面，它在《左传》中也占据着重要的地位。细节描写的作用是多种多样的，表现在《左传》文章中，它们有的举重若轻，以小见大，通过细节描写揭示事情成败的根本原因；有的展现人物性格；有的刻画人物容貌、表现人物心理；有的展示人物所处环境、事件发生背景；有的还附加了自己的情感，表达对人物的评点。

作为一部独树一帜的史传文学名著，《左传》上承《尚书》，下启《史记》，它的史学贡献和文学成就，都得到后代学者的高度褒扬。刘知几在《史通》中说："其言简而要，其事详博。""著述罕闻，古今卓绝。"刘熙载也说："左氏叙事，纷者整之，孤者辅之，板者活之，直者曲之，俗者雅之，枯者腴之。剪裁运化之方，斯为备。"刘勰在《文心雕龙·史传》中这样评价："……实圣文之羽翮，记籍之冠冕也。"这些大家的评说可谓切中肯綮，在记述历史事件的过程中，《左传》的确特别注重细节描写，我们从微观方面就可以领略到《左传》的多姿多彩的风韵。

在上文刚刚分析的那些大大小小的战争中，几乎每一场战争，每一个场景，都刻画有真切生动、个性独特鲜明的人物。像前面讲到的"鞌之战"，这场战争中，晋军主帅指挥车里的张侯、郑丘缓、郤克三人，是三位胸怀祖国、志在灭敌、万难不惧、万死不辞的豪杰英雄。尤其是并非主帅的张侯和郑丘缓，他们只是主帅战车上的赶车人和车右武士，但他们的意志好像比主帅还坚定，他们所意识到的主帅肩负指挥全军作战的千钧重任似乎比主帅更强烈更明晰。主帅郤克身负重伤，感到难以支撑，还一度冒出过息鼓的念头，可是他俩却是受伤再严重也不倒下，再支撑不住也不能让进军的鼓声停息。当时如果不是他们拼死舍命勉励郤克，和郤克共渡难关，那么晋军的指挥就会出问题，指挥出了问题，晋军的凌厉攻势也就可能保持不了，最终的结果晋军势必要败。在这场战争描写中，作者紧紧抓住主要人物的有关细节，充分展示战争的基本过程。齐侯的一句“余姑翦灭此而朝食!”一个细微动作“不介马而驰之”，生动地描写出了齐侯的轻敌；“郤克伤于矢，流血及屦，未绝鼓音”则表现了晋军郤克的顽强，张侯“左并辔，右援枹而鼓”表现了他的协助配合。通过这样的细节综合描写，作者举重若轻，以小见大，从深层次来揭示晋军必胜齐军的根本原因和关键因素。

又如《左传·哀公十六年》记载的“楚国白公之乱”这一政治事件：

> 叶公亦至，及北门，或遇之，曰：“君胡不胄？国人望君如望慈父母焉，盗贼之矢若伤君，是绝民望也。若之何不胄？”乃胄而进。又遇一人曰：“君胡胄？国人望君，如望岁焉，日日以几。若见君面，是得艾也。民知不死，其亦夫又奋心，犹将旌君以徇于国，而又掩面以绝民望，不亦甚乎!”乃免胄而进。

这是细节描写运用的成功范例，写的是楚国的叶公子高平叛一场宫廷叛乱的情景。在这里，作者没有着重写叶公的重大军事谋略和具体的军政措施，而就叶公是否应戴头盔这一细节反复渲染，突出国人对叶公的爱戴和叶公急于争取国人的心理。叶公平叛的成功，叶公精神的可贵，都在免胄的细节中表现出来了。

再如《左传·庄公十年》的记载：

> 问：“何以战?”公曰：“衣食所安，弗敢专也，必以分人。”对曰：“小惠未徧，民弗从也。”公曰：“牺牲玉帛，弗敢加也，必以信。”对曰：“小信未孚，神弗福也。”公曰：

“小大之狱，虽不能察，必以情。”对曰：“忠之属也。可以一战。战则请从。”

曹刿与鲁庄公谈论作战的条件

这是鲁国君臣的一番对话，这段细节描写主要是写鲁国大臣曹刿对鲁国形势的分析，表面上看这些话似乎与战争无关，但仔细分析就知道曹刿其实是在陈诉鲁国的有利因素，即鲁国拥有相对清明的政治，战争是可以得到百姓的支持的。曹刿这样自信而又井井有条的分析，一定程度上打消了鲁庄公的心存忧虑和不自信，也让读者看到了曹刿的睿智和作为臣子的细腻。战争能够得到百姓的支持，鲁国上下一致对外，准备充分，信心十足，虽然敌强我弱，但凭借有利因素，战争完全可以以弱胜强，以少胜多，这既揭示了鲁国以弱胜强的主要原因，又为后来长勺之战的结局做了铺垫。可见，细节描写的作用不容小觑，关键时刻它能够化解困境，对事件发展起到推波助澜的作用。

《左传》不是以记人为主，但是它记人的艺术手法却精妙绝伦，通过细节描写来展现人物的性格特征便是其一大特色。例如《僖公三十三年》记载的“秦晋崤之战”：

文嬴请三帅……公许之。先轸朝，问秦囚。公曰：“夫人请之，吾舍之矣。”先轸怒，曰：“武夫力而拘诸原，妇人暂而免诸国，堕军实而长寇仇，亡无日矣！”不顾而唾。

这个历史上著名的战役本书已多次提到。这次战争，晋国活捉了秦国的三员大将。但晋国的统帅先轸并没有想到，他的将士们浴血奋战的战果，却毁于一个妇人的一句话。先轸“不顾而唾”，这一生动的细节，仅仅是一个小动作，与前面他的几句激烈的言辞相衔接，充分表现出了他刚烈、耿直的性格。后来他追悔自己无礼的行为“免胄如狄师，死焉”的行动，也正是他这种性格发展的必然。《左传》里描写卫献公的细节更为精彩，据《襄公二十六年》记载：

> 大夫逆于竟者，执其手而与之言；道逆者，自车揖之；逆于门者，颔之而已。

上文写的是卫献公对待来迎接他的臣子们的态度。当时的情况是这样的：卫献公在随臣的扶助下费尽周折终于重新回国时，作者记述了他对前来迎接他的人们的态度。卫献公从进入国境到城门的那一段道路，他的态度就发生了微妙的变化，他以出迎的远近来判断大夫们对他的亲疏。这一细节充分展现了卫献公的愚蠢，也是他本性不可移易的地方。像这样的描写在《左传》中几乎随处可见，如《桓公元年》记载了宋国华父督的事情。华父督以好色著称，这里仅记录了他的一个细节：“见孔父之妻于路，目逆而送之，曰：‘美而艳。’”华父督的一个情不自禁的下意识动作，还有一句自言自语的话语，作者就把这个色胆包天的色魔刻画得入木三分。《左传·昭公元年》记载了“徐吾犯之妹择夫”的一幕画面：“子皙盛饰入，布币而出。子南戎服入，左右射，超乘而出。”这里的描写也很有戏剧性，公孙黑打扮得非常华丽，进来，陈设财礼然后出去了；公孙楚穿着军服进来，左右开弓，一跃登车而去。子皙和子南对比鲜明，两人不同的性格特点、不同的恋爱观，作者是通过他们同去求婚的细节来加以表现的，读起来意趣盎然。

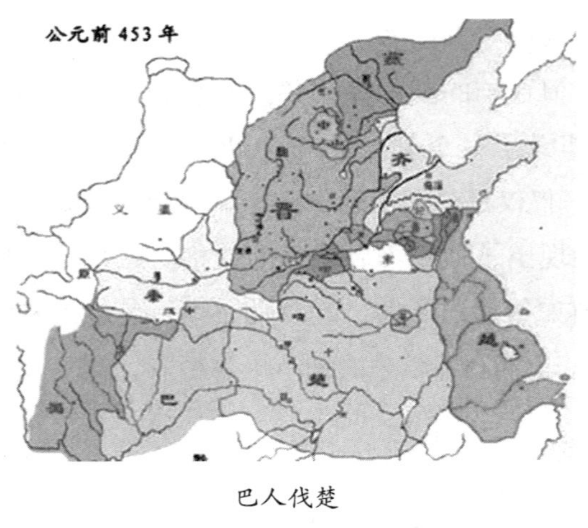

巴人伐楚

《左传》非常注意在叙事中用细节刻画人物性格，也常常依据写人的需要，而补充说明一些过往的事情，进一步说明人物的性格。如《庄公十九年》记载的楚巴战争中的“鬻拳弗纳楚王”一事：这一年，巴人攻伐楚国，楚王率军迎战而败退郢都。郢都守城人鬻拳认为，国家的军队退败有损国威，他竟然以臣犯君，以下犯上，不许君王进城，还要求君王再去攻打，打赢了再回来。楚王只好又去打一仗，虽然最后赢了战争，却输了身体，他累病了，而且很快就死了。楚王死后，鬻拳感到非常内疚，他认为楚王是被他逼死的，楚王死了，他也必须得死。于是，在安葬好楚王以后，他就自杀了。这样的细节描摹，本来可以很充分地展现人物的性格了，但作者觉得还不够，他认为只有这些还不足以说明鬻拳的性格。所以他接着又补叙了前些年鬻拳的一次为“纳君于善”而不惜“惧君以兵”的事情。文章说：“初，鬻拳强谏楚子，楚子弗从。临之以兵，惧而从之。鬻拳曰：吾惧君以兵，罪莫大焉。遂自刖也。”最后还引用了“君子”一段话来赞誉他：“君子曰：鬻拳可谓爱君矣，谏以自纳于刑，刑犹不忘纳君于善。”很明显，这件“弗纳”事情摆出来后，再加上以前的“兵谏”之事及“君子”的赞誉，就更加鲜明地凸显了鬻拳的爱国胜于爱君，爱君“不忘纳君于善”的优良品质。另外，《哀公六年》记载的“楚昭王救陈”也是很好的例子：吴国攻伐陈国，昭王想去援救陈国，可战前的占卜预言“战与退均不吉”。这时候昭王说：既然战、退都不吉，那就战吧！就让我死在与敌国的斗争中吧。于是他毅然决然地援救陈国，结果病死在军中。如果这样写完，事情也非常清楚明了，昭王的性格特征也非常鲜明。但作者觉得还不够，他又补叙了之前昭王的事例：“宁死，不作移祸于人之祭”；“宁死，不作越望之祭”。这两件事情的插入，就更加鲜明地凸现出昭王讲原则、“知大道”和不利己的性格。

《左传》中有很多性格鲜明的人物形象，但这些人物的性格大多是通过事件、对话和行动描写来表现的。文中所缺乏的，是对人物的容貌描写。除非是有些相面、预卜前程的情景中，有类似“蜂目豺声”“熊虎之状而豺狼之声”“黑而偻，深目而仃喙”“丰下”等一些简单的外貌描述。虽然很多人物没有外貌描写，但一些人物的相貌特征，我们可以想象出来，在读者自己心里形成一个大概的样貌。可以想象的原因，就是作者对他们言行中最有代表性的细节进行了精心的描写。

例如《左传·昭公元年》的记载：

> （楚公子围）设服离卫……叔孙穆子曰：“楚公子美矣，君哉!”郑子皮曰：“二执戈者前矣。”蔡子家曰：“蒲宫有前，不亦可乎?”楚伯州犁曰：“此行也，辞而假之寡君。”郑行人挥曰：“假不反矣。”伯州犁曰：“子姑忧子? 之欲背诞也。”子羽曰：“当璧犹在，假而不反，子其无忧乎?”齐国子曰：”吾代二子愍矣。”陈公子招曰：“不忧何成? 二子乐矣。”卫齐子曰：“苟或知之，虽忧何害?”宋合左师曰：“大国令，小国共，吾知共而已。”

这是对楚国公子围的描写。作者对于公子围的容貌、服饰、精神等的直接描述语言仅此四字——“设服离卫”，而后面对他的具体描述则是通过各国使者观察后的议论来表现的。作者记录了叔孙穆子等十个人的议论，有对公子围的仪表、出行行列的赞叹，有对他前景的估量，有人对他表示忧虑，有人为他辩护，也有人对他不以为然。通过这样的描述，我们可以想见，当时各国使者嘁嘁喳喳的议论和评价，继而又转换话题，最后是人们在不安和观望中渐渐平息下来。当然，在人们的议论中，我们看到了公子围不可一世的威仪，也可以想象他耀武扬威的状貌。另外，如书中一些著名人物的外在形象，我们也可以想象。子产的智慧、大义凛然、威武不可侵犯的面容；楚灵王得意忘形的神态；齐景公呆头傻脑的愚笨样儿，都是可以通过文中的细节刻画来想见的。

作为一部史学著作，记史、叙事是《左传》的主要任务。在这个过程中，作者不可能也没有必要事无巨细地把事件的全过程都记录下来，重要性、典型性的事件是作者选材记录的标准。虽然有些东西没有记录下来，但我们可以通过细节判断出来，比如人物所处的环境、事件发生的背景等等。例如《定公八年》记载的鲁国攻打齐国的事件：

公侵齐，门于阳州。士皆坐列，曰："颜高之弓六钧。"皆取而传观之。阳州人出，颜高夺人弱弓……颜息射人中眉，退曰："我无勇，吾志其目也。"师退，冉猛伪伤足而先，其兄会乃呼曰："猛也，殿！"

这里记录的是鲁定公率领军队去攻打齐国阳州。当时，参战的士卒全无斗志，他们的状态是这样的："士皆坐列""皆取而传观之""冉猛伪伤足而先"。作者以简洁的文字记录了当时的这三个细节：进攻的心不在焉，交战的视同儿戏，退却的争先恐后。还有《哀公十四年》的记载：

左师每食击钟。闻钟声，公曰："夫子将食。"既食，又奏。公曰："可矣。"

宋人发动变乱，他们带领全部私卒来请宋景公赴宴，情况十分危急。宋景公立即召见左师向巢来商议对策。在描述这种紧急的气氛时，作者描写了上面这样一个细节。虽然写的是向巢从容就餐的情形，但这是通过宋景公、皇野的听觉表现出来的，显然他们根本没有想到自己是否还要吃饭，只是怀着惴惴不安的心情，屏心静气地听着左师的动静。这紧张中短暂的平静，使原有的气氛显得更为紧张。此外，在细节化的描写中，作者有时还附加了自己的情感，表达对人物的评点。例如《左传·襄公十九年》记载的“晋国大将荀偃之死”的事情：

荀偃瘅疽，生疡于头。济河，及著雍，病，目出。大夫先归者皆反。士匄请见，弗内。请后，曰：“郑甥可。”二月甲寅，卒而视，不可含。宣子盥而抚之，曰：“事吴敢不如事主！”犹视。栾怀子曰：“其为未卒事于齐故也乎?”乃复抚之曰：“主苟终，所不嗣事于齐者，有如河！”乃瞑，受含。宣子出，曰：“吾浅之为丈夫也。”

荀偃是晋国大将荀林父的孙子，晋悼公重新夺取霸权时的主要军事将领，他曾经攻伐郑国，消灭偪阳，屡建战功。平阴之役，他率领诸侯之师伐齐救鲁，连克数城，军队到达齐国的都城临淄的外围，但是他不幸在凯旋途中病死。这样一位战功显赫的将军猝然身亡，晋国民众中有着许多传说和佳话。《左传》的记录正是反映了人们对这位将军的赞美和哀思。荀偃没有能够圆满完成伐齐事，这是他终生的遗憾，这里所记栾盈的话：“主苟终，所不嗣事于齐者，有如河！”一语道出了他生前的夙愿。作者借此渲染了荀偃之死的悲壮色彩，从而表现了他“壮志未酬”“含恨而终”的坚贞精神。在这里，我们看到，作者边描写细节边寄托自己的哀思，叙写的过程中掺入了作者对荀偃深深的崇敬爱戴之情。

《左传》中也没有后代小说纯粹的心理描写，人物的心理活动多是通过人物的一两句话直接说出来的。如郑庄公的三句话：“多行不义必自毙，子姑待之”“不义不昵，厚将崩”“可矣”，就是可以作为剖析郑庄公心理的重要依据。像这种心理细节描摹，既能够反映人物的性格，也能够通过其性格变化得知事情发展的过程。

《宣公二年》记载了“宋郑大棘之战”。对于战事的胜败，作者直截了当地做了记录，另外还补叙了两个小插曲：一件是狂狡违反兵戎相交的常规，用自己的武器去救落井的敌人，结果被敌人擒获；另一件是宋国指挥作战的主帅，因为战前没有嘱咐自己的御手，结果交战时他的御手就把主帅的车赶到敌阵里去了。这里写的虽然是小事，但正是这样的小事，才影射出了宋国惨败的原因和根源。《哀公十一年》记载的“艾陵之战”：

陈僖子谓其弟书：“尔死，我必得志。”宗子阳与闾丘明相厉也。桑掩胥御国子，公孙夏曰：“二子必死。”将战，公孙夏命其徒歌《虞殡》。陈子行命其徒具含玉。公孙挥命其徒曰：“人寻约，吴发短。”东郭书曰：“三战必死，于此三矣。”使问弦多以琴，曰：“吾不复见子矣。”陈书曰：“此行也，吾闻鼓而已，不闻金矣。”

作者对战斗经过的描写极其简略，他把大量的笔墨用在了对战败一方将士们的描写上，写他们的矢志不渝，写公孙夏、陈子行、公孙挥等的表现，几乎每一人，都有一个生动的细节特写，这是作者对他们的肯定和表彰，通过这样的描写，我们完全可以想象得到他们奋勇拼杀、浴血擒敌的情形，他们虽败犹荣。

《左传》中还有一些特写镜头，如“邲之战”中写到“晋败渡河，中军下军争舟”“楚王乘左广逐赵旃”“楚人追逃”“逢大夫诫子”“知庄子择矢射将”“晋师宵济”，“鄢陵之战”中写到“楚子、晋侯观敌师”“栾鍼掀公出于淖”“养由基射甲”“吕锜梦射月”“叔山冉搏人以投”“穀阳竖献饮子反”等，这些都是作者专门放大了的细节描写，这些琳琅满目、异彩纷呈的细节，正是《左传》传神感人的文学魅力所在。

总之，《左传》的细节描写虽然赶不上《战国策》《史记》这些史书的艺术成就，更不要说后代的著名小说了；但从历史的角度进行客观的评价，我们不得不佩服《左传》的高超技艺，不得不赞扬《左传》的开创之功。纵观整个中国文学发展史，我们就会发现，《左传》的艺术成就是开创性的，它的影响是深远而广泛的，后代的无论长篇小说还是短篇小说，无论是志人小说还是志怪小说，无论是小说还是戏剧，都深受《左传》的影响，都存在着《左传》的影子，都潜隐着《左传》的灵魂。

第四节　特色鲜明的人物塑造

《左传》令人折服的文学成就，因为其叙事的典型性、完整性和生动性而散发着灿烂的光辉。而在这抹光辉中最引人注目的，莫过于人物形象的塑造。在作者笔下，一个个丰富饱满、个性鲜明、惟妙惟肖的人物跃然纸上，给人以美的享受。就像我们讲故事一样，如果想要把故事讲的绘声绘色、引人入胜，仅仅靠叙述事件是不够的，还得需要各种特色鲜明的人物的默契配合。人物的行动、语言等是《左传》精彩叙事的主要手段，在叙事中完善人物形象的塑造也是丰满人物形象的必由之路。通过人物在重大历史事件中的言行、动作等，人物的性格才得以展现，形象才得以丰满，情节才得以展开，整个事件才能记述得生动完整。可是，由于《左传》的编年体特性，《左传》描写人物与纪传体历史著作叙述一个人物的生平事迹不同，与后世小说塑造人物形象也不一样。它所描写的人物既具流动性的特点，也有着静止化的特征。《左传》所记人物的言行事迹大多分散记录在事件发生的各个年代，很少对某一人物集中描写，只有把同一人物在不同年代的事迹联系起来，才能得到一个完整的人物形象。这就是孙绿怡先生在《与中国古典小说》一书中所归纳的人物形象模式——“累积型”，许多大国国君和卿士大夫都属于这种类型。还有一种是“闪现”型，即绝大多数人物只是通过一件事来表现性格，笔法极为灵活，一时一事，一人一事，或一人数事，文字简练而鲜明。这些人物形象的出现虽然转瞬即逝，一闪而过，却给人留下非常鲜明的印象。另外，在描写人物时，许多人物的性格是一成不变的。王靖宇先生在《中国早期叙事文研究》一书中说：“在中国叙事作品尤其是《左传》中，我们会遇到许多静止的人物，这是一个引人注目的特点。静止人物在整个故事中其性格都保持不变。似乎只要人物一旦被固定在某个模子里，通常他就保持不变，而且极少能有所突破。”虽然如此，《左传》所描写的人物仍能让我们过目不忘，还在于它十分注意通过材料的取舍、故事手法、细节的刻画以及人物的语言等多种艺术手段来刻画人物，注意在典型环境中塑造典型人物，用最有代表性的事例表现人物性格。因事写人，把人物融合在事件中，从记事中写人物，随不同时间内所发生的许多不同事件，以不同方式，分别揭示人物性格的不同侧面，到最后形成一个完整的艺术形象。《左传》中出现的有姓名的人物近三千，相当一部分人物个性突出，形象鲜明。在这些形形色色的人物中间，有善良而能干亦或恶劣而愚蠢的统治者；有明智忠诚亦或有权有势有野心而且还邪恶的大臣；有大公无私有远见卓识的妇女，也有祸国殃民的红颜祸水……他们的社会地位不同，道德品质也有差异，但作者总能在剖解政治兴衰、国家安危存亡中努力表现他们与之相关的思想、性格和品质。《左传》没有自觉地描写人物，但总能在叙事中展现出各种不同的人物的魅力，不能不值得我们深思。下面笔者选取几大类型中的几个典型人物，对《左传》描摹人物的功力做一简单的分析。

一、春秋霸主

《左传》刻画描摹人物，多在重大的政治和军事纷争中展示个性特征。在春秋那个动乱的时代，政治和军事纷争不断。而在这些纷争中，起主要作用的往往是那些诸侯卿相及其追随者们。因此，春秋霸主这类人物自然而然是《左传》着力的主要之处。《左传》重在叙事，人物性格的林林总总，包括生活细节便和历史事件联系在一起。在细节中展现人物个性，是《左传》刻画描摹人物的关键笔力。

郑庄公：

《左传》中所描写的第一件大事——“郑伯克段与鄢”就与郑庄公密切相关，从此不友不孝便成了郑庄公的鲜明标签。当时，郑庄公刚刚继位，他的弟弟段在其母亲的支持下蓄谋与他争夺王位。可他不仅听之任之，甚至表面上还帮助段，任由段扩大地盘，目的是养其罪恶，待时机成熟，即所谓让段“多行不义必自毙”，既而他消灭段也是理所当然的了。郑庄公表面上容忍段，实则等待时机，蓄意斩草除根，永绝后患。可见其用心险恶，其不友之状昭然若揭。《郑伯克段与鄢》开头从“庄公寤生，惊姜氏”写起，郑庄公与母亲和弟弟的矛盾便由此埋下伏笔，为后文表现庄公的性格作了铺垫。从表面上看，郑庄公与其母亲和弟弟的矛盾是因家庭琐事而滋生，事实上是因为争夺权位的斗争而引起。

郑庄公

母亲武姜因想立共叔段为太子没有成功，就费尽心机撺掇共叔段谋反。堪称春秋第一霸的郑庄公，把母亲的心思早已看穿，可他不仅没有制止，也没有委婉地点破。他任由自己的母亲和弟弟私欲膨胀到极致而谋反之时，才发兵进攻，杀了弟弟，囚禁了母亲。当时他把京城这个地方给共叔段作为封地时，大臣们都自然是反对的，都给庄公建议不要这么办。可庄公却虚伪地说：“母亲要这样，我有什么办法呢?”共叔段大肆扩张之时，大臣公子吕就劝庄公对共叔段动手，可庄公却说："多行不义，必自毙。"他眼睁睁地看着自己的亲弟弟一步步地走向死亡。庄公表面装糊涂，内心却清明。他早就想好了对付共叔段的办法，却一点儿也不声张，而是静观事态的发展，阴险毒辣之相显露至极。直到共叔段造反的迹象昭然若揭之时，他才说："可以了。"《左传》就抓住这一点，通过细节刻画来展示主要人物的个性特征和情感的变化，逐步深化人物形象。

因为母亲对弟弟段的偏爱，庄公对母亲很是记恨厌恶，但他刚开始时是忍而不发。他先是听命于武姜，让共叔段一点点膨胀。后来到了要剿灭共叔段的时候，他为了稳住母亲，还假装说要去洛邑朝见天子，给母亲造成他对共叔段谋反一无所知的假象。后来，他截获母亲给弟弟的密信，直取共叔段的老窝京城，断了共叔段的后路。在共叔段逃往鄢城时，他又张开口袋等候，直到共叔段逃到共城死在那里，他才善罢甘休。最后，他把武姜和共叔段的罪证摆在武姜面前，让母亲武姜羞愧难当。他将母亲幽禁，并发誓"不及黄泉不得相见"。但后来，他"良心"发现，为了显示自己的孝顺，于是取颍考叔隧道相见之计，用在"黄泉路上"挖地道的方法与母亲见面，由此也能明见郑庄公的虚伪和不孝。这里的细节描写揭示了孝道孝行的虚假，丰富了郑庄公的形象。

掘地见母

与弟不友，对君也不恭。隐公三年时，周平王不想让郑庄公做王室的左卿士，致使郑庄公心怀不满。周平王非常担心，于是双方互换太子质押作为友好的保证。后来，周平王未履行诺言，郑庄公便派人去劫掠周王室的麦；秋天，又取其禾，由此见其对周天子的跋扈与不忠。虽然不忠不友，但他不是刚愎自用一成不变的。郑庄公对周王室态度跋扈，但关键时刻需要利用周天子的时候，他也会躬身朝见。隐公六年，即在“周郑交质”后不久，郑庄公亲自去朝见天子；隐公八年，又去朝见，直到与周王室达成谅解。

不友不恭是郑庄公直露的一面，隐藏在暗处不易察觉的是他的多谋、贪婪和奸诈。隐公十一年，郑庄公联合齐国和鲁国征伐许国。他虽然野心勃勃，但却有所顾忌，不敢直接针对许国。于是，他先是让许国大夫百里丰许叔“以居东偏”，作为傀儡政权，后又叫郑大夫公孙获“居许西偏”位监督。他跟许国大夫讲话时，起初是安慰和恭维许国，一直拐弯抹角，直到最后一句“寡人之使吾子处此，不唯许国之为，亦聊以固吾也。”他表面上说希望许国来保护郑国，实际上是希望许国永远成为郑国的保护国。郑庄公这段话，表面上看他是抚恤体贴许国，许国只有对他感恩戴德。可细细体察，就能发现贪婪和虚伪才是郑庄公的本性。桓公五年，郑庄公打败王师，周天子也被箭射伤。郑庄公不但没有乘胜追击，反而犒慰王师，假装慈悲，其奸雄性格此时发展到了顶峰。

晋文公：

晋文公是春秋时期晋国的国君（前 636 年—前 628 年在位），姓姬，名重耳，晋献公的儿子。晋献公有 5 个儿子，申生是太子，重耳、夷吾为狄人所生，奚齐、卓子分别是宠妃骊姬和她陪嫁的妹妹之子。献公晚年非常宠爱骊姬，为了让骊姬之子奚齐继位，他们害死了太子申生，重耳、夷

重耳

吾被迫出逃。重耳逃到了狄国，谋臣狐偃、赵衰等人仍不离不弃地跟着他。后晋献公死，奚齐当了国君，不久奚齐和卓子就先后被杀，晋国没有了国君。夷吾首先回到国内被立为晋惠公。惠公害怕重耳抢他的王位，就派人去行刺重耳，原本待在狄国的重耳又被迫流亡。长期的逃亡生活中，重耳到了许多国家——齐、曹、宋、郑、楚、秦等国，他遭受了“卫文公不礼”，“乞食于野人，野人与之块”，曹共公“欲观其裸浴”，“郑文公亦不礼焉”等的轻视与刺激；也得到过齐桓公、宋襄公、楚成王、秦穆公的友好接待。前636年，秦穆公派兵护送重耳回国即位，是为晋文公。纵观重耳的履历，他43岁出逃，62岁回国，19年流离失所，历经磨难，终于当上了国君。

重耳逃亡

晋文公雄心勃勃，为了实现他称霸天下的愿望，他采取了一系列措施。他与民同苦乐，安定民心，受到了百姓的拥戴；他减轻关市的征税，减轻刑罚，布施贫民，救济饥荒，使人民能安居乐业；他封赏功臣，坚守信用，不断增强晋

重耳复国

国的实力，建立起了自己的威信，成功地迈出了治国的第一步。

他即位第二年，周王室发生内乱，周襄王逃到郑国避难。晋文公知道这是一个立功的好机会，他发兵杀了王子带，护送周王子回到京城。周襄王大摆酒席慰劳他，还赐给晋国四城，晋文公的地位不断提高。

当时，楚国是与晋国主要的竞争对手。楚国称霸长江流域，而晋文公想成就霸业，必须向南扩展疆土，这就势必要与楚国交锋。前632年，晋楚在城濮决战，晋国大获全胜。城濮之战中，晋文公遇事能与臣下商量，听到好的建议立即执行。他开始对战胜强楚有些忧虑，但看到晋军少长有礼，便充满胜利信心。他在指挥作战中，严肃谨慎，从谏如流，老练持重，深谋远虑。而楚军主帅子玉则相反，他不听楚王的命令，狂妄自大，主观专断，动辄大怒，置众人的意见于不顾，处处为个人名利打算，终于落得个全军溃散、身败名裂、伏罪自杀的下场。这样楚军主帅与晋文公的形象对比鲜明，也使得晋文公的形象更加高大丰满。城濮之战晋国告捷，在举国庆贺、朝野欢欣的时候，晋文公并没有乐而忘忧，他一直等到听见楚将子玉自杀的消息以后，才面露喜色，“晋侯闻之而后喜可知也”。这一情态细节的描写，将晋文公身为霸主、深谋远虑的性格特征完全表现出来了。战后，晋文公在践土给周襄王修了行宫，还把陈、蔡和楚国的俘虏献给周天子。晋及齐、鲁、宋、卫等七国国君和周王室大臣王子虎订立盟约，正式称晋文公为盟主。不久，他又会诸侯于温，周襄王被请赴会，任命晋文公为诸侯之长，命他安抚四方，监督和惩治危害周天子的人，从此晋文公成为名噪一时的诸侯霸主。

忍辱负重，知恩图报，治国安邦，与民同乐，晋文公俨然是一位相当优秀的霸主。但是在《左传》行文中，作者并没有避讳他的缺点和不足，客观全面地解析了晋文公重耳的另一面。僖公二十三年，晋公子重耳流亡到秦国：“秦伯纳女五人，怀嬴与焉。奉匜沃盥，（公子）既而挥之。（怀嬴）怒曰：‘秦、晋匹也，何以卑我！”公子惧，降服而囚。从“既而挥之”到“降服而囚”，这几个行动细节的描写，把重耳性格上的轻浮与自卑刻画得入木三分。他“安享狄国十二年，贪图安逸难舍齐国”，说明他贪享安逸，骄纵任性；他采取“攻曹伐卫，联秦攻郑”等行动，说明他气量狭小，睚眦必报；另外，最后的“河阳召王”事件，也显示了他欲望膨胀，破王降格的缺点。这些性格特征与他之前的温文尔雅的贵族形象是格格不入截然相反的。这也彰显了《左传》描写人物的特点，即作者从多个视角多个细节入手，着力展现一个个完整的人物形象。

《左传·僖公二十三年》从“晋公子重耳之及于难也”写起，一直描述到他在秦国受到秦穆公的款待。在逃亡期间，重耳“处狄十二年”“过卫”“及齐”“及曹”“及宋”“及郑”“及楚”直到“送诸秦”，他一路走来，历尽艰辛。“野人与之块”，让他学会了寄人篱下时要忍耐屈辱；“姜氏促行”，他学会了在安逸时不能贪图失志；“僖负羁馈盘飧置璧、宋襄公赠马”，他明白了感恩别人的馈赠或礼遇；“曹共公观浴、郑文公不礼”，他学会了对蛮横行为的忍耐和报复……作为养尊处优的公子哥，十七岁的重耳出逃时还不谙世事只为保命，十九年的颠沛流离让他意识到自己肩负的重任，知道如何处理各种复杂的关系，真所谓“塞翁失马，焉知非福”，这段磨练奠定了重耳一生叱咤风云的基础。直到他历经“攻曹伐卫”“城濮之战”“大会诸侯”“河阳召王”等功成业就称霸中原，重耳已经从一个不谙世事、任性蛮横、贪图安逸的贵公子，最终成长为深谋远虑、心胸宽阔、胆识兼备的政治家晋文公。公元前628年，晋文公因病去世，终年70岁。虽执掌晋国只有九年时间，但他爱护人民、忠于职守、讲究仁德、文治武功，是作者心目中的英明之君，寄寓了作者的政治理想，是作者倾注心血、着意刻画的一位霸主。

全方位多角度分析人物，秉笔直书人物形象，人物的性格特征从来不会只是一个方面。全面真实记录人物的每一种性格特征，是《左传》描摹人物的鲜明特点。正是用这种方法，让我们看到了一个颇具立体感的复杂的人物形象。

楚灵王：

在作者描绘的春秋霸主中，楚灵王可谓是反面形象的代表。《左传》中关于他的记事，主要发生在襄公二十六年至昭公十三年间。作者从他做王子时写起，一直写到他悔恨自缢而死。楚灵王即位前，争强好胜，野心勃勃，弑王自立；即位后，残暴骄奢，狂妄自大，作者用饱满的笔墨描绘了他的方方面面，从他自己的服饰、语言、行动，到周围人们对他的评价，都时时处处证明他是一个名副其实的昏君，是个被否定的国君形象。

楚灵王

襄公二十六年，正值楚国与秦国联兵攻伐郑国之际，城麇之战中，楚灵王当时还是楚国的王子。楚国将领穿封戌迎战郑国守城大将皇颉，穿封戌拿下皇颉并且囚禁了他。作为一个身份显贵、地位荣耀的王子，楚灵王当时的表现的确不符合他的身份和地位。《左传》这样记载："穿封戌囚皇颉，公子围与之争之。"一个"争"字，楚灵王的表现就暴露无遗，其蛮横无礼的秉性也为后来他的行为和结局埋下了伏笔。一位堂堂赫赫的楚国公子，却与自己门下的将领争夺俘虏之功，这样的行为让人不齿。

昭公年间，《左传》所记载的楚灵王的一系列大事——"弑君自立""大会诸侯"和"蔡公因乱夺权"等，都能让我们看到一个贪功、贪权、贪霸、贪而无信的春秋霸主形象。

在典型环境中表现人物的典型性格特征，是《左传》描写人物的一大特色。经典的语言对白也是其刻画人物的法宝。

王闻群公子之死也，自投于车下，曰："人之爱其子也，亦如余乎?”侍者曰：“甚焉。小人老而无子，知挤于沟壑矣。”王曰：“余杀人子多矣，能无及此乎?”右尹子革曰：“请待于郊，以听国人。”王曰：“众怒不可犯也。”曰：“若入于大都而乞师于诸侯。”王曰：“皆叛矣。”曰：“若亡于诸侯，以听大国之图君也。”王曰：“大福不再，只取辱焉。”

这段话是楚灵王“自投于车下”后与侍者的对白。从开始几句他轻狂、得意的语言描写中，他的形象是显而易见的。可后来的对白，则能够清晰地看出楚灵王对他自己的汰侈之行所导致怨恨与背叛是很清楚的，他最终的结局，待罪于郊外还是逃亡，无论是受辱求生还是苟且偷生，他都不愿意。这样的语言，栩栩如生地写出了楚灵王从得意的顶峰一下跌入现实的谷底的情态。

《左传》中还有唯一的一处关于人物服饰着装的描写，就是关于楚灵王的。昭公十二年，“楚子狩于州来”，“王皮冠，秦复陶，翠被，豹舄，执鞭以出。”艳丽的色彩，从头到脚华贵的服装，虽是寥寥几笔，但却淋漓尽致地刻画出楚灵王悠闲自若、踌躇满志的神态。他的装束和他“汰侈”的性格是完全一致的。

《左传》作者在描写楚灵王时，还有一个显著的特点，那就是楚灵王的每次出场，都会有不同身份的人，特别是各国的权威人士，对他的所作所为给予一番评论或预言。如楚申无宇说：“王子必不免。”卫北宫文子说：“虽获其志，不能终也。”晋叔向说：“若获诸侯，其虐滋甚。”郑游吉说：“汰侈而自说其事，必合诸侯。”子产说：“汰而愎谏，不过十年。”这样的语言还有不少，楚灵王的每一次表演，都紧跟着这些评论，如影随形，衬托预示着他必然失败的命运。

奢华的装束，轻狂的语言，再加上周围人的评价，楚灵王的蛮横无理、横夺战功，弑侄篡位、暴虐无理，贪而无信、恣意扩张，背信弃义、狂妄愚昧的形象就跃然纸上了。

但《左传》刻画人物的手法是多样化的，正面描写、侧面烘托、对比等手法都能够鲜明刻画出人物的性格特征。

人物的性格是多面的。如同对晋文公的描述一样，作者在表现楚灵王蛮横狂恶的一面外，还不惜笔墨表现了他宽容纳谏，知过能改，不记前怨，风趣等性格特点。他宽释赖国礼遇近臣，“亲释其缚。受其壁，焚其榇，迁赖于鄢”，说明他能纳谏；他“无宇断旌，章台执人”，看出他能容人；他重用穿封戌，也可见他能择人。另外，《左传》还记载了他听令尹子革之劝，想改变自己原来那些挥霍浪费，蛮横无理的坏毛病，“王揖而入，馈不食，寝不寐，数日，不能自克，以及于难。”人之将死，其言也善，临死前的种种反省，也能够让读者发现楚灵王内心的柔软之处，他除了残暴，还有温情和怜悯，他刚愎但不昏庸。这样的心理刻画所呈现出的楚灵王更加让人觉得真实可信。

《左传》从不同的角度刻画出贪霸背后的楚灵王礼遇近臣，容人、择人、反省，以及爱国情怀等丰富、复杂的性格特征。其中的亮点是楚灵王的自我反省。他懊悔至极难以克制，心中的恐惧和隐隐不安，曾经刚愎自用、飞扬跋扈的楚灵王都能够如此，这让我们看到人性的光辉，让读者感到更加的温暖。《左传》这样成熟的人物描摹刻画，让我们看到一个完整复杂的人物形象，不能不令人叹为观止。

《左传》随事写人，通过事件的发展变化，或者通过不同的史实，展现人物性格的不同特征。书中还有很多国君、霸主、政治家的形象，作者通过他们的语言和行动，写出他们不同的性格面貌。《左传》中许多重要政治人物都是通过数年行迹的积累来表现的。当然，也有一些人物，并不是反复出现而形成的一个完整形象，而是仅在某一时、某一事中出现，表现的仅仅是其一生中的某一片断，反映的是其性格中的某一方面。这些形象往往非常生动传神，也能给读者留下极深刻的印象。

二、士大夫

对于士大夫这类人物的刻画，《左传》作者着墨最多。书中出现了大大小小约3000多个人物，其中数量最多、个性最鲜明的就是士大夫了。这些人物有的频繁出场，有的一闪而过。可不管是“累积型”还是“闪现型”，作者几乎都能够抓住他们的典型特征来最大可能地凸显人物性格。春秋时代，礼崩乐坏，时局混乱，人心不古，整个社会处于一片动荡之中。受春秋战国时期社会大背景的影响，士大夫的形象也貌状各异。遵从作者“立德”“立功”“立言”这“三不朽”的原则，从总体上来说，士大夫阶层里，有励精图治的能臣贤相也有碌碌无为的平庸之辈，有耿直忠贞的爱国志士也有祸国殃民的贪利小人，有隐居山林安身立命的隐者也有屈膝卖国投敌叛变让人不齿之徒……在那个世风日下的乱世，既出现了力挽狂澜的枭雄，也不乏欲望膨胀的小人。总之，观念松动时期的春秋战国时期，这些身怀绝技的士大夫们就闪亮登场了。

公正耿直忠贞爱国的志士：臾骈、狐突等。

《左传》塑造了一批公正耿直、守节忠君的志士君子形象，他们身上的突出特点是不图名利，不畏强权，公正耿直，光明磊落。在国家利益受到威胁时，愿意以死来换取国家利益，维护国家的安宁。他们追求着自己人格的独立与完善。作者在塑造这些人物时，注意抓住他们忠君爱国的精神内核，突出这些人物的典型特征。

臾骈：

臾骈是春秋时期晋国的上军佐，他只是一个官职很小的士。身份虽低微，但形象却高大。他用他自己的行为赢得了尊敬。唐代张九龄曾说过：“人之所以为贵者，以其有信有礼；国之所以能强，疑云唯信与文。”臾骈就是这样，他的一生，没有一次失信。

鲁文公六年，臾骈护送贾季的家眷到敌国就是一个明证。贾季曾经侮辱过臾骈，臾骈有机会护送他的家眷，也就有机会杀掉贾季的家眷，臾骈的朋友们也是这样建议他的。可是臾骈沉思了很久，却说："不行。我听说一本叫《前志》的书里有这样的话：无论是有惠于人，还是有怨于人，都与他的后代没有关系。如果现在我利用主人对我的信任，趁机杀掉贾季一家，这并不表明我的勇敢。如果我发泄了自己的怨气，却增加了与贾季的矛盾与仇恨，这并不说明我聪明。由于报私仇而损害了公共利益，就辜负了主人的信任，说明我背信弃义。舍弃了智慧、勇敢和信任，还能成什么大事呢？"结果，臾骈说服了自己的朋友们，亲自护送贾季的家人到了敌国，期间没有一星半点儿的不轨行为。臾骈言必信行必果，堪称士大夫的表率。

臾　骈

除了耿直诚信，臾骈在军事方面也颇有建树，与他军事佐的身份相符《左传·文公十二年》载：

秦为令狐之役故，冬，秦伯伐晋，取羁马。晋人御之。赵盾将中军，荀林父佐之。郤缺将上军，臾骈佐之。栾盾将下军，胥甲佐之。范无恤御戎，以从秦师于河曲。臾骈曰："秦不能久，请深垒固军以待之。"从之。

秦人欲战，秦伯谓士会曰："若何而战？"对曰："赵氏新出其属曰臾骈，必实为此谋，将以老我师也。赵有侧室曰穿，晋君之婿也，有宠而弱，不在军事，好勇而狂，且恶臾骈之佐上军也，若使轻者肆焉，其可。"秦伯以璧祈战于河。十二月戊午，秦军掩晋上军，赵穿追之，不及。反，怒曰："裹粮坐甲，固敌是求，敌至不击，将何俟焉？"军吏曰："将有待也。”穿曰：“我不知谋，将独出。”乃以其属出。宣子曰：“秦获穿也，获一卿矣。秦以胜归，我何以报？”乃皆出战，交绥。秦行人夜戒晋师曰：“两君之士皆未慭也，明日请相见也。”臾骈曰：“使者目动而言肆，惧我也，将遁矣。薄诸河，必败之。”胥甲、赵穿当军门呼曰：“死伤未收而弃之，不惠也；不待期而薄人于险，无勇也。”乃止。秦师夜遁。复侵晋，入瑕。

前615年冬天，秦国出兵攻打晋国。晋国大将赵盾率领大军把秦军抵挡在河曲（今山西芮城县西风陵渡一带黄河拐弯之处）一带。臾骈分析：秦军远道而来，且兵锋已老，加之后勤供应的压力，肯定不能持久。于是他建议晋军挖深壁垒固守静观敌变。赵盾采纳了他的建议，严令军士坚守。秦军几次挑衅，并且采取诱敌之计诈晋，都没有让晋军上当。秦军按耐不住，于是在一天晚上派使者前去告诉晋军说：“我们两国军队尚未痛快地交锋，明天就决战吧！”秦军约战的目的很明显，就是要让晋军忙于备战，自己则乘机撤退。秦使离去后，臾骈对赵盾说：“秦军要打算逃走了，请赶快安排追击。”原因就是他精准地观察了秦使的表现：“目动而言肆”。即说话时眼珠转动，声音反常。在仔细观察的基础上，他做出了具体的分析和大胆的预测。在与晋军难于继续相持的情况下，只有退归一条选择。但秦军要退归，最可担心的是一直在蓄锐等待的晋军乘退追袭。秦军为了保证自己撤退顺利，必然要想法稳住晋军。后来证明，臾骈的预见十分正确。

根据战场上的实际情况，善于从反面识辨敌人的诈情。既写出了战场上情况的复杂，又指出了一种精妙的察敌之法。后来的军事理论家孙武，在其《孙子兵法·行军篇》中，概括了著名的察敌三十几法，其中就有这样的描述：“辞强而进驱者，退也。”意思是敌人措辞强硬，示以驰驱进逼之姿态，那是在准备撤退。就是对臾骈机智准确的辨析敌人的请战之辞，识破敌人诈情的高度精炼的集结。很显然，臾骈在特定的环境中考察秦军口气刚硬的请战之辞，并准确地分辨其真假，识破了秦军的诈情，在秦军撤退时截击，晋军大获全胜。臾骈为晋军取得秦晋之战的胜利立下了汗马功劳。

狐突：

狐突，生年不详，卒于公元前637年，春秋时期晋国大臣。他的两个女儿狐季姬、小戎子都嫁给了晋献公，分别生下儿子重耳和夷吾，也就是狐突的外孙。夷吾在太子申生被杀后即位，是为晋惠公。晋国公子重耳被迫出逃，当时一直陪伴其左右的狐毛、狐偃两人都是狐突的儿子。他因为教育儿子“忠臣不事二主”，深得历代统治者推崇，后世也都大建庙宇祭祀他逐渐被神化。

狐突庙

《左传·僖公二十三年》记载：

九月，晋惠公卒。怀公命无从亡人。期，期而不至，无赦。狐突之子毛及偃从重耳在秦，弗召。冬，怀公执狐突曰：“子来则免。”对曰：“子之能仕，父教之忠，古之制也。策名委质，贰乃辟也。今臣之子，名在重耳，有年数矣。若又召之，教之贰也。父教子贰，何以事君？刑之不滥，君之明也，臣之愿也。淫刑以逞，谁则无罪？臣闻命矣。”乃杀之。

晋惠公十四年（前 637 年）九月，惠公死后他的儿子圉被立为晋怀公。怀公刚刚即位，根基不稳，他最大的威胁就是在各国享有良好声誉的叔叔重耳。重耳当时依然流亡在外，可怀公为了削弱重耳的力量，永绝后患，就命令跟随重耳出逃在外的人必须按时回国，如果不回来，就诛杀他全家。同年冬天，因为没有召回他的两个儿子回国，狐突被晋怀公拘捕。怀公对狐突说：“你的儿子如果回来就赦免你。”可是狐突却说：“子之能仕，父教之忠。”“父教子贰，何以事君?”他不识时务地拒绝了怀公的要求，他说：“古往今来，儿子出仕，父亲一定要告诉他忠诚。我的儿子跟着重耳已经许多年了，如果现在叫他回来，这和我原来说的可不一样了。我不能教子以二心事君。你要逞淫刑杀人，我听命就是。”于是狐突被杀害。第二年，秦国送重耳归晋，晋人迎回重耳，杀掉怀公，让重耳即位，这就是晋文公。狐突的两个儿子狐偃和狐毛因为忠心耿耿，成为重耳回国以后执政乃至成就春秋霸业最重要最得力的助手。晋文公把狐突与狐氏戎厚葬在晋国境内的少阳山（今交城县境内马鞍山）上，现在也称狐爷山。山上建有狐突庙，正殿匾额上写着“三晋名臣”，展现的是狐突的身份和名望。

除此之外，关于他的记载还有关于军务、政务的两三件事，凸现的是他贤能之臣的形象。可为后世历代统治者所赞赏，成为后世忠臣典范的还是他的“教子不二”的事迹。直至今天，人们感念他的忠诚，还在多处大建庙宇祭奠他、缅怀他。

《左传》中像臾骈一样忠贞不二的士大夫还有很多，如忠于君命的元喧；纵死不费君命的荀息；舍身救君，把君主的性命看的比自己还重要的逄丑父等等，他们身上最光辉的精神引领就是忠君爱国。

能谋善划能言善辩的能臣：先轸、展喜、国佐、烛之武等

《左传》中能言善辩能谋善划的贤臣能士不在少数。他们有的才智超群，能够看清复杂的政治局势，对于人与人之间的交际游刃有余，他们常常陪伴君王左右，出谋划策，排危解难。他们最擅长最精通的就是谋略和权术；有的能言善辩，即使临危受命，也能够凭借自己的三寸不烂之舌，不动一兵一卒，让敌我双方握手言和，化干戈为玉帛。

先轸：

先轸

先轸，曲沃（今山西闻喜）人，春秋时期晋国名将、军事家，因其采邑在原（今河南济源西北），所以又称原轸。《左传·僖公二十七年》（前633年）记载：晋文公“谋元帅”，意思是要考虑中军主帅的人选。先轸擅长谋略，在先后辅佐晋文公、晋襄公两位霸主时，都是以中军主将身份成功指挥城濮之战、崤之战，而且屡出奇策，打败当时国力强大的楚国和秦国。以识人闻名的晋国权臣赵衰，对先轸的评价就是“先轸有谋”。作为古代著名的军事统帅，先轸不仅拥有元帅的头衔，而且拥有光辉的元帅战绩，是中国历史上军事将领中当之无愧的名帅。

先轸的“有谋”是有明证的。楚国入侵宋国时，齐国和秦国两个大国开始一直非常谨慎，只是观望。为了让齐秦两国尽快加入战争，他向晋文公建议，用贿赂的方法，让齐秦停止观望，迅速入伙。另外，楚国与曹国、卫国要结盟联合，他又及时看出：他们三国如果顺利结盟，势必力量增强，就会对晋国产生威胁，成为晋国称霸路上的障碍。于是他向晋文公建议：“复其地”。晋国用这个办法成功离间了他们的同盟。

先轸屡立战功，无论是城濮之战还是崤之战，他的考虑和谋

划处处得当，让晋国打败强敌秦国和齐国。这两场关键战役的胜利，为晋国春秋称霸并开创文、襄辉煌，奠定了坚实的基础。

可是，这位善于谋划、运筹帷幄、韬略出众的军事家，耿直为公，精忠报国，虽然有着临危不惧之勇和临阵指挥之能，但是却因为没有所谓的政客的头脑而以身殉义，的确让人感到惋惜和遗憾。

僖公三十三年写晋襄公应文嬴之请，放走了俘获的三名秦帅，大臣先轸为此勃然大怒：

先轸朝，问秦囚。公曰：“夫人请之，吾舍之矣。”先轸怒曰：“武夫力而拘诸原，妇人请而免诸国，堕军实而长寇仇，亡无日矣。”不顾而唾。

几声斥责，一个动作，仅用寥寥几笔，就把他怒气冲天的情态真切地描摹了出来，不仅收到了形神毕肖、声情并现的效果，而且让人物形象跃然纸上，性格特征更加凸显。

展　喜

展喜：

春秋时期鲁国大夫，是被后人附会“坐怀不乱”故事的主人公柳下惠（展禽）的弟弟。展喜镇定机敏善于言辞，以“犒师”一事青史留名。《左传·僖公二十六年》记载：

齐孝公伐我北鄙，公使展喜犒师。使受命于展禽。

齐侯未入境，展喜从之。曰：“寡君闻君亲举玉趾，将辱于敝邑，使下臣犒执事。”齐侯曰：“鲁人恐乎？”对曰：“小人恐矣，君子则否。”齐侯曰：“室如县罄，野无青草，何恃而不恐？”对曰：“恃先王之命。昔周公、大公，股肱周室，夹辅成王，成王劳之而赐之盟。曰：‘世世子孙，无相害也。’载在盟府，太师职之。桓公是以纠合诸侯而谋其不协，弥缝其阙而匡救其灾，昭旧职也。及君即位，诸侯之望曰：‘其率桓之功。’我敝邑用不敢保聚。曰：‘岂其嗣世九年，而弃命废职，其若先君何！君必不然。’恃此以不恐。”齐侯乃还。

公元前634年，即鲁僖公二十六年，当时鲁国国内正闹饥荒。鲁国国力本来就弱，如果这个时候鲁国迎来战争，无异于雪上加霜。可偏偏齐孝公率军攻打鲁国，面对强大的齐国，鲁国根本无力抵挡。鲁国形势十分危急，鲁僖公对展喜委以重任，让他前去犒劳齐军。展喜临危受命，临行之前得到哥哥展禽面授机宜。展喜机敏镇定，与齐孝公的对话中，他先是援引先王遗命，又引证齐国祖先辅佐周王室的遗德，晓之以理，动之以情，利用道义来说服他。并且申明，鲁国所倚仗的就是鲁国认为齐国不会做出“弃命废职”的事情来。他理直气壮，大义凛然，既委婉地满足了齐孝公的虚荣心，又不失时机地巧妙完成了任务，让自己的国家转危为安。展喜的机智善辩，从容应对，让齐孝公无言以对，最终使得齐军退师还朝，取得了外交上的胜利，从而解救了国家的危难。

展喜这次出色的外交活动，得到清代学者吴楚材在《古文观止》中这样的评价：“大义凛然之中，亦复委婉动听，齐侯无从措口，乘兴而来，败兴而返，所谓子猷山阴之棹何必见戴也。”在这里，展喜的胆识和才智通过他的富有说服力的言辞得以充分的表现。

像展喜这样能言善辩的士大夫还有不少，如烛之武说退秦师中的烛之武、国佐说郤克以得与晋盟中的国佐，都属于这一类。作者着重突出他们的口舌之能，着力说明他们不仅挽救他人，展现自己，而且力挽狂澜拯救国家于危难之中。

励精图治德才兼备的全才：晏婴、子产

《左传》中有很多拥有济世之才的治世能臣形象。他们不同与

一般的辅弼之臣，因为他们是作为执政者站在历史舞台上的。他们一旦登台执政，便身系一国之安危，决定和主宰着国家的命运。因此他们必须从国家大局出发，根据本国的国情，制定本国的各项政策，对内维护国家安定，对外捍卫国家利益。所以作者在塑造他们的形象时，围绕治世能臣这一典型特征，将他们塑造成德才兼备的全才形象。如晏婴，子产。

晏婴：

晏婴

对于晏婴，大家或许并不陌生，《晏子使楚》的故事很早就收入小学语文课本，晏子的故事也因此家喻户晓深入人心了。据说他身材低矮，其貌不扬。这个小故事就按照事情发展的顺序记录了晏子因为自己的相貌被楚王羞辱的3件事——楚王辱骂齐国是狗国，蔑视齐国没人，认为齐人是盗贼，结果楚王搬起石头砸了自己的脚，这些侮辱不仅都被晏子机智地应对了过去，而且还被晏子反唇相讥，楚王自取其辱，貌似灰溜溜的了。是的，仅仅这一件小事，晏子能言善辩、有胆有识、沉着冷静的状貌就被作者淋漓尽致地表现了出来，他在不卑不亢、机智善辩中维护了自己国家的尊严，这都是与他齐国名相，重要的政治家、思想家、外交家的身份相得益彰的，晏婴也因此声名远扬，以卓越的政治远见和外交才能闻名于诸侯。

齐灵公二十六年（前556年），晏婴的父亲齐国上大夫晏弱病逝，他继任为上大夫，辅政齐灵公、齐庄公、齐景公三任国君，直到周敬王二十年（前500年）病逝，时间长达40余年。作为齐国一人之下万人之上的宰相，晏婴用他自己的聪明才智取得了与其身份对等的业绩。他对内以身垂范，对外不辱使命。像“晏子使楚”这样的故事还有很多，比如折冲樽俎、二桃杀三士、纪国金壶、智论生死、遄台陪侍、死马杀人、景公葬妾、烛邹养鸟、华而不实、辞退高缭等，至今广为流传。这些故事都充分表现了晏婴的博闻强识和善于辞令，他机敏的头脑和充满灵动与幽默的智慧，也让他成为后世人们心中智慧的化身。

齐庄公因和大贵族的夫人棠姜私通一事被崔杼杀掉，晏婴不顾劝阻而去吊唁，嚎啕大哭之余立誓要担当责任、保卫国家。崔杼虽对他恨之入骨但无可奈何，原因就是他是百姓拥戴的人。后来崔杼等拥立的齐景公为树立威信，大肆杀戮排除异己，晏婴也在被排除之列，但他大义凛然，义愤填膺地对天盟誓说："我只忠于君主和国家。凡为虎作伥、助纣为虐者均不得好死!"说完拂袖而去，无畏而潇洒。他励精图治兢兢业业，通过治理东阿赢得了景公的信任，复出为宰相。他主张以礼治国，曾力谏齐景公轻赋省刑，汉代刘向在《晏子春秋》叙录中，曾经把晏子和春秋初年齐国著名政治家的管仲相提并论。

他生活节俭，谦恭下士；他爱国忧民，敢于直谏。孔子曾经称赞他说："救民百姓而不夸，行补三君而不有，晏子果君子也!"所以他辅政长达40余年，在诸侯和百姓中享有非常高的声誉。现在山东淄博齐都镇永顺村东南约350米，有一座晏婴墓，是人们对晏婴永久的祭奠和怀念。

现在还存有一部《晏子春秋》，全书共八卷，二百一十五章，分内、外篇，是记录晏婴思想、言行和事迹的书，也是我国最早的一部短篇小说集。有人认为是晏婴所作，但现在学者一般认为是后人集结晏婴的言行轶事而写成的。司马迁的《史记》中最早有《管晏列传》，班固的《汉书》在"艺文志"一类中称其为《晏子》，列在儒家类。这部书虽然语言简练，但情节生动，绘声绘色地写出了晏婴的高大形象，艺术价值不容忽视。

子产：

子产，郑穆公的孙子，名副其实的郑国贵族，与孔子生活在同一时期，是《左传》中着力描写的主要人物。近人王源曾经这

子产

样说过："《左传》载列国名卿言行多矣，未有详于子产者也。子产乃终春秋第一人．亦左氏心折之第一人。"《左传》对子产的书写，开始于襄公八年，当时他的父亲称他为童子，终止于昭公二十年，子产去世。前后大概共叙写了他四十三年左右的经历。关于这四十三年的描述，是不连续的，但如果把与子产相关的描写集合在一起，就是一篇关于子产的祥瞻而完整的传记。

子产于前 554 年（郑简公时期）被立为卿，从前 543 年到前 522 年执掌郑国国政。期间，在励精图治、为官为民等方面为齐国立下赫赫功劳。《左传》将这些典型的分年散编的事迹通过"以事见人"的手法，组合成为一个连贯的整体，塑造了一位极负盛名、受人爱戴、功绩卓著的政治家形象。

他顶住压力和困难，锐意改革，把齐国治理得井井有条。襄公三十年记载：

> （子产）使都鄙有章，上下有服，田有封洫，庐井有伍。大人之忠俭者从而与之，泰侈者因而毙之。

很显然，对田制的整理和改革牵涉到了那些既得者的利益，引起了包括"士"在内的一部分没落贫穷贵族和大部分民众的不满，甚至因此还引发了暴乱。以至于在子产改革之后一年，舆人之诵曰：

> 取我衣冠而褚之，取我田畴而伍之，孰杀子产？吾其与之！

可见当时民众对于子产的仇恨是无以复加的。但是三年之后，情况发生了变化，人们感受到了改革的成果：土地不均的现象得到了遏制，生产也发展了。于是，子产的改革就得到了人们的普遍拥护。所以舆人之诵说：

> 我有子弟，子产诲之；我有田畴，子产殖之。子产而死，谁其嗣之？

子产的军赋改革和法制改革中，也发生过同样的事情。改革前后百姓的评价形成非常强烈的对比：开始谩骂，后来爱戴。也就是在这强烈的对比中，更能够表现出子产锐意改革、迎难而上的坚毅品质和人格魅力。另外，春秋史上的第一次“作丘赋”和“铸刑鼎”，也是子产在典型环境中的典型活动，这样的典型事件最能够凸显子产的生动形象。

作为一位成功的改革家，子产名副其实；作为一名才华过人的外交家，子产也是风范卓越的。《左传·昭公十九年》记载：郑驷偃卒，子产不许立子瑕为嗣，晋人派使者前来指责，子产回答说：“若寡君之二三臣，其即世者，晋大夫而专制其位，是晋之县鄙也，何国之为?”不仅如此，他还辞谢客人财礼而回报使者，于是“晋人舍之”。另外子产还有不少外交事务的成功案例，这些案例充分表现了子产智勇双全、不卑不亢、严正不屈的外交家风度和善于辞令、据理力争的非凡才华。

子产没有著述传世，但他以民为本的政治理念和一直践行的仁爱思想，却是春秋时期的执政者们所少有的。著名的“子产不毁乡校”的例子就是很好的证明。《左传·襄公三十一年》记载了子产的言行和表现。他明确指出乡校的功用：“人朝夕退而游焉，以议执政之善否。”子产言语中的务实态度是显而易见的，惩恶扬善的价值观也不是虚夸的。子产强调宽严相济的治民主张，他提出“以宽服民”“以猛服民”的主张，对于民意，他认为“其所善者，吾则行之。其所恶者，吾则改之。是吾师也”。以民为师，体察民情，顺应民意，体恤民心，这样的仁德精神和民本思想，怎么能够让民众不敬仰不爱戴呢？

另外，子产的沉着、老练、稳重、机智的性格特点还在他处理其他事情的过程中得到完美的展现。《左传·襄公十年》记载：“子产闻盗，为门者，庀群司，闭府库，慎闭藏，完守备，成列而后出，兵车十七乘。尸而攻盗于北宫，子蟜帅国人助之，杀尉止、子师仆，盗众尽死。”通过“子产闻盗”一事中这一系列的行为描写，有力地表现了子产安邦定国的能力和水平。

对于子产，更值得一提的是他的清廉为官。他一生廉洁奉公，就连他死后家人都没有任何积蓄为他办葬礼。他的儿子和家人只得用筐背土在新郑西南陉山顶上来安葬他。郑国的百姓得知这一消息后，都纷纷捐献珠宝玉器来帮助他们。可是子产的儿子不肯接受，于是老百姓们只得把他们所捐献的大量财物，抛到子产封邑的那条河水中，来悼念这位值得敬仰的好官。因为大量的金银玉器被抛到河里，河水放射出金色的灿烂波纹，这就是现在郑州市的金水河。金水河的来历很凄美，就在这凄美之中，子产世世代代享受着百姓们的祭奠和仰望，也印证着子产作为成功政治家的完美的一生。

另外，在士大夫这一阶层里面，还有一些置身世外的隐者、屈节易主的贰臣、肆意暴虐的狂勇之徒和自私贪利的贪婪小人，不管他们安身立命还是祸国殃民，他们身上都带有时代的烙印，他们的性格都带有明显的时代特征。他们有的出场达数十次之多，有的只是一闪而过，但作者都把他们放在典型环境或典型事件中塑造，人物形象鲜明，复杂性和丰富性也非常明显。在同类人物中，他们既有着独特的个性特征，又有着这类人物中丰满的共性，这是作者塑造人物的特色，也是作者塑造人物的成功之处。还有，《左传》对这些重要的历史人物描写中，有时虽不着一褒字，也不着一贬字，而褒贬自在人物其中，这正是作者的高明之处。也正是因为有这样的人物形象塑造，《左传》才更加丰满绚烂，才能站在历史的高处熠熠闪光。

《左传》在战争中写人，而对人物的描摹，又从不同的侧面反映了宏大的战争场景。《左传》中所有重要的人物都必定在战争中一显身手。人，始终是主宰战争的重要因素。作者着重描写了英勇善战的将士，如前面提到的郤克、张侯、郑丘缓等，他们同样勇敢和顽强，但这种顽强和勇敢在不同的人身上又有不同的表现。当然，他们的勇猛和顽强，从另一个侧面也折射出了战争的胜利。另外，作者还着力刻画了一些轻狂的勇士，鞌之战中齐国的高固、齐顷公等，可谓是勇猛无比，但他们过于骄纵轻敌，所以他们都品尝到了失败的恶果。这些勇武人物的形象，作者也是通过不同的行动细节的描写，来表现他们性格的差别。《左传》在战争中写人，除了突出人的重要作用外，还通过他们自己的表现来给战争增光添彩，从这个意义上看，这样的人物更有着传奇的英雄色彩，这使得《左传》的小说意味变得浓厚了很多很多。

女性形象：

女性形象是《左传》中出现的3000多个人物中极少的一部分。她们虽然数量少，但作者对所出现的女性形象的刻画却不是敷衍的。《左传》作者从自己特定的文化立场出发，写出了这些女性的千姿百态。在她们中间，既有女中豪杰，也有女中败类，还有一些遭遇不幸的悲剧女性。

卓有见识、深明大义的邓曼、赵姬等。

邓曼：

春秋时期邓侯之女，楚武王妃子，楚文王之母。她生性聪颖贤惠，是楚武王的贤内助。这一类女性，她们见识远大，又深明大义，是作者非常赏识的女性形象。

邓曼抚民

邓曼见识超群，有主见会预见。她不仅关心关注国家大事，而且能够审时度势根据具体情况对具体事情做出非常准确的判断。据《左传·桓公十三年》记载：

十三年春，楚屈瑕伐罗，斗伯比送之。还，谓其御曰：“莫敖必败。举趾高，心不固矣。”遂见楚子曰：“必济师。”楚子辞焉。入告夫人邓曼。邓曼曰：“大夫其非众之谓，其谓君抚小民以信，训诸司以德，而威莫敖以刑也。莫敖狃于蒲骚之役，将自用也，必小罗。君若不镇抚，其不设备乎？夫固谓君训众而好镇抚之，召诸司而劝之以令德，见莫敖而告诸天之不假易也。不然，夫岂不知楚师之尽行也？”楚子使赖人追之，不及。

上面讲的是楚国将领莫敖（官名）屈瑕进攻罗国，斗伯比为他送行的事情。斗伯比因为看到屈瑕走路把脚抬得很高的轻狂样子而判断说他必败无疑。于是劝说楚王给屈瑕增派军队，可楚武王拒绝了他。邓曼对这件事情的分析非常细致，她说：“斗伯比的意思不是军队人数的多少，而是说君王要以诚信来镇抚百姓，以德义来训诫官员，而以刑法来使屈瑕畏惧。屈瑕已经满足于蒲骚之战的战功，必然会自以为是轻敌而败。君王如果不加以控制，就等于不设防范。”楚武王赶紧派赖国人追赶屈瑕，结果没有追上。

作为深居内室的王侯夫人，邓曼没有亲临两军阵前的机会，但她人虽未到，见解和判断却比任何人都精准。她能够知道莫敖因为之前的战役胜利而变得不能自持；还能够根据斗伯比“济师”一事来摸透他的本意并不是增兵，而是要恳请楚王安政固本。从邓曼对这两种情况的判断，我们不仅能够看出邓曼对朝中大臣的知晓和了解，更能够从深层次明了她对军国大事的关心以及她识人的本领。同时，她还为斗伯比之言做了注解，认为：政为军本，政治稳定是军事胜利的根本。当然，对斗伯比之言的解释也是她适时地阐述了自己对于政治的见解和观点。另外，她还认为：要想固本安民，就要对老百姓讲诚信，对群臣施恩威。她的见解正确而高明，是历代君王治世所应该践行的准则。

战争的结局显而易见，邓曼预见的没有错：屈瑕到达罗国，楚军遭到罗国和卢戎军队的两面夹击，楚军大败，屈瑕在荒谷上吊自杀。

邓曼精通易理，睿智而有远见。《左传·庄公四年》的记载就说明了这一点：

> 四年春，王三月，楚武王荆尸，授师孑焉，以伐随。将齐，入告夫人邓曼曰：“余心荡。”邓曼叹曰：“王禄尽矣。盈而荡，天之道也。先君其知之矣，故临武事，将发大命，而荡王心焉。若师徒无亏，王薨于行，国之福也。”王遂行，卒于樠木之下。令尹斗祁、莫敖屈重除道梁溠，营军临随。随人惧，行成。莫敖以王命入盟随侯，且请为会于汉汭而还。济汉而后发丧。

庄公四年春，楚武王运用一种名叫荆尸的军阵，把戟颁发给士兵，准备讨伐随国，可他临行之前感到心神动荡不安，于是告诉了邓曼。邓曼根据物满而亏、物盈而荡的自然之理预见到武王的福禄已尽，并且预言此次征战的情况和结局：如果军队没有什么损失，而只是武王死在军中，就算是国家之福，是不幸中的万幸了。果然，事情的发展证实了邓曼的预言：楚武王死在行军途中的樠树下面，幸好令尹斗祁与莫敖屈重机警，他们秘不发丧，并开通新路，在溠水筑桥，在随国境外建筑营垒。随国人因恐惧而向楚军求和订立盟约，楚军功成而返，直到军队渡过了汉水才公布丧事。

通过这两件事情的描述，我们能够清晰地了解到邓曼的超凡和敏锐，她不仅是一位心思细密考虑周到的女性，而且是一位具有真知灼见和洞察力的政治家。这两段记述中都提到楚王告诉邓曼这一细节，充分说明了楚王对邓曼的倚重，当然也证实了邓曼的足够聪明与能干，巾帼不让须眉，她的政治才华被淋漓尽致地展现了出来。

像邓曼这样的女性代表，还有僖负羁之妻、卫定姜等。僖负羁之妻，也是一位能够高瞻远瞩犀利分析时事的贵族妇女。当年晋国公子重耳逃难到曹国，曹国共公无礼，他乘重耳洗澡时窥其“骈胁”。僖负羁之妻就劝丈夫向重耳示好，她当时就能够看出重耳能够成大事，而成大事后必定惩罚对他无礼的国家。果不其然，重耳登基后，下令攻打曹国，并拘留了曹共公。当然也报答了僖负羁一家，并赦免了他的族人。还有一位卫定公夫人卫定姜，她以精明的头脑和权衡利弊、顾全大局的气度，为当时弱小的卫国赢得了安宁。她让卫定公去见晋国遣返而定公厌恶的孙林父，不给晋国留下讨伐卫国的口实；她在郑国围困卫国时，果敢坚毅，稳定军心，赢得了胜利。在她们身上，有着很多男人所不具备的果敢的政治家气质，帅气而聪智，军事才能和政治警觉集于一身，可谓是女中豪杰。

赵姬：

赵姬是晋文公的女儿，赵衰的妻子，春秋时代深明大义、知书识礼的贤妇典范。说她是典范，原因在于她能容一般人所不能容，能做一般人所不能做之事。《左传》僖公二十四年这样记载：

> 狄人归季隗于晋，而请其二子。文公妻赵衰，生原同、屏括、楼婴。赵姬请逆盾与其母，子余辞。姬曰："得宠而忘旧，何以使人，必逆之！"固请，许之。来，以盾为才，固请于公，以为嫡子，而使其三子下之；以叔隗为内子，而己下之。

徐悲鸿画赵姬

这里有个背景需要交待一下，就是当年赵衰跟随还是贵公子的重耳（后来成为晋文公）流亡到了狄国，他和重耳同时娶了隗氏姐妹叔隗和季隗。后来他们回国后，他们的妻子都留在了狄国，而他们都又娶妻生子，赵姬就是赵衰现在的妻子。可就在这个时候，狄人却将文公的夫人季隗送了回来。于是赵姬就想到了叔隗，也就是赵衰的前妻，她提出请求，让赵衰去把叔隗和他们的儿子赵盾接回来。"圣眷优容"的现任妻子让自己的丈夫接回前妻，一般来说没有人认为是真心如此，赵衰也是这样想的，所以他违心地谢绝了。赵衰的想法很正常，赵姬是时任国君的晋文公的女儿，他既怕君主怪罪又怕赵姬是旁敲侧击地试探他，所以他不敢顺水推舟地同意。可是，接下来赵姬的表现确实让不少人感到自己绝对是小人之心。赵姬不仅坚持让赵衰接回叔隗母子，还非常欣赏赵盾的才能，并请求让赵盾为嫡子，她自己生的三个儿子都排在赵盾的后面。更令人难以置信的是，她主动让出正室的位置，心甘情愿的居于叔隗之下。这样的举动，可以说难以用什么合适的词语来赞美她，什么雍容大度、贤良淑德，什么善良宽厚、唯才是举，等等，都只是表达了赵姬美德的一个小小的方面而已。但是反面的例子却比比皆是，尤其是和那些为了夺取嫡位无所不用其极的恶妇相比而言，简直就是天壤之别。她的主动让贤，她对赵盾的举荐，可以说为晋国的发达和稳固做出了巨大的贡献。

像赵姬这样的女性形象，还有秦穆夫人和齐姜等。秦穆夫人是秦穆公的夫人，是晋献公与其庶母齐姜生的女儿。她是真的深明大义，关键时刻不为一己私利而影响国家的安危。晋国在经历了骊姬之乱、晋大夫里克杀奚齐之后后，夷吾从秦国回到晋国被立为晋惠公。当时秦穆夫人托他把被杀的前太子申生（也就是秦穆夫人的亲弟弟）的遗孀贾君送回晋国，并恳请他把晋国的其他公子也接回去。谁知道晋惠公不仅没有接回那些晋国公子，反而竟然和贾君私通，他辜负了秦穆夫人的嘱托，也失去了一个君主的尊严，秦穆夫人非常怨恨他。在鲁僖公十五年时，由于晋惠公背恩失信，秦国攻打晋国，韩原大战导致晋国一败涂地，晋惠公也被俘获。秦穆夫人听说晋惠公要被押解进秦国的都城，就带领她的三个孩子——太子罃、次子弘和女儿简璧登上高台，踩在事先铺好的柴草上准备自焚；同时，她又派使者穿着丧服去迎接秦穆公，严词告诉他如果不放回晋惠公，她会以死相抗。为了晋国的安危，秦穆夫人舍弃原本与晋惠公的私怨，不惜以命相搏，救助晋国于危难之中。可是晋惠公呢，却恩将仇报，他把兵败被俘的原因归咎于“秦穆夫人嫁到秦国对晋国不利”的卜筮之辞！晋惠公的不仁不义和狭隘自私，和秦穆夫人的公而忘私、深明大义形成强烈的反差。这样一位“虽怨不忘亲，虽怒不弃礼”的大仁大义、大智大勇的女性，绝对值得《左传》作者记上隆重而光辉的一笔。

这类女性形象中，还有像设计使晋文公脱离温柔乡而力争霸业的齐姜和不受齐庄公郊吊的杞梁殖之妻等，她们都贤德淑惠，智勇兼备又大义深明，是作者极力赞赏的女性形象。

自私自利、淫乱丑恶的武姜、骊姬等。

武姜，申国国君的女儿，郑武公的夫人，郑庄公和共叔段的母亲。武姜的这三个身份中，《左传》作者主要强调的是她作为母亲的这一方面。有学者说她是“偏爱与溺爱的典型”，笔者觉得一点儿也不过分。

武姜

《左传》一开篇，武姜就出现了，《郑伯克段于鄢》讲的就是她的故事：公元前 761 年，嫁于郑武公为妻，因郑武公谥号是武，所以称武姜。武姜与郑武公生了两个儿子，长子取名叫寤生，意思就是她难产所生。因为难产，武姜还受到了很大的惊吓。从她给大儿子取的这个名字就可以看出，她有多么不喜欢这个儿子。共叔段是她的小儿子，生小儿子时武姜顺产，而且小儿子还长得乖巧伶俐，让武姜宠爱的爱不释手。在郑武公病重之时，武姜曾请求把共叔段立为太子，但郑武公没有同意。郑武公病逝后，寤生顺理成章地继位，被立为郑庄公。郑庄公是一位精明善谋、心机深重的人物，作为儿子，母亲的一言一行他都心知肚明。他为了彻底消灭共叔段，没有点破武姜的一系列伎俩。武姜也是欲壑难填，需求无度，她先是请求庄公把制这个地方给共叔段作封地，庄公以地势险要虢公当年就死在那里为由拒绝了。可武姜不死心，又请求把京城这个地方赐封给共叔段，因为京城比郑国的都城面积都大许多，为的就是让共叔段的羽翼渐渐丰满。果然，共叔段受封后，这位“京城太叔”就按母亲的意图操练人马，加固城墙，扩大城市规模，掌控了郑国几乎一半的江山。但是，私欲膨胀的武姜，并没有看懂庄公的意图和算计。所以后来，她与共叔段里应外合阴谋发动叛乱，她以为自己做的天衣无缝人不知鬼不觉，可是老谋深算的庄公早已事先得知共叔段谋反的消息，他派兵攻打共叔段，共叔段败逃到共地死亡。

作为母亲，她的大儿子已经成为国君，她应该心满意足独享天伦。可是她却一味偏爱小儿子共叔段，并且想扶植小儿子谋反，却是让人不明不白。像武姜这样的女性，是作者贬斥厌恶的女性形象。

《左传》中这类以一己私利危害国家的坏女人还有不少，淫乱丑恶的骊姬当然在此列。她以自己的美艳之色博得晋献公的专宠，她一方面献媚取怜，一方面阴险狡诈，通过玩弄手段逐步赚取了晋献公的信任。她参与朝政，杀害太子，发动政变，把晋国搅得天翻地覆，在历史上留下了千古骂名。在后面的章节《左传》与《国语》的比较中，笔者会重点对此人物的塑造刻画等做详细的剖解。

遭遇不幸、命运悲惨的哀姜、息夫人等。

息夫人：

伤心息夫人

春秋战国时期，由于周王室衰微没有控制力，各路诸侯竞相争霸，战争不断。频繁的大动干戈毁灭了无数家庭也赶跑了很多幸福，给众多的妇女带来了不幸和悲惨。息夫人，春秋时期陈国人，陈庄公的女儿，是著名的绝色美女。她嫁给息国（今河南息县）国君，成为息国夫人，也称她为息妫。她的一生命运多舛，经历了蔡侯的无礼纠缠、无奈再嫁楚国、夫死子继、小叔子子元挑逗等事件，可以说是遭遇了各种不幸。

《左传》中鲁庄公十年、十四年的有关息夫人的记录就非常典型：

> 蔡哀侯娶于陈，息侯亦娶焉。息妫将归，过蔡。蔡侯曰："吾姨也。"止而见之，弗宾，息侯闻之，怒，使谓楚文王曰："伐我，吾求救于蔡而伐之。"楚子从之。秋九月，楚败蔡侯于莘，以蔡侯献舞归。……蔡哀侯为莘故，绳息以语楚子。楚子如息。以食入享，遂灭息。以息妫归，生堵敖与成王焉，未言。楚子问之，对曰："吾一妇人而事二夫，纵弗能死，其又奚言？"

她出嫁时，曾路过蔡国，蔡国是她姐夫蔡哀侯执政，本应受到礼遇。可是她被蔡侯留下后却被纠缠戏弄。息国国君也就是息夫人的父亲听说这件事情后非常恼火，于是与楚国文王合谋设计报复蔡国。楚文王假意进攻息国，息国故意向蔡国求援，蔡国救援息国时被楚国趁虚而入，蔡哀侯被俘。可楚文王背信弃义，他得知息夫人貌美后又征伐息国，目的是要霸占息夫人。在危急时刻，息夫人舍身救国，以一己之身换得息国的安宁，她被迫嫁给楚文王，成为楚夫人。

息夫人本是息国君主的妻子，无奈被楚文王据为己有，为他生了两个孩子，但她自始至终都不跟楚王说一句话。她以自己特有的方式，表达着对造成她悲惨命运的楚王的怨恨与反抗。后来唐代大诗人王维还曾经写过《息夫人》这样一首诗："莫以今日宠，能忘旧日恩。看花满眼泪，不共楚王言。"诗中以息夫人的口吻来表达感情：楚王你今天的宠爱，并不能让我忘掉往日的旧情。她精神极度痛苦，却在沉默中自我克制着。

楚文王非常宠爱她，她却不恃宠而骄，她提出的很多建议如休养生息、储备重臣、重视教化、严治后宫等都被文王采纳，成为文王的贤内助。可是好景不长，楚文王死了。丈夫死后，她的两个儿子又相互残杀，结果小儿子虽胜但年龄尚小，大权一度旁落到楚文王的弟弟也就是她的小叔子子元手中。子元垂涎嫂子的美貌，他违背伦理纲常变本加厉地诱惑挑逗息妫，息妫忍辱负重，直到平息八年的子元之乱。她不仅美貌，而且有才干。她曾倾尽一己之力辅佐朝政：除逆贼、安百姓、重外交、选贤才、赦天下、劝农桑，大胆改革，垂帘听政却不贪恋权利，为楚国日后称霸中原奠定了基础。据说，子元之乱后她隐居深宫，关于她最后的结局众说不一。最让人怜爱惋惜的一种结局就是她殉情息国国君，息国国君也撞墙而死。

息夫人芳华绝代拒绝以色侍人，却因姿色美艳而遭遇不淑；她智勇双全能够定国安邦，偏偏难以逃掉受辱的悲惨命运，真是悲如息夫人，哀如息夫人！现在，这位容颜绝代、目如秋水被称为“桃花夫人”的美艳女子，并没有因为其悲惨命运而被历史遗忘，如今，她被人们尊为“平安神”，称为河南息县的形象名片。

夏姬：夏姬，春秋时期郑穆公的女儿，她嫁给陈国大夫夏御叔做妻子，但丈夫早死，只给她留下一个儿子夏征舒。从正统的眼光来看，她的所作所为是令人不齿的，她曾经与人通奸，且因为她的缘故而导致三夫、一君、一子，亡一国、两卿被杀。她被史学家们认证为淫乱的“不祥人”，她是红颜祸水的典型代表。当然，这样给她定位是有根据的，根据就是她天生丽质的绝佳美貌。所谓“成也萧何败萧何”，她成为男人们追逐的对象，是因为美貌；她沦为男人的玩物，也是因为美貌。

夏姬

据《左传》宣公十年、十

一年记载：

> 陈灵公与孔宁、仪行父饮酒于夏氏。公谓行父曰："征舒似女。"对曰："亦似君。"征舒病之。公出，自其厩射而杀之。二子奔楚。……冬，楚子为陈夏氏乱故，伐陈。……遂入陈，杀夏征舒，诸栗门……

在这个不是"伐"就是"杀"的家亡国破的悲惨事件中，夏姬是负有一定责任的。但如果把全部的责任都扣在她的头上，未免有点儿不通情理。与人通奸是她不对，也为人不齿。但有没有人考虑过夏姬的感受？作为一个贵族，作为一个遗孀，在当时那个时代，那个背景下，她如果不甘寂寞，有所追求的话，也只能那样。而且，陈灵公是何许人呢？当朝的统治者，能主宰她命运的强权者，她的生与死都握在别人手中，迎合与屈从淫威也许能够让她得以暂时安全。夏姬为了保全自己，她的行为可以理解。可是，作为高高在上的君主，地位尊显的公卿大臣，陈灵公、孔宁，还有仪行父，他们才真正让人恶心，他们荒淫无耻、祸国殃民，荒唐的是他们，罪恶的也是他们。夏姬是可怜的，她唯一的儿子死了，她以这样沉重而昂贵的代价偿还着自己欠下的债务。

但是，上天没有因为她付出代价而眷顾她，悲剧一次次卷土重来。陈国被楚国消灭，夏姬被带到楚国，在楚国的宫廷里，丑剧一幕幕上演，夏姬只能是牺牲品。夏姬，她是美貌的，但没有人把她当作一个独立的人而尊重，她没有丝毫的独立与自主，她只是一个花瓶，谁想赏玩谁就拿去摆上，谁不想看了就随手扔掉。作为女人，最大的悲哀，莫过于此！

这一类女性，像哀姜、东郭姜等等，她们都是权利之争或者其他各种原因的受害者和牺牲品。一个个无辜的生命被毁灭，有的甚至生命之花还未开放就已经凋零。更有甚者如胡姬，她是齐悼公之父齐景公的小妾，只因为被人诬告，齐悼公便不分青红皂

白将她杀掉；如夷姜，虽也曾受宠，但仅仅因为年老色衰就被逼自缢。在这里，女性的生命如同草芥，她们如此脆弱，何等渺小！爱情与婚姻几乎是她们生活的全部，这个狭小的、封闭的的空间一旦出现问题，等待她们的就是死路一条。

第五节　变化多端的叙述方式

作为我国历史上第一部叙事详瞻的编年体史书，《左传》的叙事一直广泛被人们所称道。唐代刘知几在其《史通·杂说》（上）曾说："《左氏》之叙事也，述行师则簿领盈视，哤聒沸腾；论备火则区分在目，修饰峻整；言胜捷则收获都尽，记奔败则披靡横前，申盟誓则慷慨有余，称谲诈则欺诬可见；谈恩惠则煦如春日，纪严切则凛若秋霜；叙兴邦则滋味无量，陈亡国则凄凉可悯。"清代文学家刘熙载也评价说："左氏叙事，纷者整之，孤者辅之。板者活之，直者婉之，俗者雅之，枯者腴之，剪裁运化之方，斯为大备。"[①] 另外，更有学者关注并研究了《左传》的叙述方式。如清代冯李骅在《读左卮言》中不但盛赞《左传》"叙事全由自己剪裁"，而且列举了28种叙述方法，"有正叙，有原叙，有顺叙，有倒叙，有实叙，有虚叙，有明叙，有暗叙，有预叙，有补叙，有类叙，有串叙，有摊叙，有簇叙，有对叙，有错叙，有插叙，有带叙，有搭叙，有陪叙，有零叙，有复叙，有间议杂叙，有连经驾叙，有述言代叙，有趋文滚叙，有凌空提叙，有断案结叙。"[②] 虽然这样的分类过于繁杂琐碎，但足以说明《左传》叙事所用方式的多样性和丰富性。

不过，一般来讲，《左传》叙述时最常用的叙事方式还是按照

---

① 刘熙载撰《艺概·文概》，袁津琥校《艺概论稿》，中华书局2009年版。

② 冯李骅、陆浩：《左绣》，《四库全书存目丛书·经部·春秋类》，齐鲁书社1997年版，第139页。

人物的经历或事件发生、发展的先后进行的顺叙，其他如插叙、补叙、预叙、倒叙等手法的综合运用也使得《左传》的叙事更加缜密和完善。

据《左传·庄公二十八年》记载，对“晋献公家事”的叙述就是按部就班的。

> 晋献公娶于贾，无子。烝于齐姜，生秦穆夫人及大子申生。又娶二女于戎，大戎狐姬生重耳，小戎子生夷吾。晋伐骊戎，骊戎男女以骊姬。归生奚齐。其娣生卓子。

《左传·僖公十七年》记载的“齐桓公家事”也是如此。

> 齐侯之夫人三，王姬、徐嬴、蔡姬皆无子。齐侯好内，多内宠，内嬖如夫人者六人：长卫姬，生武孟；少卫姬，生惠公；郑姬，生孝公；葛嬴，生昭公；密姬，生懿公；宋华子，生公子雍。公与管仲属孝公于宋襄公，以为太子。雍巫有宠于卫共姬，因寺人貂以荐羞于公，亦有宠。公许之立武孟。管仲卒，五公子皆求立。冬十月乙亥，齐桓公卒。易牙入，与寺人貂因内宠以杀群吏，而立公子无亏。孝公奔宋。十二月乙亥，赴。辛巳，夜殡。

像上面两个例子，记载的是王侯的家事，采用顺叙的记述方式，能够清晰条理地说明情况。另外，如鲁隐公元年记载的“郑伯克段于鄢”的故事，前面已经对此做了详细的分析，这里就不再赘述。作者由“郑武公娶

百雉國之害也先王之制大都不
不度非制也君將不堪公曰姜氏欲
草為之所無使滋蔓蔓難圖也蔓草
行不義必自斃子姑待之既而大叔命
君將若之何欲與大叔臣請事之若
大叔又收貳以為己

郑伯克段于鄢

于申”总起，以时间为线索，采用顺叙的方式一气呵成，叙述事件有条不紊，可以说，顺叙的手法运用得游刃有余。

对于不同的历史事件或者人物，作者所采用的叙述方式也有差别。为了避免编年史写作的局限和不足，不让故事情节变得割裂，《左传》还较多的采取了倒叙、插叙和补叙等方式。

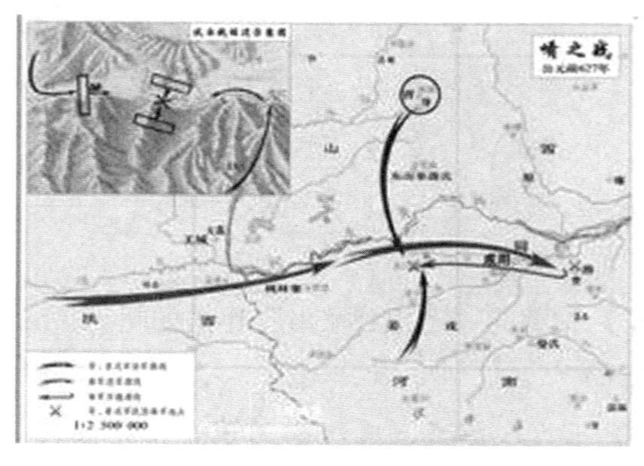

崤之战地图

倒叙是把事件的结局或事件中的突出片断首先写在前面，引起读者的高度关注和热情，然后再按照时间顺序或是事件发生发展的顺序来写作。倒叙的手法更多的时候会与补叙和插叙结合运用，使得对前面事件进行补充或插进有关事件后再与原来叙写的主线相衔接。如“宣公三年”先记载了郑穆公之兰的死，然后再回顾了他的出生和命名，是因为他的母亲梦见天使与之兰后怀孕而生的穆公，所以取名兰。《左传》中还有插叙和补叙，作用与倒叙相似。这些叙述方式出现时，作者通常都用一个“初”字，来引领下文。另外，预先写出将要发生的事情，或事先预见事件的结果，也是《左传》中常用的。如秦晋崤之战，秦国军队将要出发攻打郑国时，蹇叔已预知了结果：“吾见师之出而不见其入也。”（僖公三十二年）秦师经过周都洛阳北门，王孙满又预言：“秦师轻而无礼，必败。”（僖公三十三年）就这样，作者不仅巧妙的告知了战争的结果，还深刻地揭示了战争失败的主要原因，把事件的发展过程和因果关系一一讲述，章法井然。文章用第三人称，以旁观者的立场，叙述事件，发表评论，视角广阔，写作起来几乎不受什么限制。

这样的写法在《左传》中出现的次数较多。如襄公九年，作者先叙述了穆姜薨于东宫。后面用“初”字起领，补叙了她初入东宫卜筮得到随卦的情形。昭公十三年改葬楚灵王之后，补入了下面的情节：“初，灵王卜曰：‘余尚得天下!’不吉。投龟，诟天而呼曰：‘是区区者而不余畀，余必自取之。’民患王之无厌也，故从乱如归。”《左传》中像这样以“初”字来表现补叙或插叙内容的有八十六次之多，可见作者叙述方式运用的娴熟程度。文中补叙情况的有很多，如《左传·成公十一年》记载：

> 声伯之母不聘，穆姜曰：“吾不以妾为姒。”生声伯而出之，嫁于齐管于奚。生二子而寡，以归声伯。声伯以其外弟为大夫，而嫁其外妹于施孝叔。郤犨来聘，求妇于声伯。声伯夺施氏妇以与之。妇人曰：“鸟兽犹不失俪，子将若何?”曰：“吾不能死亡。”妇人遂行，生二子于郤氏。郤氏亡，晋人归之施氏，施氏逆诸河，沉其二子。妇人怒曰：“已不能庇其伉俪而亡之，又不能字人之孤而杀之，将何以终?”遂誓施氏。

这一段文字原是《左传》的传文，是对《春秋》经文“晋侯使郤犨来聘。已丑，及郤犨盟”的解释和阐发。文中写的是郤犨来鲁国行聘问之礼，听说声伯即公孙婴齐的妹妹是个大美人，就想着娶她回去。而声伯为了巴结他，就把自己已经嫁给施氏的妹妹强行改嫁给了郤犨。这里作者先补叙了声伯的母亲未经媒娶的事情，而出何以有声伯，声伯又何以会有同母异父的妹妹。而郤氏之亡是在六年后的成公十七年，所以施氏妮诸河而沉其子的事件就是典型的预叙。但也只有这样组织材料，才能把声伯母亲的委屈、穆姜的自傲、郤犨的蛮横、声伯的谄媚、施氏的自私和声伯妹妹的无奈与刚烈生动地和盘托出，让读者一睹为快。

《左传僖公十五年》记载的“秦晋原之战”，以顺叙为主，但战前先补叙了因为晋惠公夷吾无义而引发战争的缘起："晋侯之入也，秦穆姬属贾君焉，且曰：尽纳群公子。晋侯烝于贾君，又不纳群公子，是以穆姬怨之。晋侯许赂中大夫，既而皆背之。赂秦伯以河外列城五，东尽虢略，南及华山，内及解梁城，既而不与。晋饥，秦输之粟；秦饥，晋闭之籴，故秦伯伐晋。"接下来，作者叙述了战争发生的过程和晋惠公被俘而押到了秦国的国都，秦穆姬带着儿女登上城墙踩在柴火上逼迫秦国放了晋惠公，但晋惠公不仅不感恩戴德，反而怨恨穆姬不祥等一系列事件。当写到晋惠公怨恨穆姬时，文中又补叙了当时占卜不吉利的那件事："初，晋献公筮嫁伯姬于秦，遇归妹之睽。"穆姬的姐弟情深、穆公的护犊之情，还有惠公的薄情寡义，都跃然纸上了。

骊姬乱政

很显然，作者叙述时把补叙和插叙等艺术手法融于细节当中，使得人物的个性更加鲜明。例如：文中写晋公子重耳逃亡那一篇，就是从19年前开始写起；在对晋文公的描写中，首先提到了僖公四年的骊姬谋乱；骊姬让晋献公"强立夫人"，紧接着便是"丽姬嬖，欲立太子"。她设计逼死太子，又追杀晋献公的另外两个儿子，于是那两个儿子就开始了奔逃流离，晋国也开始大乱。正是在这样的政治大背景下，重耳开始了流浪。《左传·僖公二十三年》从"晋公子重耳之及于难也"写起，将重耳遇难的完整经过以倒叙的笔法逐一交待，一直写到他在秦国受到秦穆公的招待和礼遇。在这期间，重耳"处狄十二年""过卫""及齐""及曹""及宋""及郑""及楚""送诸秦"，可以说历尽坎坷和艰辛。重耳每到一地，作者都记录下了一两件有关他的代表性事例，来表示重耳从生活中学到的方方面面：在“野人与之块”中，他学会了在寄人篱下时如何忍耐暂时的屈辱；在“姜氏促行”中，他学会在舒适的环境里如何不能贪图安逸而失却四方之志；当“僖负羁馈盘飧置璧、宋襄公赠马”时，他明白了对别人的馈赠或礼遇要给予适当的酬答；当“曹共公观浴、郑文公不礼”时，他学会了对无礼的行为必定要予以报复等等。如果说刚刚被逼逃亡时十七岁的重耳仅仅是出于“君父之命不校”，那么流亡十九年之后他已认识到自己的地位和责任，知道如何处理各种复杂的关系，“天将降大任于斯人也，必先苦其心志”，这样的磨难奠定了他一生政治生涯的基础。以至于到最后，“攻曹伐卫”“城濮之战”“大会诸侯”“河阳召王”等功成业就称霸中原。正是在这一系列的磨砺中，晋国贵公子重耳成为了雄霸一方的诸侯晋文公。

晋文公

作者在叙事时，并不是按部就班地平铺直叙，而是灵活运用了多种叙述手法。顺叙、倒叙、插叙、补叙等手法交叉运用，把有关的事件巧妙地安排在一起，回顾事件的起因或交代与事件有关的背景，从而弥补了按照顺序写作的不足，形成完整而严谨的篇章。

《左传》中多种叙事方式的交叉使用，既互联了相关的情节，又显示了作者对材料剪裁的独到精妙之思。因此，清代学者皮锡瑞在其《经学通论·春秋》中评论说：“左氏叙事之工，文采之富，即以史论，亦当在司马迁、班固之上，不必依傍经书，可以独有千古。”的确，多种多样叙事方法的运用，使得《左传》记录细致真切，确有先声夺人的感觉。比如《左传·宣公十二年》记载的“晋楚邲之战”：晋楚邲之战是春秋时期晋国和楚国争霸中原时发生的一场战争，楚庄王利用了晋国内斗的弱点，率军在郑地邲（今河南荥阳东北）大败晋军，这一场战役确立了楚庄王在春秋时期的霸主地位。在文中，作者对敌对双方将帅议论战事的内幕，采用了交叉记录的方式，让两国同是发生的画面交替展示。晋楚双方势均力敌、步步相逼的情形，就如同一幅逼真的图画，形象地摆在我们的眼前。正是这种交叉记录的方式，涵盖了更多的史实，使得故事又丰富了许多，让我们真切的看到了战争的全貌。

另外，作者还运用了预叙的叙述方式。如《左传·僖公十一年》记载：“天王使召武公、内史过赐晋侯命。受玉惰。过归，告王曰：‘晋侯其无后乎。王赐之命而惰于受瑞，先自弃也已，其何继之有？礼，国之干也。敬，礼之舆也。不敬则礼不行，礼不行则上下昏，何以长世?”这个例子讲的是晋惠公在接受周襄王赏赐的玉圭时，神情“惰”，可谓是不恭不敬，内史过因此就预言说：“晋侯无后。”他依据的行为准则是“礼，国之干也。敬，礼之舆也”。《左传·成公十五年》记载：“晋三郤害伯宗，谮而杀之，及栾弗忌。伯州犁奔楚。韩献子曰：郤氏其不免乎！善人，天地之纪也，而骤绝之，不亡何待?”这里讲的是晋国三郤的嚣张，而正是因为他的无礼，韩献子断定他的家族必然败亡。春秋时期奉行礼法的人虽然不多，但社会准则还是在的。而在这两个地方，作者都以预言为下文埋下了伏笔。《左传·宣公十八年》记载：“楚庄王卒，楚师不出。既而用晋师，楚于是乎有蜀之役。”蜀之役发生在两年后的成公二年，传文说：“冬，楚师侵卫，遂侵我，师于蜀。”文中将这个事件提前叙写于宣公十八年，是预先告诉我们晋楚争霸并没有因为楚庄王的薨逝而告终，而是还有余绪，作者卖了个关子，从而为事件进一步的发展留下了期待。

既然《左传》在很多时候是预知事件的结果，很显然就有预知结果的办法。“得道者多助，失道者寡助”，这是大家都知道的，

《左传》作者在叙事过程中，对事件因果关系的叙述，也深受这种观念的影响。不管是占卜、梦境、天象，还是智者的预言，只要是符合礼义要求的，常常是吉兆，而有悖于礼义的，就常有凶兆。如僖公十五年，秦晋韩之战，在僖公十年时就有已故晋太子“敝于韩”的预言；僖公十四年又有晋卜偃“期年将有大咎，几亡国”的预言，战前还有秦卜徒父释卦的征兆，最后还说明晋惠公不听信占卜预言的必然失败。作者借助这样的方法，来谴责晋惠公的违礼、失义和背信之举的同时，也使得事件的叙述掺入了神秘的因素。加入这种神秘化的传说故事，是当时时代的特色，当然也使得枯燥乏味的历史事件变得扑朔迷离，更加能够吸引读者的目光。

在《春秋》记事的基础上，《左传》增加了大量的历史事实和传说，把《春秋》中的简短记事，发展成为完整的叙事散文；把“一字之褒贬”的春秋笔法，发展为让事件自己说话，在对事件过程的生动叙述和人物言行举止的展开描写中，来体现其道德评价。另外，在叙事中或叙事结束后，作者直接引入议论，以“君子曰”“君子是以知”“孔子曰”等来对事件或人物做出道德伦理评价。这种形式，更鲜明地表现出作者的立场和感情，增强了叙事的感情色彩。

在作者饱含感情的生动叙述中，我们感觉不像是在读一部历史著作，而像是在听一个故事大王讲故事，那些生动的情节，鲜明的人物形象，事件的叙述戏剧化，都让我们不能自持。不仅如此，《左传》中有些叙事，明显是主观的臆测或虚构，而不是对历史事实的真实记录。如“僖公二十四年”记载的介子推母子间的对话，不可能有第三者在旁听见或做记录，应当是作者根据传闻再加上合理的虚构和揣摩而成。“成公十年”记晋景公之死，情节曲折怪诞，用三个梦构成了互为关联的情节。写晋侯所梦大厉，画鬼生动的令人毛骨悚然；病入膏肓的描写也极为生动有趣；桑田巫释梦之语，小臣之梦的印证，更是充满神秘色彩，好像是后世的志怪小说。文中虚拟的人物对话，大量的梦境和异趣传闻，都给叙事增添的了无穷无尽的趣味。这样看来，有的读者可能会发问了，有了这些臆测和虚构，《左传》的史料价值是不是就降低了呢？表面看来是这样，其实不然，作者并不是凭空的信口开河，也不是脱离实际的妄想臆症，而是完全依附于历史，为了更好地表现历史。这可以说是后世小说、戏剧因素的萌芽状态，《左传》就像一个孕育宝宝的母亲，为文学因素的发育提供了一个良好的生长环境。它的这一特点，直接影响了《战国策》《史记》的写作，使得文史结合的传统发扬光大，至临顶峰。

第三章
魅力四射的语言艺术

提到语言艺术，你肯定会想到“说话”，你也可能会不屑一顾，以为“说话”没有什么大不了的，只要是正常的人都会“说话”，而且某些人很会“说话”，说起话来天花乱坠、夸夸其谈。可是，真正的语言艺术不仅仅是“会说话”那么简单，它很讲究，而且说得更艺术，更能够打动人。《左传》的行人辞令就属于后者，能够让你过目不忘的那一种。

苏轼曾经说过：“意尽而言止者，天下之至言也。然而言止而意不尽，尤为极致，如《礼记》《左传》可见。”赞赏的就是《左传》语言使用方面的成就。《左传》的语言运用，与诘屈聱牙的《尚书》和简而有法的《春秋》大不相同。它冲破我国古代传统的“左史记言，右史记事”的束缚，采用记言与记事相间的手法来记述历史，这就使得《左传》的语言历史性与文学性并存，并相得益彰。

历来学者们对《左传》的语言评价都很高。清代朱彝尊《经义考》（卷一）引贺循的话说：“《左氏之传》，史之极也。文采若云月，高深若山海。”刘熙载在《艺概·文概》中说：“烦而不整，俗而不典，书不实录，赏罚不中，文不胜质，史家谓之五难。评《左氏》者，借是说以反观之，亦可知其众美兼擅矣。”这些评价切中肯綮，《左传》叙事，善于用简洁的笔墨摹写复杂的历史事件；写人，则通过简约的行为把人物刻画得活灵活现。另外，《左传》尤其善于写战争，它通过“行人辞令”的生动形象来描写具有恢弘气象的形形色色的战争画卷。《左传》卓越的语言艺术，不仅让它本身成为经典，而且对后世的史传文学、小说、诗歌、戏剧的创作影响深远。

第一节　过目不忘的行人辞令

春秋时期，各诸侯国交往频繁，各种外交手段几乎都派上了用场，但比较行得通的还是外交辞令的运用。《左传》中的记言文字，主要是行人应答和大夫辞令，即“行人辞令”，包括出使外国的言辞和向国君的谏说之辞等，它们大都是由各国史官记载下来的当时外交家们的口头演说。这些外交辞令经《左传》采录后精心提炼，都已成为千古传诵的美文。刘知几曾这样说：“寻《左氏》载诸大夫词令，行人应答，其文曲而美，其语博而奥，述远古则委曲如存。征近代则循环可覆。必料其功用厚薄，指意深浅：谅非经营草创，出自一时，琢磨成色，独成一手。斯盖当时国史已有成文，丘明编而次之，配经称传而行也。……”（《史通》卷十四《申左》）从这些“行人辞令”中，我们不仅能够清楚地了解到当时许多政治外交斗争的实况，甚至仿佛还能看到那些外交家们的形象。这些语言的精采，有的堪称化工之笔。梁启超在《要籍解题及其读法》中也赞不绝口：“《左传》文章优美……其记言文渊鼓美茂，而生气勃勃，后此亦殆未有其比。”可见，《左传》中的“行人辞令”确实让人赞不绝口。归其原因，不外乎它们多

烛之武退秦师

种多样的风格和丰富多彩的写作修辞手法的运用。至于这类说辞多么典雅完美，我们列举个典型的例子来具体分析。如《左传·僖公三十年》记载了“烛之武退秦师”这样一件事：

晋侯、秦伯围郑，以其无礼于晋，且贰于楚也。晋军函陵，秦军氾南。佚之狐言于郑伯曰：“国危矣，若使烛之武见秦君，师必退。”公从之。辞曰：“臣之壮也，犹不如人；今老矣，无能为也已。”公曰：“吾不能早用子，今急而求子，是寡人之过也。然郑亡，子亦有不利焉！”许之。

夜缒而出。见秦伯曰：“秦、晋围郑，郑既知亡矣。若亡郑而有益于君，敢以烦执事。越国以鄙远，君知其难也。焉用亡郑以陪邻？邻之厚，君之薄也。若舍郑以为东道主，行李之往来，共其乏困，君亦无所害。且君尝为晋君赐矣；许君焦、瑕，朝济而夕设版焉，君之所知也。夫晋，何厌之有？既东封郑，又欲肆其西封，若不阙秦，将焉取之？阙秦以利晋，唯君图之。”秦伯说，与郑人盟。使杞子、逢孙、杨孙戍之，乃还。

子犯请击之。公曰：“不可。微夫人之力不及此。因人之力而敝之，不仁；失其所与，不知；以乱易整，不武。吾其还也。”亦去之。

当时的情况是这样的：秦国和晋国联合起来攻打郑国，郑国国君派烛之武作为使者去出使秦国，游说秦伯，好救郑国于危难之中。烛之武没有对秦国苦苦哀求，也没有兵戈相向，但他却让秦晋退兵，拯救了郑国。他是这样说的，首先他就承认，“郑国要灭亡了”；然后说郑国灭亡只是对秦国的邻国有好处，壮大了邻国，反而对秦国形成了威胁：“亡郑以陪邻，邻之厚，君之薄也。”说完这些，他才点明，郑国的存在只对秦国有益无害：“若舍郑以为东道主，行李之往来，共其乏困，君亦无所害。”最后还不忘了强调晋国对秦国的忘恩负义。就这样，他步步为营，句句话都有针对性，实际上他都在分析秦、晋、郑三国之间的利害关系，目的是说服秦国不要跟晋国联合攻打郑国。但他开始时有意不提郑国的安危，好像时时处处都在替秦国考虑，可以说极其委婉，又没有一点儿漏洞。他知道，只有这样，才能打动秦穆公的心，使他不但退兵了，还要想办法留下秦将、杞子等保卫郑国。到了这个时刻，根本不用搭理晋国，晋国也只能选择撤退，郑国得以保全，烛之武这段说辞的作用是显而易见的，他巧妙地利用秦晋争霸的矛盾，抓住秦穆公对晋人的戒备心理，层层深入、步步逼紧，最终离间了秦晋联盟，达到了他出使的目的。

像这样的行人辞令，《左传》中还有很多。它们有的委婉谦恭，不卑不亢；有的词锋犀利，刚柔相济。虽然风格不尽相同，但都能符合行人的身份及其行人所面对的对象。如隐公三年石碏谏宠州吁，隐公五年臧僖伯谏观鱼，桓公二年臧哀伯谏纳郜鼎，桓公六年梁谏追楚师，僖公五年宫之奇谏假道，僖公十五年阴饴甥对秦伯，僖公二十六年展喜犒师，宣公三年王孙满对楚子，成公十三年吕相绝秦，等等。这些辞令流畅典雅，美气意蕴，生机勃勃，它们还因为事件或人物的不同而各具特色。可以想见，当时外交辞令的讲究程度，再加上著述历史者的修饰装扮，《左传》的文采斐然也就用不着大惊小怪了。

韩厥

《左传》中还常用婉曲之辞来表情达意，这使得文中的“行人辞令”不仅委婉从容，还具有幽默风趣的特色。如《左传·成公二年》记载的“鞍之战”，其中对晋国大将韩厥的辞令描述的确精彩。当时韩厥俘获了齐顷公，胜利者韩厥在自己的俘虏面前，心中可想而知是多么得意了。然而他没有趾高气扬耀武扬威，而是展现了他幽默风趣的一面。他说："执絷马前，再拜稽首，奉筋加璧以进，曰：'寡君使群臣为鲁、卫请，曰无令典师陷入君地。下臣不幸，属当戎行，无所逃隐。且惧奔碎，而泰两君。臣辱戎士，敢告不敏，摄官承乏。"韩厥的意思非常明白；他说他们同齐国作战是为了鲁国与卫国请命的，而不是要故意侵犯齐国。可是作为大将，他无法逃避战斗，而且怕逃避战斗是对齐国的轻视，也会给晋国的国君带来耻辱，只好充数当个战士。他还说他非常冒昧非常不会办事，只好临时承担一下捉住齐顷公的责任。韩厥非常轻松和得意，其幽默诙谐和谦恭婉转溢于言表。

《左传》中"行人辞令"让人过目不忘，还因为文中的用语灵活生动，在各种修辞如比喻、婉曲、对偶、对比、排比、层递、反间协反语等的巧妙交替运用中紧紧抓住主要矛盾深刻地分析利害得失，使得《左传》的语言在扣人心弦、优美动人之余具有折服人心的说服力。此外，巧妙运用，都大大增强了辞令的表现力。《左传·僖公十五年》记载了"阴怡甥会秦伯"的一段话：

> 十月，晋阴怡甥会秦伯，盟于王城，秦伯时："晋国和乎?"时曰："不和。小人肚失其君而悴丧其亲，不惮征塔以立因也，曰：'必报仇，宁事戎狄。'君子爱其君而知其罪，不惮征缮以待秦命。曰：'必报德，有元瓜二。'以此不和"。秦伯曰："国谓君何?"对曰："卜人感，谓之不免，君子怒，以为必归。小人曰：'我毒秦，秦岂归君?'君子曰：'我知罪矣，秦必归君。贰而执之，服而舍之，德莫厚焉，刑莫威焉。服者怀德，贰者畏刑，'此一役也，秦可以霸。纳而不定，度而不宾，以德为怨，秦不其然。'"秦伯曰："是吾心也。"改馆晋侯，馈七牢秀。

这篇辞令非常明显地运用了对比的手法，把小人的言语、心理同君子的言语、心理进行反复对比，强烈突显了君子的言语和认识。这样对比的目的就是为了取悦于秦伯，使得秦伯心甘情愿地释放晋国国君，不然的话他就会真的不幸被小人言中。这样对照的写法可谓是讨巧又出色。

子产坏晋馆垣

《左传·襄公三十一年》记载的“子产坏晋馆垣”一事中，对比手法的运用和辞令的错落参差之美更是出色。事情发生在鲁襄公刚去世的时候，子产辅佐郑简公到晋国去朝贡，可晋平公借口鲁国有丧事没有接见他们，也没有及时接收贡物。子产就派人把宾馆的围墙全部拆毁，把自己的车马放进去。晋国大夫士文伯责备子产，并要求给出拆墙的理由，子产的回答不卑不亢，他说：

以敝邑褊小，介于大国，诛求无时，是以不敢宁居，悉索敝赋，以来会时事。逢执事之不闲，而未得见；又不获闻命，未知见时。不敢输币，亦不敢暴露。其输之，则君之府实也，非荐陈之，不敢输也。其暴露之，则恐燥湿之不时而朽蠹，以重敝邑之罪。侨闻文公之为盟主也，宫室卑庳，无观台谢，以崇大诸侯之馆，馆如公寝；库厩缮修，司空以时平易道路，污人以时幂馆宫室；诸侯宾至，甸设庭燎，仆人巡宫，车马有所，宾从有代，巾车脂辖，隶人、牧、圉，各瞻其事；百官之属各展其物；公不留宾，而亦无废事；忧乐同之，事则巡之，教其不知，而恤其不足。宾至如归，无宁灾患；不畏寇盗，而亦不患燥湿。今缇之宫数里，而诸侯舍于隶人，门不容车，而不可逾越；盗贼公行。而天厉不戒。宾见无时，命不可知。若又勿坏，是无所藏币以重罪也。敢请执事，将何所命之？虽君之有鲁丧，亦敝邑之忧也。若获荐币，修垣而行，君之惠也，敢惮勤劳？

子产在答辩中先说明自己毁垣纳车马是迫不得已的行动，接着就用晋文公作为盟主时对待来使的隆重礼遇同现在晋平公对待来宾的傲慢无礼做了强烈的对比。文中不仅有往昔与现今形成的鲜明对比，而且辞令中的“司空以时平易道路，污人以时缤馆宫室”，“车马有所，宾从有代”，“隶人牧困各瞻其事，百官之属各展其物”也对仗工整。另外，排比、反间等修辞手法的运用，句式骄散兼行，都显示出一种不可置辩的力量。结果当然也是意料之中的：士文伯回去汇报了子产的言行举止，赵文子也被说服承认他们不注重德行的培养，招待诸侯的礼仪也不周备。接下来便是道歉认错，晋平公不仅隆重地接见了郑简公，而且宴会和礼品也格外优厚。郑简公回国后，晋国接着就建造了接待诸侯的宾馆。叔向就赞赏了子产并强调了辞令的重要性，他说：“辞令不可废弃就是这样的啊！子产善于辞令，诸侯从他的辞令中得到了好处，为什么要放弃辞令呢？”

还有《左传·襄公二十四年》记载了“子产诫范宣子轻币”的史实。在论述聚赌会损害国家利益时，子产说：“夫诸侯之贿聚于公室，‘则诸侯贰。若吾子籍之，则晋国贰。诸侯贰，则晋国坏；晋国贰，则子之家坏”。这样的辞令采用了递进的写作手法：诸侯贰——晋国贰；晋国坏——子之家坏，由大至小，层层递进，谨严而意及。辞令的后文中还用了比喻：“夫令名，德之舆也”；也有类比手法：“象有齿以焚其身，贿也”。这些修辞手法的使用，形象地说明了私聚财富对国家的危害无穷，对自己来说也会招来杀身之祸。原本抽象的道理通过这样的方式就变得十分具体而可感。

总的看来，上面种种修辞手法的运用恰到好处地增强了“行人辞令”的生动性，使得那些原本质朴通俗的语言焕发出更加迷人的艺术光彩。

蹇叔哭师

《左传》对“行人辞令”的描写中，尤为突出的是极富文采的外交辞令。如《左传·僖公三十二年》写“秦晋之战”，这是战国时期秦国和晋国之间争夺霸权的一次大战，蹇叔哭师的辞令尤为出彩。

冬，晋文公卒。庚辰，将殡于曲沃。出绛，柩有声如牛。卜偃使大夫拜，曰：“君命大事将有西师过轶我，击之，必大捷焉。”

杞子自郑使告于秦曰：“郑人使我掌其北门之管，若潜师以来国可得也。”穆公访诸蹇叔。蹇叔曰：“劳师以袭远，非所闻也。师劳力竭，远主备之，无乃不可乎？师之所为，郑必知之。勤而无所，必有悖心。且行千里，其谁不知？”公辞焉。召孟明、西乞、白乙使出师于东门之外。蹇叔哭之曰：“孟子！吾见师之出而不见其入也。”公使谓之曰：“尔何知！中寿，尔墓之木拱矣！”

蹇叔之子与师，哭而送之，曰：“晋人御师必于崤，有二陵焉。其南陵，夏后皋之墓地；其北陵，文王之所辟风雨也，必死是间，余收尔骨焉？秦师遂东。

文中记录了事件发生的前后经过，通过蹇叔哭师和秦师骄纵轻狂的描写，指出了秦军失败的必然性。人物形象鲜明，从人物言行中写出了生动的个性，精心构思，结构浑然一体，外交辞令巧妙精美，内涵丰富深刻。其他如《宣公三年》的王孙满论鼎至轻重，《襄公二十二年》子产对晋人征朝等历史事件，《僖公四年》屈完对齐侯，《僖公三十年》烛之武退秦师，《成公二年》国佐对郤克，《成公三年》吕相绝秦，《僖公二十六年》记载的“展喜犒师”等等，有的篇幅委婉迂回，有的措辞激昂，但无论哪种风格，都往往能够根据事件和人物准确地抓住主要矛盾，逻辑清晰，用语规范，理性透彻。比如《左传·僖公二十六年》记载的“展喜犒师”的故事，在前面分析人物的时候已经交代过。齐孝公率军侵鲁，展喜去与齐师交涉。他从历史说起，整篇辞令中没有一个字提到过齐师侵鲁，而每一句话又都在斥责齐师的侵犯，他大义凛然，抵抗住齐国的威胁，让齐侯无言以对，只好灰溜溜地无功而返。正如吴楚材、吴调侯在《古文观止》中评价的那样：“大义凛然之中，亦复婉转动听，齐侯无从措口，乘兴而来，败兴而归。”《左传》的语言的确可圈可点，《僖公三十三年》记载的郑商人弦高和皇武子对秦国军队说的两段话，可以说与“展喜犒齐师”的语句腔调一样，表面上看，弦高与皇武子的话都是谦恭之辞，而且是非常热情地迎送秦师，实际上是说齐国企图内应外合，谋取郑国的阴谋破产，齐国军队只有马上退回本国。这些言语谦卑尚礼中带着铮铮铁骨，软中带硬，可谓是分寸把握得非常得当。

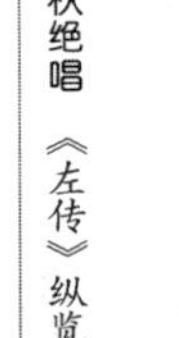

《左传》无论记事记言，都能言简意赅，韵味悠深。它的辞令非常优雅，运笔灵活，变化万千，却理性而意蕴丰富。比如文中描写一些弱国使臣面对强国的外交辞令，总是充满机警和智慧，不卑不亢。这些都是经过作者的加工和揣摩后论证严谨，论据丰富而典型的脍炙人口的篇章，行文更加的凝练，非常具有感染力。

《左传》善于外交辞令和议论、谏说之辞，是历来为后世所称道的。语言风格变化万千，时而委曲婉转、陈述利害，时而辞气激切、语挟风霜。能够非常准确和紧密地抓住矛盾的中心，从分析利害切入，说理透彻、逻辑清晰、语言优雅。这样的描写大部分都是经过用心凝练而成，在形式上呈现委婉典雅、内涵上深刻犀利而又极富文采的特点，针对性强，论题集中，具有很强的逻辑性。《左传》的外交辞令行文巧妙多变、生动富有表现力，主要表现在语言时而谦和委婉、刚柔相济，时而雄辩阔论、针锋相对，有时正话反说，有时引经据典。

《左传》的“行人辞令”多是意味深长，平心静气之语，但有时由于外交家们处在特殊场合，也会根据某种需要说出一些沉快雄隽、词锋逼人的辞令来。如《文公十七年》记载，晋国大会诸侯时，郑国没来朝见，于是怀疑郑国对他有二心。郑子家反驳晋国责郑对晋存有二心时，先逐年逐月地细数了历史上郑国如何恭谨地奉事晋君的事实，然后责备郑穆公，说郑国的国君即位三年对晋国毕恭毕敬，而晋国却对郑国如此的苛刻和蔑视：

> 一朝于襄，而再见于君，夷与孤之二三臣相及于绛。虽我小国，则蔑以过之矣。今大国曰：‘尔未逞吾志,，敝邑有亡，无以加焉。古人有言曰：‘畏首畏尾，身其余几?’又曰‘鹿死不择荫。小国之事大国也，德，则其人也；不德，则其鹿也。挺而走险，急何能择？命之周极，亦知亡矣。将悉敝赋以待于儵。唯执事命之。文公二年六月士申，朝于齐。四年二月壬戌，为齐侵蔡，亦获成于楚。居大国之间，而从于强令，岂其罪也？大国若弗图，无所逃命。

郑子家在反驳的过程中，毫不隐讳地承认郑国朝拜过齐国，也朝拜过楚国，但是，郑国这样做确实是无奈之举，弱小国家在大国的强势威逼胁迫之下，他们无可奈何。他义正辞严，据理申辩。可是晋国却如此不尽情理，苛刻无度贪得无厌。郑国侍奉他要灭亡，背叛他也会灭亡，既然这样蛮不讲理郑国也就什么都不怕了，他的意思是你们想怎样就怎样吧。整个论辩过程中，所有言辞虽气愤填膺，但有张有弛，气势不可阻挡。其实，晋国虽然责难，却并没有消灭郑国的力量，只有彻底折服郑国、让郑国依附于他，才能让具备一定经济军事实力又地处中原战略要冲的郑国成为他争霸中最具价值的帮手。否则，郑国就会“鹿死不择荫”，铤而走险彻底地投靠楚国，甚至请楚派军驻守。而晋国不可能不掂量郑国这个砝码，一旦失去郑国，在晋楚争霸这个天平上，晋国就会失去平衡，再无竞争的可能。所以，最终晋国和郑国签订盟约，还把赵穿和晋灵公的女婿池留在郑国做人质。

像这种气势充沛的辞令《左传》中还有不少。如《成公十三年》记载的“晋吕相绝秦”一事，就是这种辞风的代表。

晋吕相绝秦

昔逮我献公及穆公相好，戮力同心，申之以盟誓，重之以昏姻。天祸晋国，文公如齐，惠公如秦。无禄，献公即世。穆公不忘旧德，俾我惠公用能奉祀于晋。又不能成大勋，而为韩之师。亦悔于厥心，用集我文公，是穆之成也。文公躬擐甲胄，跋履山川，逾越险阻，征东之诸侯，虞、夏、商、周之胤，而朝诸秦，则亦既报旧德矣。郑人怒君之疆埸，我文公帅诸侯及秦围郑。秦大夫不询于我寡君，擅及郑盟。诸侯疾之，将致命于秦。文公恐惧，绥静诸侯，秦师克还无害，则是我有大造于西也。无禄，文公即世。穆为不吊，蔑死我君，寡我襄公，迭我肴地，奸绝我好，伐我保城，殄灭我费滑，散离我兄弟，扰乱我同盟，倾覆我国家。我襄公未忘君之旧勋，而惧社稷之陨，是以有教之师。犹愿赦罪于穆公。穆公弗听，而即楚谋我。天诱其衷，成王陨命，穆公是以不克逞志于我。穆、襄即世，康、灵即位。康公，我之自出，又欲阙翦我公室，倾覆我社稷，帅我蝥贼，以来荡摇我边疆，我是以有令狐之役。康犹不悛，入我河曲，伐我涑川，俘我王官，翦我羁马，我是以有河曲之战。东道之不通，则是康公绝我好也。

及君之嗣也，我君景公引领西望曰：‘庶抚我乎！’君亦不惠称盟，利吾有狄难，入我河县，焚我箕、郜，芟夷我农功，虔刘我边陲，我是以有辅氏之聚。君亦悔祸之延，而欲徼福于先君献、穆，使伯车来命我景公曰：‘吾与女同好弃恶，复修旧德，以追念前勋。’言誓未就，景公即世，我寡君是以有令狐之会。君又不祥，背弃盟誓。白狄及君同州，君之仇雠，而我之昏姻也。君来赐命曰：‘吾与女伐狄。’寡君不敢顾昏姻，畏君之威，而受命于吏。君有二心于狄，曰：‘晋将伐女。’狄应且憎，是用告我。楚人恶君之二三其德也，亦来告我曰：‘秦背令狐之盟，而来求盟于我，昭告昊天上帝，秦三公、楚三王曰：余虽与晋出入，余唯利是视。不谷恶其无成德，是用宣之，以惩不壹。’诸侯备闻此言，斯是用痛心疾首，昵就寡人。寡人帅以听命，唯好是求。君若惠顾诸侯，矜哀寡人，而赐之盟，则寡人之愿也，其承宁诸侯以退，岂敢徼乱？君若不施大惠，寡人不佞，其不能以诸侯退矣。敢尽布之执事，俾执事实图利之。

这是一篇著名的外交文书，文中洋洋洒洒近千言，详细历数了秦国对晋国的种种不友好表现，以及晋国为求两国和好而做出的种种努力，但他尤其强调说明了他们的这种努力并没有结果，最终晋国是不得已而与秦国断绝关系，讨伐秦国。

秦国和晋国，在春秋时期都雄霸一方，秦国傲居陕西，晋国固守山西，两国毗邻，又结有姻亲，关系密切，交往频繁。但不管如何，政治关系始终是两个国家之间最重要的关系，他们的所谓友好，他们的兵戎相见，都是政治利益至上的结果。上文讲述的就是在鲁成公十一年（前580）之时，晋厉公与秦桓公原订在令狐会盟，可秦桓公不仅不忠守盟约，还挑唆北方的狄族和南方的楚国一同夹攻晋国。正是在这个时候，晋国国君派大夫吕相去与秦国绝交，吕相慷慨陈词。

吕相从秦晋两国交好说起。在两国关系史上，曾经“申之以盟誓，重之以昏姻”。前655年晋献公将女儿伯姬（穆姬）嫁给秦穆公，前637年晋公子重耳逃亡秦国，秦穆公把女儿怀嬴嫁给了他，后世男女通婚被称为秦晋之好；献公宠妃骊姬之乱，太子申生被杀，“文公如齐，惠公如秦”。重耳逃亡了十九年，最后在秦国得到礼遇，夷吾逃亡时也到过秦国，而且两人均是在秦国的鼎力相助之下才得以回国登上王位的，实际上秦国对晋国是有大恩大德的。而吕相却轻描淡写地颠倒了黑白，把秦国对晋国的恩德说成是“穆公不忘旧德，俾我惠公能奉祀于晋”，强词夺理地说秦穆公做这些帮助晋国的事情，只不过是报答晋国的旧德罢了。但是，他却指责秦国做好事不彻底，“而为韩之师”，“不能成大勋”。这里，吕相又歪曲了事实，而且指责起秦国来不吝笔墨。其实秦晋韩原之战（前645年）是因为晋惠公食言，他先许给秦国五座城，回国后却出尔反尔。结果两国交战，晋惠公被俘，交割了原先答应的五座城，又以太子为人质，才回到晋国；晋国发生饥荒（前643年）时，秦国倾全国之力运送粮食给晋国。可当第二年秦国发生饥荒时，晋国却不卖给秦国粮食。从以上哪件事情来看，都应该是晋国理亏。但在吕相的绝秦书中，却堂而皇之地把各种责任和罪过扣在了秦国的头上，而且慷慨激昂理所当然。如文中他点明“康公我之自出”，康公的母亲是晋献公的女儿，秦晋本来应该是至亲，可他“又欲阙剪我公室”，“摇荡我边疆”，指出秦国简直是六亲不认；而“我是有以令狐之役”，晋国又是被迫采取的行动；可是“康犹不悛，入我河曲，伐我涑川、俘我王官、剪我羁马”。吕相的意思是说，给了他改过自新的机会，但他不思悔改，反而变本加厉；所以“我是以有河曲之战”，“东道之不通，是康公绝我好也”。他强调，所有的罪孽产生都是因为秦国无事生非。可历史事实却是：在晋襄公死后，晋国大夫赵盾等因为太子

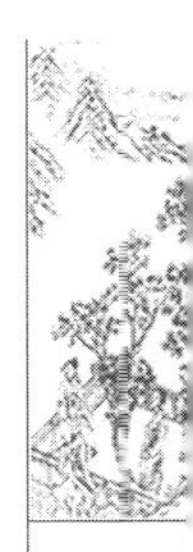

夷皋年幼，都主张立公子雍为尊。于是他们派先蔑、士会等到秦国去迎接公子雍，此时秦国也派兵护送。可是晋襄公的夫人穆嬴却反对，她坚持要立太子夷皋。这时的赵盾就临时变卦，改立了夷皋，即后来的晋灵公。赵盾派兵去抗拒秦国，在令狐把秦兵击退，最后公子雍客死在了秦国。本来是晋国前去迎公子雍，却反咬一口说秦国是“帅我蟊贼”，意在颠覆晋国。可见，无论什么事实真相，在吕相嘴里，都能让秦国百口莫辩，晋国都是正确的，真理都在晋国，秦国全是错误的，责任全在秦国。口才辩论能到这种地步，不能不承认吕相令人叹为观止的辞令水平。如果像他说的那样，在“肴之师”“令狐之役”“河曲之战”“辅氏之聚”等双方争端中，每次都是因为秦国的原因，晋国都是万不得已的。在历数了秦国的种种罪状之后，吕相才切入到“令狐会盟”的正题，声讨秦国背弃盟约的不义之举。在指斥秦国背弃盟约时，吕相先用白狄来告诉我，再用楚国人也来告诉我，并引用楚王所叙述的秦国人的话：“尔虽与晋出入，余唯利是视。”以此来证明秦国的反复无常的个性和见利忘义的嘴脸。听了吕相的话，我们只能看到秦国的两面三刀，也只能认为秦国难逃其咎。吕相这篇绝交书，行人辞令纵横捭阖，所向披靡，历代学者对此都有评价。宋代的学者李涂在《文章精义》中说：“吕相绝秦书，虽诬秦，然文字自佳。”明代孙月峰在《左传杜林合注》中评道：“通篇俱是造作出，语言最为工炼，叙事婉曲有条理，其字法细，其句法古，其章法整，其篇法密。诵之数十过不厌，在辞令中又别是一种格调。”清代吴调侯、吴楚材在《古文观止》中也说：“秦晋权诈相倾，本无专直。但此文饰辞骂罪，不肯一句放松，不使一字置辨。深文曲笔，变化纵横，读千遍不厌也。”的确如此，文中吕相虽然善用狡辩之词，但他时刻不忘此行的目的——为战争即将爆发来递交绝交书，既然要绝交，就要找好绝交的理由，所以他罗织罪名危言耸听，想方设法为自己的行为找准注脚，把秦晋关系恶化的责任完全推给秦国，让人实在感叹他辞令的精彩和说服力。可以说，吕相绝秦书严整而不容辩驳，他真假搀杂甚至强词夺理，但文字铮铮步步紧逼，不仅开战国策士游说之辞先河，也是后世论辩檄文之祖。

像吕相这样强词夺理的还有解郑国危亡之难的烛之武，他硬是把晋惠公“许君焦瑕，朝济而夕设版焉”的陈年旧账，栽赃到了晋文公的头上。虽然这些辞令理不胜词，甚至是偷换概念的虚妄之词，但作为独立的艺术作品来欣赏的话，又有着精雕细琢的典雅之美，能够完全绽放其吸引人的魅力。总之，这样的辞令妙品基本都能抓住事件的主要矛盾，既透彻分明地分析利害得失，又往往能够打动君主，达到预期的目的。有的甚至能化干戈为玉帛，收到“一言兴邦，一言丧邦”的社会功效。这些辞令逻辑严密，几乎无懈可击，无隙可寻，不能不让人拍手叫绝。另外，春秋时期，贵族文化高度发达，社会盛行重礼尚文的风气，大夫进谏，行人应对，都讲究辞令之美。因此，《左传》中便记载了这么多文才斐然的辞令。这些辞令的共同特点是委婉巧妙，典雅从容，虽有锋芒，但也藏在彬彬有礼的外表之下。即使是两国交战，刀光相见之时，也不失温文尔雅的姿态。《成公二年》齐晋鞌之战中就有非常突出的表现，看一下战前齐侯与晋人的这段对话：

> 齐侯使请战，曰：“子以君师辱于敝邑，不腆敝赋，诘朝请见。”对曰：“晋与鲁、卫，兄弟也。来告曰：‘大国朝夕释憾于敝邑之地’。寡君不忍，使群臣请于大国，无令舆师淹于君地，能进不能退，君无所辱命。”齐侯曰：“大夫之许，寡人之愿也。若其不许，亦将见也。”

齐侯的态度极为强硬，晋国也不示弱，但双方的辞令又委婉谦恭，尽力表现出文雅安详的风度，使人难以相信这是面临一场你死我活的战斗。还有，在战争接近尾声时，韩厥的表现很经典：再拜稽首，奉筋加璧以进曰：“寡君使群臣为鲁卫请，曰无令典师陷入君地。下臣不幸，属当戎行，无所逃隐。且惧奔避而忝两君。臣辱戎士，敢告不敏，摄官承乏。”他追上齐顷公后，拿着绊马索站在顷公车前，不是立即上前俘虏、侮辱手下败将，而是拜了两拜，行了稽首礼，并在酒觞上放一块玉敬献给顷公，才开口说话。他先说，鲁、卫和晋是盟国，齐打败了鲁、卫，鲁、卫求救，晋国必须出兵相救，这样他先说明了出兵的理由。然后说晋侯不让晋国军队深入齐国国土，表示晋国并不想与齐国为敌。最后才到问题的关键，俘虏齐侯。他没有直说，而是绕了一大圈，先说自己不幸得很，恰巧碰上了齐侯的队伍，没有什么地方躲避，并且害怕躲避齐侯的车驾会成为晋侯的耻辱，对齐侯来说也不大光彩。他最后才说最关键的话：“我作为一个不称职的战士，冒昧地向您禀告，我这个人愚鲁不会办事，因为人才缺乏，勉强代理这个职务。”言下之意是，我既然担任了这个职务，就要做我该做的事情了。什么是该做的事？当然是俘获齐顷公。大家试想一想，这是在战场上，两国兵戈相见的时候，韩厥这样温文尔雅的表现，真可谓是突现了《左传》的含蓄蕴藉，柔中有刚。他不仅赢得了战争，而且还赢在了“礼”上，不卑不亢，但毫不含糊。这样篇制简短的辞令，不仅韩厥，当时很多出色的外交家都善于在谦恭有礼的外衣包裹下据理力争，机智巧妙地挫败对方。像这样的辞令，全书几乎琳琅满目，俯拾皆是。朱自清说：“《左传》所记当时君臣的话，从容委曲，意味深长。只是平心静气地说，紧要关头却不放松一步，真所谓恰到好处。这固然是当时风气如此，但不经《左传》著者的润饰工夫，也决不会那样在纸上活跃的。”① 的确如此，这些优美巧妙的辞令，是礼的精神与深厚文化素养的有机交融，是作者精心琢刻摹画的妙笔生花之语。

① 朱自清《经典常谈》。

第二节　性格鲜明的人物对话

在对行人辞令的描写中，性格鲜明的人物对话也很有特色。《左传》全书中所描摹的个性鲜明的人物很多，而对大量人物对话的记录，正是表现人物性格特征的重要方式和手段。如《成公二年》中记载的“鞍之战”：

> 郤克伤于矢，流血及屦，未绝鼓音，曰：“余病矣！”张侯曰：“自始合，而矢贯余手及肘，余折以御，左轮朱殷，岂敢言病。吾子忍之！”缓曰：“自始合，苟有险，余必下推车，子岂识之？然子病矣！”张侯曰：“师之耳目，在吾旗鼓，进退从之。此车一人殿之，可以集事，若之何其以病败君之大事也？擐甲执兵，固即死也。病未及死，吾子勉之！”左并辔，右援枹而鼓，马逸不能止，师从之。齐师败绩。逐之，三周华不注。

郤克、张侯和郑丘三人，郤克受伤血流到鞋子里但没有停止击鼓，解张的手和胳膊被箭射伤还劝郤克忍住，郑丘推车不惧危险，他们同仇敌忾，互相支撑。解张说：“我们的旗帜和战鼓是军队的耳目，军队进攻和后撤都听从旗鼓指挥。这辆战车只要一个人镇守，就可以成功，怎么能因为负了伤而败坏国君的大事呢？穿上铠甲，拿起武器，本来就是去赴死；受伤不到死的地步，您要奋力而为啊！”解张左手把马绳全部握在一起，右手拿过鼓槌来击鼓。战马狂奔不已，晋军跟著主帅的车前进，楚军大败，晋军追击楚军，围着华不注山追了三圈。他们在战争最艰难的阶段咬牙坚持，对话和行动中再现了他们视死如归的气概。在这里，作者通过人物在重大历史事件中的对话和行动来表现人物形象，人物的行动和对话构成表现人物的主要手段。

《左传》中对郑庄公的描写可谓精彩。郑庄公是春秋时期的一个霸主，他“仁责王廷，下灭异已”，根本不把周天子放在眼里。在礼崩乐坏的那个时代，周天子乏弱无力，郑庄公的态度也不是个例，本也无可厚非。可是在桓公五年周郑交战之时，他的武官祝耽射王中肩，要求追击并一举歼灭周王时，郑庄公却说：“君子不欲多上人，况敢陵天子乎？苟自救也，社极无陨多矣。”晚上他还指派当年曾经率师夺成周禾麦的祭仲足去慰劳天子。他的言语和行动都充分展现出郑庄公的伪善和阴险奸猾，他说的冠冕堂皇，做的却是龌龊不堪。另外，隐公十一年，他对许国大夫百里的一番谈话就十分粉采地刻划了庄公的奸雄。他一会儿喜而辛之如父子，一会儿逼而胁之如仇雠，使许君不得不俯首称臣而畏服。更进一步把他的鲜明性格展露无疑。

《左传》中的人物对话，有的还能够展现人物性格的发展过程。例如《左传·僖公二十三年》记载：重耳刚开始出逃时，他胸无大志，贪图安逸奢华，还能够戏谑地谈论儿女情长，他说：“待我廿五年，不来而后嫁。”而在辗转逃命、尝尽人世冷暖、遭遇各种艰难险阻和困苦的考验以后，他的性格发生了变化，说话的口气也与之前大不相同。他说：“若以君之灵，得返晋国，晋楚治兵，遇于中原，其避君三舍；若不获命，其左执鞭辉，右属案辍，以与君周旋。”此时，面对楚成王的一再逼问，重耳表现出一种不亢不卑、决不牺牲国家利益、不甘屈服的英翻气概，这标志着重耳性格的发展变化，也显示出了一位成熟政治家的气魄和风度。

像这样具有鲜明特色的人物对话还有很多。如《左传·昭公三年》记载的“齐国晏婴和晋国叔向的对话”。晏婴说：“国之诸市，屦贱踊贵”；叔向说：“庶民罢蔽而宫室滋侈，道座相望而女富溢尤，民闻公命，如逃寇麟”。他们的对话不仅反映出他们的政治远见和对民众疾苦的同情，而且形象地写出了当时的社会状况。要之，人物对话是《左传》的语言的重要组成部分，这些对话或干净利落、痛快淋漓，或模棱两可、表里不一，或口是心非、不痛不痒，或庄重严谨、激情四射，或谦恭有礼、不卑不亢，由于人物的身份地位不同，所处的场合不同，所以人物的遣词造句、说话口气、言语气势也各不相同，但它们都维妙维肖地展示了人物的不同身分和性格特征。

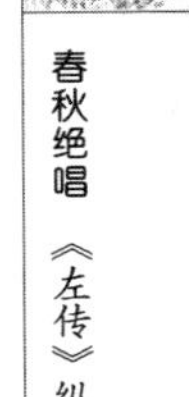

《左传》所记辞令妙品，无不引人入胜，让人读来爱不释手，其中文中对应对辞的描写最为精采。如《隐公十一年》记载的“滕侯与薛侯争长”、《宣公三年》记载的“周王孙满对楚子”、《僖公十五年》记载的“瑕甥秦伯之问”、《僖公二十六年》记载的“展喜稿齐师”、《僖公三十年》记载的“烛之武退秦师’、《成公二年》记载的“齐国佐对郤克”和“贾媚人责晋”、《成公三年》记载的“知含对楚王问”、《襄公十四年》记载的“戌子驹支对晋责难”等都是脍炙人口、传之千古的佳作，称得上是古代散文中的妙品。他们描写人物的语言非常契合人物所处的环境、身份以及事件的情况，也往往通过在事件中的言论，丰满人物性格，塑造人物形象。因此，《左传》里的人物对话都能显示出人物的独特个性，而人物的语言也包括独白和对话两种。

人物语言中的独白能够更细致确切地表达出人物的心理状态。《左传》所记人物独白虽然不多，但用得很成功。话很简略，而人物心理活动却表现得异常逼真。如《庄公十年》记载：

> 楚文王伐申过邓，邓祁侯曰：“吾甥也。”止而享之。（庄公九年）蔡哀侯娶于陈。息侯亦娶焉。息妫将归，过蔡，蔡侯曰：“吾姨也。”止而见之。

文中的前者“吾甥也”，恰当地表现了邓祁侯的憨直和中肯；后者“吾姨也”，同样也是三个字的独白，却巧妙地表现了蔡侯的轻慢和狠狎。后来蔡侯也因此而遭到丧身灭国之灾。又如《宣公二年》记载：

组麑触槐

麑退，叹而言曰："不忘恭敬，民之主也。贼民之主，不忠；弃君之命，不信。有一于此，不如死也。"

像这一类长篇独白，完全是组麑触槐而死之前的心理活动，别人无从知晓，更是死无对证，这应该是《左传》的作者虚构拟化出来的神来之笔。他根据人物性格设身处地地考虑当时的境况，使得人物形象更为鲜明。其他的像《哀公十七年》记载的"浑良夫梦冲之澡"，《僖公四年》记载的"骊姬夜泣"等，读起来都有着引人入胜的艺术力量，让人爱不释手。这些情节应该都是作者勾勒出的琐屑曲折却颇有着小说魅力的摹写。这些地方，小说的成分实多于历史的成分。① 从刻画人物方面来说，这样的人物心理活动描写，能够使得人物形象更加丰满更加接地气。当然，比之于华夏神话传说中的粗线条勾勒，还有《国语》中对人物的类型化描写，《左传》取得的成就已经足以让人仰视。

另外，《左传》开篇的《郑伯克段于鄢》，描写的是郑庄公家庭内部斗争的历史，文章通过完整而简洁的对话，如"多行不义必自毙，子姑待之"，写的就是郑庄公对话公叔段，叙述了统治阶级内部为争权夺利而勾心斗角、相互倾轧的情形，赤裸裸地暴露了他们自私虚伪和贪婪狡诈的本质，人物的立体化刻画尤为鲜明生动。还有，庄重典难的人物对话中，

① 参见钱钟书《管锥篇》第一册，第165页。

也有能够准确地表现人物的身份和地位的用辞。如《成公三年》记载的“晋知罃对楚王”的一段话：

> 王送知罃，曰：“子其怨我乎”？称碱：“二国治戎，臣不才，不胜其任，以为俘馘。执事不以衅鼓，使归即戮，君之、惠也。臣实不才，又谁敢怨？”王曰：“然则德我乎？”对曰：“二国图其社极。而求舒其民，各惩其忿，以相有也，两释累囚，以成其好。二国有好，臣不与及，其谁敢德？”王曰：“子归，何以报我？”时曰：“臣不任受怨，君亦不任受德，无怨无德，不知所报。”王曰：“虽然，必告不谷。”对曰：“以君之灵，累臣得归骨于晋，寡君之以为戮，死且不朽。若从君之惠而免之，以踢君之外臣首，首其请于寡君以戮于宗，亦死且不朽。若不获命，而使嗣宗职，次及于事，而帅偏师，以情封疆。虽遇执事，其弗敢迷，其揭力致死，无有二心，以尽臣礼，所以报也。”王曰：“晋未可与争”。重为之礼而归之。

晋国和楚国交换俘虏，楚国归还晋国的知罃。当楚王送别知罃时，他们的问答可谓是精彩绝伦。当楚王说：“您恐怕怨恨我吧！”知罃回答：“两国兴兵，下臣没有才能，不能胜任自己的任务，所以做了俘虏。君王的左右没有用我的血来祭鼓，而让我回国去接受诛戮，这是君王的恩惠啊。下臣实在没有才能，又敢怨恨谁？”楚王又说：“那么感激我吗？”知罃回答说：“两国为自己的国家打算，希望让百姓得到平安，各自抑制自己的愤怒，来互相原谅，两边都释放被俘的囚犯，以结成友好。两国友好，下臣不曾与谋，（你并非为了我而释放我）我又敢感激谁？”最后，楚王问他：“您回去，用什么报答我？”知罃则回答说：“下臣无所怨恨，君王也不受恩德，没有怨恨，没有恩德，就不知道该报答什么。”楚王说：“尽管这样，还是一定要把您的想法告诉我。”知罃回答说：“以君王的福佑，被囚的下臣能够带着这把骨头回到晋国，寡君如果加以诛戮，死而不朽。如果由于君王的恩惠而赦免下臣，把下臣赐给您的外臣荀首，荀首向寡君请求，而把下臣在自己宗庙中诛戮，也死而不朽。如果得不到寡君杀我的命令，而让下臣继承宗子的地位，按次序承担晋国的军事，率领偏师（对自己军队的谦称）以治理边疆，即使碰到您的文武官员，我也不会躲避，竭尽全力以至于死，没有第二个心念，以尽到为臣的职责，这就是用来报答于君王（晋君）的。”楚王说：“晋国是不能和它争夺的。”于是就对很隆重地给他举行礼仪，并把他送回去了。知罃对楚王的每一次回答，都十分得体恰当，分寸把握得极好，完全符合一个富有教养的世家子弟的风度和作为晋国大臣的身份。知罃的言辞中，不仅表现出一种典雅庄重的风格，而且也充分表现了他耿介坦率、忠于自己国家的鲜明个性。

《左传》中人物的“独白”和“对话”，内容都是丰富多样。“独白”有一般的公事用语，如朝聘、盟约场合的策命、辞令；有评论性的赞语、詈语等等；而“对话”更是多姿多彩：有卿士大夫间的娓娓交谈，有委婉的驳难，有针锋相对的论辩，也有据理陈情的说辞。不管是说话哪种方式，都能够细致准确而又鲜明地表现人物的性格特征。更有一些对话，不仅表现人物特色，还会对战事进行总结性叙述。

第三节　词约义丰的行文摹写

《左传》的内容十分丰富，语言凝练、朴实、含蓄、生动，对后世行文语言的发展有很大影响。《左传》全书整体语言表现出善于描写事件的特点，能简洁精准地使用语言，凝练的措辞将繁琐复杂的历史事件表述的非常清晰，并且生动传神，极富文学色彩。尤其是对春秋的几次规模战争的描写，将《左传》的语言特点表现得淋漓尽致。例如《左传·庄公十年》一篇中对长勺之战的描述：

长勺之战

> 十年春，齐师伐我。公将战，曹刿请见。其乡人曰：“肉食者谋之，又何间焉？”刿曰：“肉食者鄙，未能远谋。”乃入见。问：“何以战？”公曰：“衣食所安，弗敢专也，必以分人。”对曰：“小惠未遍，民弗从也。”公曰：“牺牲玉帛，弗敢加也，必以信。”对曰：“小信未孚，神弗福也。”公曰：“小大之狱，虽不能察，必以情。”对曰：“忠之属也，可以一战。战则请从。”
>
> 公与之乘。战于长勺。公将鼓之。刿曰：“未可。”齐人三鼓。刿曰：“可矣！”齐师败绩。公将驰之。刿曰：“未可。”下视其辙，登轼而望之，曰：“可矣。”遂逐齐师。
>
> 既克，公问其故。对曰：“夫战，勇气也。一鼓作气，再而衰，三而竭。彼竭我盈，故克之。夫大国，难测也，惧有伏焉。吾视其辙乱，望其旗靡，故逐之。”

长勺之战地图

这个在历史上以弱胜强的有名战例，叙述了春秋时代齐鲁两国在长勺的一次战争，整篇文章不过二百多字，但却是言简意赅，将情节表述得波澜起伏。曹刿与庄公对话，言辞简短，语气铿锵，符合当时的气氛，在战争结束后语气变得从容，前后环境和境遇不同，口吻也会不同，极为生动，行文跌宕多姿、语言精炼。文章通过细节、动作、人物对话等使事件更具有故事性。通过简洁的笔墨勾画出人物内心，塑造个性鲜明的人物形象。尤其是经过严谨清晰的叙述，绝不孤立地描写战争事件，使人从中得到学习和总结。由于大量地运用比喻等修辞，使很多语言演变为现在的成语，如“唇亡齿寒”“欲加之罪，何患无辞”“风马牛不相及”等都是来源于《左传》。

《左传》的叙述语言虽简练，但却词约义丰，用有限的文字表达出无穷的蕴意。朱自清《经典常谈》中说：“《左传》是史学的权威，也是文学的权威”。历来对《左传》的文学成就和它在文学方面的特色，虽然似乎肯定得并不多，但还是提出了一些精辟的见解。如晋朝的范宁说它“富而艳”；唐代的刘知几说它“文约而事丰”，唐代散文家韩愈说它“左氏浮夸”，都从不同角度概括了《左传》的语言特色。但对于《左传》这样一部富赡的著作，我们与其说它的语言“简约”，倒不如说它“富艳”。因为丰富优美、精炼深刻正是《左传》的语言特色，而“简约”只是遣词造句的一个方面。如果与两汉以后的史传著作相比，《左传》的语言确是以简约见长，但正如章学诚在《乙卯札记》里说的那样：那时的书写工具落后，“或著嫌帛，或以刀削”，客观上限制了用语的繁琐，不得不简；更何况，只要意思表达到位，用语是无所谓繁简的。顾炎武在其《日知录》卷三《文章繁简》说：“文章岂有繁简邪，昔人之论谓如风行水上，自然成文，若不出自然，而有意于繁简，则失之央。”可见以“简约”来概括《左传》的语言特色并不全面。如《宣公十二年》记载的“晋楚邲之战”。文中写道：

中军、下军争舟，舟中之指可掬也。

为了争上渡船逃命，而先上船的人害怕上船的人太多导致沉船，就用乱刀把后来已抓住船舷想上船的人的手砍断，不仅如此，寥寥几个字，还让读者看到了惨不忍睹的画面：落入船中的手指竟然“可掬”。非常简练的一句话，作者就把晋国军队溃败时的狼狈之状写得淋漓尽致。另外一件事，发生在与之同一年的冬天。说的是楚国出师灭萧国，将士们“多寒”，文章是这样写的：

（楚）王巡三军，拊而勉之，三军之士皆如挟纩。

没有过多的语言，也没有过多地描写具体的行动，作者只用了一个贴切的比喻，就把楚王慰劳士兵们，体恤战士们的意思表达出来了。并且，作者还写出了被关爱的士兵们的感受：那种温暖萦绕在他们周围，久久挥散不去。所以刘知几在其《史通·叙事》中说：“言近而旨远，辞浅而义深。虽发语已殚，而含意未尽，使夫读者望表而知里，扪毛而辨骨，睹一事于句中，反三隅于字外。”话虽然说完了，但意犹未尽，意味深远，确实一语中的，就这么几个字，仔细咀嚼起来，还是非常耐人寻味的。

写事件作者有时惜墨如金，勾勒人物形象有时也是这样。很多时候，文中只用两三句简短的对话就完成一个完整的形象塑造了。例如《左传·成公十一年》的记载：

郤犨来聘，求妇于声伯，声伯夺施氏妇以与之。妇人曰：“鸟兽犹不失俪，子将若何？”曰：“吾不能死亡。”妇人遂行。生二子于郤氏。郤氏亡，晋人归之施氏。施氏逆诸河，沉其二子。妇人怒曰：“己不能庇其伉俪而亡之，又不能字人之孤而杀之，将何以终。”遂誓施氏。

鲁国施氏的妻子因为长相美貌而闻名，她不幸被晋公卿郤氏强夺送给了郤犨。她被强夺羞辱的时候，曾说：“鸟兽犹不失俪。”她想以这样的话来激励软弱的施孝叔起来反抗保护自己。但施氏胆怯怕死，作为丈夫，这样连鸟兽都不如的男人甘心自己的妻子被夺被辱。施氏就跟着郤犨走了，并在郤氏那里生了两个孩子。后来郤氏被灭，施氏的妻子被遣回还给施氏。施氏在黄河边迎接她，却把她的两个孩子沉进黄河里。这是一个毫无人性的男人，所以施氏发怒了，她说："自己不能保护自己的配偶而让她离开，又不能爱护别人的孤儿而杀死他们，这怎么能有好结果?"这位满怀痛苦的妇女终于认清了这个浅薄的丈夫，毅然出走，发誓不再做他的妻子。这里两次对话都很简短，可简明短小的里却刻画了两个性格鲜明让人过目不忘的形象：一个是浅薄渺小而又软弱残忍的丈夫；一个是无奈隐忍而又坚强的弃妇母亲。像这样叙事简明而无繁文褥字的例子还有很多，如《庄公八年》的齐连称、管至父之乱，《昭公五年》的鲁叔竖牛之乱。作者只用了短短几百字，就把一次篡权夺位的发生、发展和结局交代得一清二楚。刘知几列举的叙述句，如形容心术不正时用"目逆而送之"，形容纷乱喧嚣之状时用"宵济而终夜有声"，形容悦以忘寒时用"三军之士皆如挟纩"，描摹状物时用"以犀革裹之，此及宋，手足皆见"等等，只用一句简短的话，就精准地表达了作者想要表达的意思，这样的精练准确也为历代文献史学家称道不绝。

《左传》的尚简，有时候言简意赅、言约义丰，但有时候的过于简省却对文学的形象性有损无益。对于"晋侯使郤克征会于齐"一事的描写，《左传·宣公十七年》这样记载：

> 十七年春，晋侯使郤克征会于齐。齐顷公帷妇人，使观之。郤子登，妇人笑于房。献子怒，出而誓曰："所不此报，无能涉河。"献子先归，使栾京庐待命于齐，曰："不得齐事，无复命矣。"郤子至，请伐齐，晋侯弗许。请以其私属，又弗许。

而《谷梁传·成公元年》则记载：

晋侯使郤克征会于齐。齐顷公帷妇人使观之，谷砰子登，妇人笑于房。献子怒。出而誓曰："所不此报，无能涉河。"（宣公十七年）季孙行父秃，晋郄克妙，卫孙良夫破，曹公子手倦，同时而聘于齐。齐使先者御壳者，使妙者御妙者，使玻者御玻者，使倦者御侨者。萧同侄子处台上而笑之，闻于客。客不悦而去。相与立香同而语，移日不解。齐人有知之者曰："齐之患必自此始矣。

其实从整体上来说，《谷梁传》的文学性根本不能与《左传》相比，只有这一部分是个例外。《左传》中的描写主要突出郤克，目的是为宣公十八年的鞌之战做准备埋伏笔。但就是因为突出这一点，却略去了很多精彩的细节。可《谷梁传》却不同，它叙述了鲁成公元年冬十月的时候，鲁正卿季文子秃头，晋郤克瞎了一只眼，卫国孙良夫是个瘸子，曹国公子的手残疾，它们同时出访齐国。秃子、瞎子、瘸子和残疾人等一时聚齐，齐国却让秃子给鲁国使者驾车，瞎了一只眼的人给晋国使者驾车，让瘸子给卫国使者驾车，手残疾的人给曹国使者驾车。齐顷公之母萧同侄子在楼台上嘲笑他们。这些使臣知道了之后非常不高兴地走开了，他们一起聚在胥闾门商量了好长时间。知道他们聚谋的人就说："齐国的灾难从此就要开始了。"故事的结局当然是著名的鞌之战，郤克带着这几个国家的军队进攻齐国，齐国战败，齐顷公差点儿被捉。对比两段描写，《谷梁传》的形象性一目了然，显然比《左传》丰富多彩。

第四节　丰富多彩的文献引入

《左传》善于吸收神话传说和民间故事的丰富养料。作者把当时的口语、习惯用语、俗语、谚语、隐语、民间歌谣等都巧妙地融化在自己的作品里，这使《左传》的语言在行人辞令之外又增

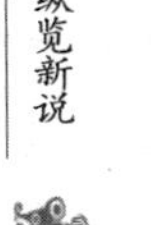

添了无穷的跳跃的音符，更加具有不会凋谢和历久弥新的活力。

书中有些习惯语和俗语，如“小人腹度君子心”“辅车相依，唇亡齿寒”“人心不同如其面”“面部下丰后来好”（即“毅也丰下，必有后于鲁国”）等等，用得巧妙而准确。有些隐语也用得巧妙，如《宣公十二年》中记载的以“河鱼腹疾”暗示脱险办法；《哀公十三年》中的以“庚癸”隐喻粥饭；《襄公三十年》中记载，晋国绛县一位老者称自已的年龄是：

臣生之岁，正月甲子朔，四百有四十五甲子矣，其季于今三之一也。

因为古人用干支纪日，一个甲子为六十天。根据这个来推算，才能知道这位老人的年龄是七十三岁。这样的写法比较活泼，如果作者直接告知这位老人七十三岁了，就如同白开水无滋无味了。而这样通过计算才能得出的答案，对读者来说如同算术游戏，其乐无穷。

同样，引用歌谣也能收到很好的讽喻效果，既能加强语言的形象性，又能增强说服力。如《襄公三十年》记载的古谣谚“郑舆人之诵”为最有名：

从政一年，典人诵之曰：“取我衣冠而褚之，取我田畴而伍之；孰杀子产，吾其与之。”

及三年，又诵之曰：“我有子弟，子产侮之；我有田畴，子产殖之；子产而死，谁其嗣之。”

上面是两首歌谣，可前后两首歌谣的内容不同，但都表达的是人们对子产进行政治改革的不同态度。前一首是人们因为对子产的改革不理解而表达的怨恨；后一首是人们从改革中得到了实惠而表达的爱戴。从实际体验中，人们逐渐认识到政治家子产的卓越才能。

《宣公二年》的“宋城者之讴”非常有趣：

睅其目，播其腹，弃甲而复，于思于思，弃甲复来。

瞪着大眼睛，腆着大肚皮，丢盔弃甲逃回来；大胡子，长满嘴，打了败仗逃回来。这里是讽刺宋国败军之将华元，他战败被郑国俘获，可逃回以后还要膛目挺腹神气活现。但他因为是受人陷害而被俘的，所以虽然人们讽刺挖苦他，但却也没有多大恶意。而华元也无可奈何，稍作辩白：“去之，夫其口众我寡。”便快快而回。还有《定公十四年》记载的泼辣风趣的《野人歌》：

既定尔娄猪，盍归吾艾豭。

这里是讽刺南子与宋朝私通，人们把她比作为野猪，形象地说明了她那张丑恶的嘴脸。像这样的歌谣引入，都使得刻画入木三分，令人发笑。

如果说引入口语、俗语和歌谣是下里巴人，那对《诗经》的引用则可称得上是阳春白雪。据赵翼统计，《左传》引诗（包括一部分逸诗）达二百七十一次。可见《诗》在《左传》中所占的比重非同小可，说《左传》是诗与史的结合，大概就源于此吧。

诗可以言志，跟音乐又有着密不可分的关系，诗，在《左传》中，可以侍奉权贵，可以预言祸福，可以讽刺挖苦，可以泄愤报复；可以鉴戒过去，可以歌颂历史，可以评论史实，可以表达见解……诗可以在任何时候，任何场合，只要能够曲尽其妙，只要能够增加语言的优美感和韵味，只要能够收到应有的效果。诗，几乎成为人们表情达意

范宣子不屈于晋

的灵丹妙药。如《襄公十三年》记载的“驹支不屈于晋”：

> 会于向，将执戎子驹支。范宣子亲数诸朝。曰：“来，姜戎氏。昔秦人迫逐乃祖吾离于瓜州，乃祖吾离被苫盖，蒙荆棘，以来归我先君。我先君惠公有不腆之田，与女剖分而食之。今诸侯之事我寡君不如昔者，盖言语漏泄，则职女之由。诘朝之事，尔无与焉！与，将执女。”
>
> 对曰：“昔秦人负恃其众，贪于土地，逐我诸戎。惠公蠲其大德，谓我诸戎是四岳之裔胄也，毋是翦弃。赐我南鄙之田，狐狸所居，豺狼所嗥。我诸戎除翦其荆棘，驱其狐狸豺狼，以为先君不侵不叛之臣，至于今不贰。昔文公与秦伐郑，秦人窃与郑盟而舍戍焉，于是乎有肴之师。晋御其上，戎亢其下，秦师不复，我诸戎实然。譬如捕鹿，晋人角之，诸戎掎之，与晋踣之，戎何以不免？自是以来，晋之百役，与我诸戎相继于时，以从执政，犹肴志也，岂敢离逷？今官之师旅，无乃实有所阙，以携诸侯，而罪我诸戎。我诸戎饮食衣服不与华同，贽币不通，言语不达，何恶之能为？不与于会，亦无瞢焉。”赋《青蝇》而退。

这里范宣子首先盛气凌人地斥责姜戎以怨报德，挑拨了晋国与诸侯之间的关系。驹支就引历史事实雄辩，证明晋国对姜戎并没有什么大恩，而且如果晋国对姜戎有滴水之恩，姜戎就对晋国以涌泉相报，成为晋国的“不侵不叛之臣”，而且会为了晋国的利益无数次地浴血奋战。晋国失去诸侯的信任，完全是由于晋国自己的过失。最后，驹支就“赋《青蝇》而退”，这里的《青蝇》，即《小雅·青蝇》，希望君子莫听信谗言。驹支朗读《青蝇》就是讥讽范宣子听信谗言，终于使“宣子辞焉，使即事于会”。又如《文公十七年》，晋在息会合诸侯，晋怪罪郑国不忠子晋，郑行人也是从历史事实出发，据理反驳，逐年逐月地历数郑国如何恭谨地奉事晋国的事实，使晋人在事实面前无言以对。

又如《成公二年》记载的“齐晋鞍之战”中，齐国战败，派宾媚人同晋国议和，晋国一定要萧同叔子（齐侯的母亲）去做人质，同时要求齐国境内的田垄全部东向。这时候，宾媚人就引用了《诗经》中《大雅·既醉》中的“孝子不匮，永赐尔类”和《小雅·信南山》中的“我疆我理，南东其亩”，作为驳斥晋国的无理要求的理论根据。又如《襄公二十六年》记载的齐侯与郑伯去晋国，为了给被捉住的卫侯说情，三方国君表情达意的用辞，几乎都引用了《诗经》中的诗句。还有《定公四年》记载的“无衣之赋”更是家喻户晓。

依于庭墙而哭，日夜不绝声，勺饮不入口七日。秦哀公为之赋《无衣》，九顿首而坐，秦师乃出。

讲的是春秋末年，吴国攻破楚国，楚大夫申包胥乞求秦国派兵救援，他倚庭墙大哭，七天七夜水米不进。于是秦哀公乃赋《无衣》诗，并出兵救楚。后人以“无衣之赋”作为典故，说明出师救援、同仇敌忾的意思。

《左传》引诗，说明当时的达官显贵对《诗》非常熟悉，他们为了各自的目的，有时并不顾及“诗”的本意，更有甚者，他们断章取义，只是发挥“诗”的功效，用“诗”去衡量事物的正确与否，让“诗”为自己服务罢了。如齐国的高厚因为赋诗不得体，让晋侯十分恼怒，甚至想联合各国一同进伐齐。还有齐国的庆封两次到鲁国，因为举止失礼，叔孙豹先后用《相鼠》“人而无仪，不死何为”和《茅鸱》（逸诗）来诅咒讽刺他，可惜庆封不学无术，并没有听懂其中的深意。可见，“诗”如果引用得当，可以纾解国难缓解危机；如果应对不当，不但招致杀身之祸，还有可能危及国家的兴亡。孔子说：“不学诗，无以言”。《诗经》在当时已成为士大夫们普遍习读的经典，其中的诗句已然成为当时的“公理”，真是不引诗就不能显示出他们用语的深意和其中的奥妙。如果抛却引诗用诗的不当或功利目的，单就文学性而言，《左传》通过引用《诗经》，的确大大增强了语言的韵律美和节奏感，加强了辞令的表达效果。

展喜犒师

《左传》的用语还常常引经据典，依礼而论，用道义的力量使人折服。《僖公二十六年》记载的“齐国伐鲁”事件中，鲁人展喜以“犒师”的名义与齐孝公进行的一番对话就很能说明问题：

> 齐侯曰：“鲁人恐乎？”对曰：“小人恐，君子则否。”齐侯曰：“室如悬罄，野无青草，何恃而不恐？”对曰：“恃先王之命。昔周公、太公，股肱周室，夹辅成王。成王劳之，而赐之盟，曰：‘世世子孙，无相害也。’载在盟府，太师职之。桓公是以纠合诸侯，而谋其不协；弥缝其阙，而匡救其灾；——昭旧职也。及君即位，诸侯之望曰：‘其率桓之功！’我鄙夷用不敢保聚，曰‘岂其嗣世九年，而弃命废职，其若先君何？君必不然。’恃此以不恐。”

在这里，展喜先抬出先王的遗命，表示鲁国有恃无恐，实际是指责齐国违背礼义，不仁不义。他的话，属于虚与委蛇绵里藏针类型的，齐国国君也很识趣，他自知无理而撤军。展喜的这番辞令所以产生这番效果，主要还在于道义的力量。春秋时期，违礼行为虽屡见不鲜，但在正式场合，礼义仍是规范人们行为和国家关系的公认准则，违礼失信就会冒天下之大不韪。因此，援引先王之命，揭示礼义所在，自然是非常有力的精神武器。因此，前人称赞《左传》语言“婉而多切”，意思就是它不仅有彬彬有礼的外表，更具有以理服人的力量。

当然，学识渊博、通晓古今的春秋士人，他们为了维护本国利益，为了使对方折服，几乎时刻都在说辞中旁征博引。他们也经常引用周王室成命来作为折服对方的理论武器。如《僖公四年》记载的“齐楚召陵之盟”中的对话：

> 楚子使与师言曰：“君处湘海，寡人处南海，唯是风马牛不相及也，不虞君之涉吾地也，何故？”管仲对曰：“昔召康公命我。”先君太公曰：“五侯九伯，女实征之，以夹辅周室！”踢我先君履，东至于海，西至于河，南至于穆陵，北至于无棣。尔贡芭茅不入，王祭不共，无以缩酒，寡人是征，昭王南征而不复，寡人是问。

在这里，管仲为了掩盖齐国与楚国争霸的真实意图，只好借助“苞茅不入”的微小借口，说明齐师伐楚的原因，并以王室之命为依据，说明自己有征讨四方的权利，目的就是表明齐国“师出有名”。

又如《宣公十二年》记载的在晋楚之战之前的一段对话：

> 楚少宰如晋师，曰：“寡君少遭闵凶，不能文。闻二先君之出入此行也，将郑是训定，岂敢求罪于晋。二三子无淹久。”随季对曰：“昔平王命我先君文侯曰：‘与郑夹辅周室，毋废王命。’今郑不率，寡君使群臣问诸郑，岂敢辱候人？敢拜君命之辱。”彘子以为谄，使赵括从而更之，曰：“行人失辞。寡君使群臣迁大国之迹于郑，曰：‘无辟敌。’群臣无所逃命。”

楚少宰出使晋军，劝晋军不要待得太久了。可随季却用周王室来压制他，一再强调周平王的命令和对周王室的尊敬，随季的话无非就是强调晋国之所以来此插手过问郑国的事情，是奉了周王的命令，他们出师完全是名正言顺的，楚国根本就没有阻挠的理由。随季引用周王室的成命，既让自己师出有名，又增强了其语言的说服力和震慑力。

另外，《左传》也常引用誓词、谚语或古书中的言论，来作为人物说理的强有力的论据。《隐公十一年》记载的“滕侯与薛侯朝于鲁”就是最好的例子。原文写道：

> 十一年春，滕侯、阵侯来朝，争长。薛侯曰：“我先封。”滕侯曰：“我，周之卜正也，薛，庶性也，我不可以后之。”公使羽父请于萍侯曰：“与滕君辱在寡人，周谚有之曰：‘山有木，工则度之，宾有礼，主则择之。’周之宗盟，异挂为后。寡人若朝于薛，不敢与诸任齿，君若辱叽寡人，则愿以滕君为请。”薛侯许之，乃长滕侯。

两人争行礼的先后，鲁羽父就以周谚作为说服薛侯的理由之一。又如《成公十五年》记载的“曹子臧对诸侯”一事：

> 诸侯将见子臧于王而立之，子臧辞曰：“《前志》有之，曰：‘圣达节，次守节，下失节。’为君，非吾节也。虽不能圣，敢失守乎?”遂逃，奔宋。

在这里，曹子臧引用《前志》中的话，来说明人们对“节”的三个层次：圣人通达节义，其次保守节义，最下失去节义。最高的道德首先要使自己的行为举止合于节义，如果做不到，也应该消极地保守它，只有下等人才会抛弃节义唯名利是图。他用保守节义来说明自己不想当国君而逃往宋国的理由。《昭公十六年》记载，晋国的韩起强行向郑国商人索要玉环，并且还有让郑国子产帮助他胁迫郑国商人出卖的意思。郑子产就引述：“昔我先君桓公，与商人皆出自周，庸次比耦，以艾杀此地，斩之蓬蒿藜藿，而共处之。世有盟誓，以相信也，曰：‘尔无我扳，我无强贾，毋或丐夺。尔有利市宝贿，我勿与知。恃此质誓，故能相保，以至于今。今吾子以好来辱，而谓敝邑强夺商人，是敝邑背盟誓也，毋乃不可乎！吾子得玉而失诸侯，必不为也。若大国令，而共无艺，郑，鄙邑也，亦弗为也。侨若献玉，不知所成，敢私布之，”韩子辞玉，曰：“起不敏，敢求玉以徼二罪？敢辞之。”子产不仅没有助纣为虐，反而引用先君与商人的关系来劝说韩起，最终让韩宣子道歉并把玉环退了回去。

《左传》中还有一些地方用了口语。如《文公元年》的记载。江芈怒曰：“呼！役夫！宜君王之欲杀女而立职也。”意思是说：啊！贱东西！难怪君王要杀掉你而立职做太子。这里脱口而出的口语的运用，使得江芈的形象更加亲切，行文也更加地自然。

《左传》中描写的“行人”都是当时各诸侯国中杰出的人物，他们的对话中或引诗文，或征史实，或采民谚，或用警言，都是用这些语言材料作为论据，来增强了其言辞的说服力和感染力。正是因为《左传》的语言具有上述几方面的特色，所以它们具有历久弥新的永恒活力，使历代读者倾倒叫绝，爱不释手。当然，《左传》各种语言技巧和修饰方法的使用，都是为了满足内容表达的需要，它们能够自然和谐地溶为一炉，构成浑然的艺术整体，产生感人的艺术魅力，这离不开《左传》作者的妙手删润。朱自清曾这样评价：“《左传》所记当时君臣的话，从容委曲，意味深长，只是平心静气的说。紧要关头却不放松一步，真所谓恰到好处，这固然是当时的风气如此，但不经《左传》著者的润饰功夫，也决不会那样在纸上活跃的。”是的，如果仅靠行人的口述和史官的笔录，《左传》的语言很难浑然天成。而今，《左传》紧紧把握着当时的社会背景，展现了不同环境下的求同存异，语言凝练、朴实，又引入了各种语言因素在其中，通过语言塑造人物和运用外交辞令，增强了其表现力和张扩力，使得整部作品至今仍旧散发着恒久的魅力，成为我国古代语言宝库中的瑰宝奇珍。

第四章
进步与保守的矛盾交融

春秋时期动荡的社会局势为思想家提供了思想的空间，春秋士人对当时旧有的观念有所反映。之前所敬奉的天与神神圣不可侵犯的地位开始动摇了，士人中怀疑天神之道、注重人本身的思想开始流行，产生了一批突破那个时代的人文思想家。《左传》是战国初期的儒家学者写成的，它在保存大量史料的同时，作者还赋予了自己的观点，寄托了自己的政治理想，反映了当时的各种社会思潮。作者在面对这样一个动荡变革的时代时，有点左右摇摆。一方面，他表现出对人的重视，而对天命、神权观念的根基已经开始动摇，文中的那些民本思想，显出他们的进步性。而另一方面，他对旧制度的崩坏和旧贵族的衰微，又流露出深深的惋惜和同情，其保守之处已不言而喻。《左传》鲜明的思想倾向，虽然复杂，但很清晰，笔者把它总结为“进步与保守的矛盾交融”。至于是有哪些进步，又有哪些保守的地方，咱们还得从文本本身出发，实事求是地来分析。

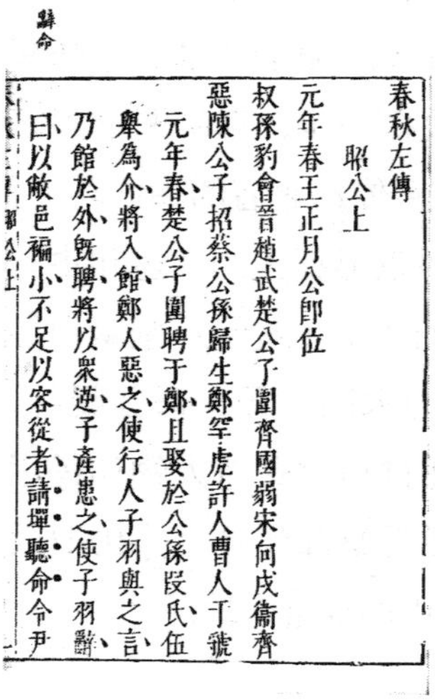
辭命

春秋左傳

昭公上

元年春王正月公即位

叔孫豹會晉趙武楚公子圍齊國弱宋向戌衛齊惡陳公子招蔡公孫歸生鄭罕虎許人曹人于虢

元年春楚公子圍聘于鄭且娶於公孫段氏伍舉為介將入館鄭人惡之使行人子羽與之言乃館於外既聘將以衆逆子產患之使子羽辭曰以敝邑褊小不足以容從者請墠聽命令尹

左传内容

第一节 忠于百姓：民为邦本，民重于君

民本思想是我国优秀文化资源宝库中的重要思想资源。梁启超先生认为，中国历史上的重民思想都可称之为“民本思想”①。金耀基先生认为，“凡为生民立命，凡为天下著想之精神，即是地道的民本思想。”② 从古代到近代，我国民本思想经历了从萌发、形成到发展进步的历程。殷商时期，占卜盛行，事无巨细，每事必卜。人们祭天地、鬼神，祭星辰、日月，在人们心目中地位最高的是太阳神。暴君夏桀就以太阳自比，说“天之有日，犹吾之有民”。他高高在上、荒淫无道，从不关心百姓的疾苦，所以暴虐无常的夏桀被商汤俘虏并放逐最后饿死。西周时期，人们把“天”奉为有意志的人格化的至上神，帝王又称“天子”，说是受了“天命”而统治天下。但周人从商的灭亡中看到“天命靡常”，他们知道，是人民的武装倒戈，才打败了商王朝，这是“天惟时求民主”，“民之所欲，天必从之”，“天视自我民视，天听自我民听”。既而还提出“皇天无亲，唯德是辅”，“敬德”才可以“保民”。虽然在统治阶级心中，对老百姓还是尊重的，但这并不代表着“民”就可以成为统治阶级了，“民惟邦本，本固邦宁”仍然是一句空话。滥用权力的周厉王还是让“民不堪命”，他禁止国人谈论国事，以致“防民之口甚于防川”，一场“国人暴动”让西周王朝遭致灭顶之灾。从重天敬鬼到敬德保民，民本思想开启先河。春秋时期，王室衰微，现实已动摇了人们对于神圣天道的崇拜，原来神圣不可动摇的周天子也已经失去了天下共主的身份，此时礼乐崩坏天下大乱。在人类与自然的关系上，荀子提出了“制天命而用之”观点，突出人的地位，强调人在认识自然，改造自然中

① 梁启超：《先秦政治思想史》东方出版社，1996 年版，第 2 页。
② 金耀基：《中国民本思想史》台湾商务印书馆，1993 年版。

的主观能动作用。一些君主、大臣认识到“政之所兴，在顺民心，政之所废，在逆民心”，他们对“民”的作用有了新的认识。

“民本”的说法最早出自《尚书》的“民惟邦本，本固邦宁”，“民本”即以民为本，国家的根本就是民。作为一种新的社会思潮，“它是以重民轻神、重民轻君为特征，冲破传统观念的束缚而建立起来的一种新的人文观念。”① 《左传》中也贯穿着集中而深刻的爱民重民、教民用民的民本思想。

在《左传》中，优秀的政治家头脑中所思考的重要问题都围绕着“民”来展开。如《左传·庄公三十二年》记载：“国将兴，听于民；将亡，听于神。”《左传·襄公二十五年》子产问政于智者然明，然明教导他要“视民如子”。昭公三年晏子对叔向说出自己的观点：“民人痛疾，而或燠休之。其爱之如父母，而归之如流水。欲无获民，将焉僻之?”晏子的超群见识让人刮目。昭公五年记载郑国罕虎赴齐娶亲，晏子曾多次去拜见他。陈桓子不明白晏子为什么去拜访罕虎，晏子就解释说：罕虎能够任用有才能的人，是“民之主也”。由此可见，因为他与罕虎见解一致，所以两人才能结交，“民”在晏子心中的地位是显而易见的了。

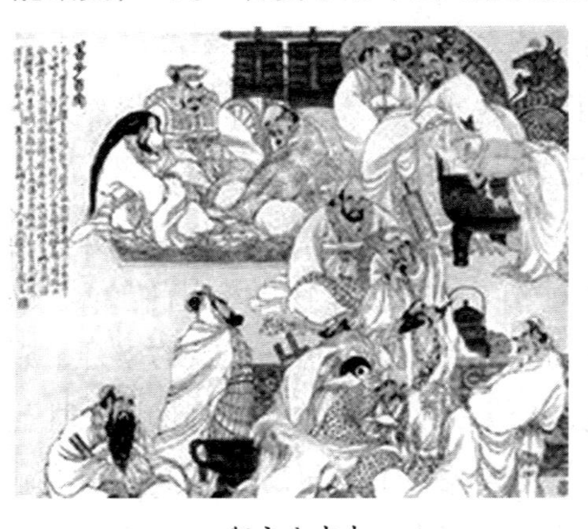
邾文公占卜

《文公十三年》记载邾文公占卜迁都于绎，史官说：“利于民而不利于君。”邾文公的回答毫不迟疑、干净利落；“苟利于民，孤之利也。”其重民轻己的态度已非常明了。《宣公十二年》记载晋师救郑，听说郑国与楚

① 于万里：《从〈左传〉看民本思想产生的背景》。商丘师范学院学报，2002 年第 1 期。

国已经讲和后，桓子就想退兵，他退兵的理由是："无及于郑而剿民，焉用之？"同样是从"民"的利益出发。《襄公二十九年》郑国和宋国发生了饥荒，郑之罕氏、宋之乐氏都积极主动地贷粟于民，叔向由此得出结论："郑之罕，宋之乐，其后亡者也，二者其皆得国乎！民之归也。"《左传·昭公三年》，田氏代齐，田恒子把粮食贷给民众，他大斗出货，小斗收进，结果"得齐民心"，"民众归之如流水"，他用的重要手段就是收买人心。孔子提出"节用而爱人，使民以时"的思想，孟子提出"民为贵，社稷次之，君为轻"仁政思想，都是告诫统治者，要"爱民""利民"，只有轻刑薄赋，听政于民，才能与民同乐。

《左传》作者在记述事件和描写人物时，明显地表露出了"人心向背"的重要作用，把国家的兴亡、战争的胜负，看成是否能得到人民支持的结果。这说明当时有识之士已经认识到了民力、人力的重要性，认识到了民对君制约的一面。

沈尹戌："民弃其上，不亡何待。"（《昭公二十三年》）

陈国逢滑："臣闻国之兴也，视民如伤，是其福也；其亡也，以民为土芥，是其祸也。"（《哀公元年》）

这样的论断，表明当时的人们已经开始将能否得到民心、民力与国家兴亡直接联系了起来，并提出了"安民爱民"的思想主张。如《襄公十四年》记载：晋悼公跟师旷在论及卫国人驱逐其国国君时，认为卫国人做得太过分了，而师旷则认为是卫国的国君做得太过分了，才会招致如此之"礼遇"。师旷这样说：

良君将赏善而刑淫，养民如子，盖子如天，容之如地。民奉其君，爱之如父母，养之如日月，敬之如神明，畏之如雷霆，其可出乎？夫君，神之主而民之望也。若困民之主，匮神乏祀，百姓绝望，社稷无主，将安用之？弗去何为？

与之类似的观点和见解，还有《襄公二十五年》记载的然明“视民如子。见不仁者诛之，如鹰鹯之逐鸟雀也。”所有这些，无一例外地表明：在当时的历史条件下，民作为被压迫、被奴役的对象，其社会地位是很低贱的，而君主往往忽视下民之微而肆其私欲，由此招徕杀身亡国之祸。因此，作者在书中通过大量事例反复强调必须重民和民的可畏性，以此来矫正统治者的轻民心理。从作者论述的君与民的关系中，我们能够看到君和民之间的相互依存相互制约的关系。一方面是君对民的制约，另一方面是地位至卑至贱的民对地位至高无上的君的制约，因此这里的民本思想，尤其是在君民关系中，更加强调的是民对君的制约，此时的民本思想已发展到“与君权政治结合，乃成为有‘君客民主’的意识之开明专制”阶段。①

《诗·大雅·板》中这样写道：“言辞和顺，百姓融洽；言辞动听，百姓安宁。”如果领导者能够最大限度地体察民意，就能够知道自己的得失；如果能够顺应人民的意志，做到“民所善者行之，民所败者备之”，这样察民顺民，就不会发生类似“国人暴动”的事件。《国语·周语上第一》记载：

> 厉王虐，国人谤王。邵公告曰：“民不堪命矣!”王怒，得卫巫，使监谤者，以告，则杀之。国人莫敢言，道路以目。王喜，告邵公曰：“吾能弭谤矣，乃不敢言。”邵公曰：“是障之也。防民之口，甚于防川。川壅而溃，伤人必多，民亦如之。是故为川者决之使导，为民者宣之使言。……”王不听。於是国莫敢出言，三年乃流民于彘。

这段文字记载的是邵公劝谏厉王止谤的事情。意思大致是说：防民众之说是非、谈朝政善败，就如筑堤防洪水，总有溃决之时，

① 金耀基：《中国民本思想史》。台湾商务印书馆，1993 年版。

到时反而更危险。圣明、施德政的领导者应广开言路，体察民情，然对各种情况加以分析，行民之所善、备民之所败，这样行事才能不违逆。邵公认为，对于民众的怨言，应该给他们宣泄的渠道；为王者应倾听民间的疾苦，顺应人民的意志并对他们的言行加以引导。否则，国将不堪为国。这些论断直到今天也是具有进步意义的，察民顺民，对国家稳定和社会发展都具有非常重要的意义。

另外，重视农业生产，大力发展农业，民富才能国强。《国语·国语上第一》记载：

> 宣王即位，不籍千亩。虢文公谏曰："不可。夫民之大事在农，上帝之粢盛于是乎出，民之蕃庶于是乎生，事之供给于是乎在，和协辑睦于是乎兴，财用蕃殖于是乎始，敦庬纯固于是乎成，是故稷为大官。……王事唯农是务，无有求利于其官，以干农功，三时务农而一时讲武，故征则有威，守则有财。若是，乃能媚于神而和于民矣……"王不听。三十九年，战于千亩，王师败绩于姜氏之戎。

这段话讲周宣王即位之后，不重视农业生产，不遵古制借助民力耕恳王田。虢文公谏宣王说："不能这样，农业生产是国之大事，朝廷供给、祭祀、人民繁衍生息之源，农业生产也是万财之母，是民风和协，国家稳定的深证。帝王应协调各种力量保障农业生产。一年之中春夏秋三季务农，冬季（农闲）讲武，这样才能征有武力、守有财力。"周宣王即位之后，不重视农业生产，虢文公认为农业生产是国家的根本，没有农业生产，国家没有财力；没有农业生产，人民就不能安息繁衍，国家不能稳定。农业是万事万业之基，是财富之源。中国古代社会一直是一个农业社会，宣王继位于"共和"之后，正是封建社会萌芽之阶段。说明我们的先人很早就重视农业生产，把农业生产作为富国、强民的基础。

东汉许慎的《说文解字》对"民"的本义做了解释："民"，

萌也，象草芽之形。古代称没有教养文化的人为民。孔子说“民可使由之，不可使知之。”“以不教民战，是谓弃之。”民不仅为家内劳动，而且要去当兵，服劳役。“众，多也。”本义是在烈日下一起劳役的奴隶们，现在作形容词可引申为大量的、许多的、各种各样的，作名词可引申为人群、老百姓，再次借代引申可以指军队。要之，“民”是一个大概念，春秋时期的“民”，包括居住于“国”和“野”之上的所有人，范围涵盖了士、农、工、商等各个阶层。对于一个独立的城邦国家而言，统治者统治的最重要一环就是“民”。所以治理国家，“爱民重民”非常重要，“教民用民”也不可缺少。

《左传》的记事告诉我们，“民”是需要教化的，教化的主导者是君王，其治下有教化之民，他的霸业才能取得成功。《僖公二十七年》记载了“晋文公成就霸业”的史事：

> 晋侯始入而教其民，二年，欲用之。子犯曰：“民未知义，未安其居。”于是乎出定襄王，入务利民，民怀生矣，将用之。子犯曰：“民未知信，未宣其用。”于是乎伐原以示之信。民易资者不求丰焉，明征其辞。公曰：“可矣乎？子犯曰：“民未知礼，未生其共。”于是乎大蒐以示之礼，作执秩以正其官，民听不惑而后用之。出谷戍，释宋围，一战而霸，文之教也。

上文的意思说的是：晋文公一回国，就训练百姓，过了两年，就想使用他们。子犯说：“百姓还不知道道义，还没能各安其位。”晋文公就离开晋国去安定周襄王的君位，回国后致力于便利百姓，百姓就各安于他们的生活了。又打算使用他们，子犯说：“百姓还不知道信用，还不能十分明白信用的作用。”就攻打原国来让百姓看到信用，百姓做买卖不求暴利，明码实价，各无贪心。晋文公说：“行了吗？”子犯说：“百姓还不知道礼仪，没有产生他们的恭敬。”由此举行盛大阅兵来让百姓看到礼仪，建立执秩的官职来规定主管官员的职责。等到百姓看到事情就能明辨是非，然后才使用他们。赶走谷地的驻军，解除宋国的包围，一次战争就称霸诸侯。晋文公的舅舅子犯以人民还不知你的仁义、诚信、礼仪为由阻止他，促使他内修德政，外攘狄夷，终于在民众支持下取得胜利。领导者要用实际行动去感化民众，是为“取信于民”，如果一国之君能够对自己严格要求，用仁义、诚信、礼仪去教化民众，就会取得事半功倍的效果。这段文字证明了古代士大夫已经意识到人民是国家的基石，如果要维护自己的统治，使国家稳定强盛，必须使民众与自己同心同德，然后才能无往不胜。

类似的事例还见于《襄公九年》的记载：

> 晋侯归，谋所以息民。魏绛请施舍，输积聚以贷。自公以下，苟有积者，尽出之。国无滞积，亦无困人。公无禁利，亦无贪民。祈以币更，宾以特牲，器用不作，车服从给。行之期年，国乃有节。三驾而楚不能与争。

晋悼公回国，计议让百姓休养生息的办法。魏绛请求赐予恩惠，把积聚的财物拿出来借给百姓。从晋侯以下，如果有积聚的财物，全都拿了出来。国内没有不流通的财物，也没有困乏的百姓；公家不禁止百姓牟利，也没有贪婪的百姓。祈祷用财币代替牺牲，招待宾客只用一种牲畜，新的器物不添制，车马服饰只要够用就行了。这些措施推行一年，国家才有了法度。三次出兵而楚国不能和晋国争夺。

《左传》主张“先民后神”，倡导以“道”来治理国家。这里所说的“道”，就指的是通过对人民忠诚而取信于神，他认为民是神之主，民意即神意，不成民无以事神。在这里，作者很显然已经把“民”的地位提升到一个与“神”对等的层次上了。可这在春秋以前几乎是不可能的事情，民与天、上帝、神的地位是不可等量齐观的。《尚书》曾记载："有夏有罪，天命殛之……予畏上帝，不敢不正……致天之罚。"那时候，天、上帝和神的地位是至高无上的，到了殷商时代，敬鬼神已然成了一种约定俗成的习俗，更有甚者，"国之大事，在祀与戎"，国家大事，都要通过占卜的形式，来请求神灵做裁定，这个时候，上天至高无上的观念就更加地神秘莫测。到了西周时期，人们已经对天、上帝、神的信仰开始产生了怀疑，这种怀疑来源于商朝的灭亡。商朝的灭亡给了后来的统治者们不小的打击，让他们在感受"天命不可违"的同时，也感受到了"天命靡常"，于是"敬天保民"的思想应运而生。这种情况发展到了春秋时期，"神"的地位就更加动摇了，传统的"尊神""敬天"等观念也相应地发生了变化。这是由于春秋时期的社会剧变，人民的地位得以改善和提高。据《左传·僖公十六年》记载：

> 十六年春，陨石于宋五，陨星也。六鹢退飞过宋都，风也。周内史叔兴聘于宋，宋襄公问焉，曰："是何祥也？吉凶焉在？"对曰："今兹鲁多大丧，明年齐有乱，君将得诸侯而不终。"退而告人曰："君失问。是阴阳之事，非吉凶所生也。吉凶由人，吾不敢逆君故也。"

这是记载的公元前644年襄公向周内史叔兴问及天上坠落石头和六只飞鸟退着飞过宋都这两件事预兆吉凶的事情。当时叔兴因慑于君威而不得不应对几句，可后来他却对别人说："宋君问的不恰当，这是有关阴阳的事，和人事的吉凶有什么关系？吉凶是由人而不是由神决定的。"更有甚者，如《昭公十六年》记载的郑国执政子产的主张：天道不及人道，重"天道"不如重"人道"，因为"天道远，人道迩"。

随着天、神地位的动摇，神与民之间的关系也出现了变化。如《桓公六年》记载："臣闻小之能敌大也，小道大淫。所谓道，忠于民而信于神。”这是季梁与随国国君讨论是否追击楚国的军队时说的话。当时，随侯听信少师的话，打算追赶。当时季梁制止说：“所谓道，忠于民而信于神也。”季梁在劝阻随君不要轻易对别国动用武力，他已经把“忠于民而信于神”作为以弱胜强的大“道”了，重民意识是显而易见的。随后他进一步指出：“夫民，神之主也。是以先王先成民而后致力于神”，更是将“民”的地位提高，把天、神置于人的附属地位上了。季梁，又称季氏梁、季仕梁，春秋初期随国人，具体生卒年代不详。随国败于楚国之后，随侯对季梁说“孤今以国听子”，意思是把国家政事托付给他，以此来推断，季梁应当高居相位。他的话并不难理解，他的意思是说：所谓的道，就是要忠于老百姓而取信于神灵。人民是神的主宰，所以，有道德的圣君总是先安抚好老百姓而后才敬奉神灵。从季梁的身份地位来看，他的话是有分量的，并且也代表了当时的潮流，具有一定的普遍意义。《左传·僖公十九年》记载：司马子鱼在抨击宋襄公以人为祭的行为时，曾经说道：“祭祀以为人也，民，神之主也，用人，其谁飨之?”这表明“民为神主”的主张已在当时有相当大的影响，并已经开始普遍为人们所接受。

《礼记》记载：“殷人以巫事鬼，周人以讳事神。”周朝时期，周天子已经把天的权威引渡到他们自己身上了，对臣民则宣称自己为“天子”。而到了春秋时期，原来所谓的“天道观”已经向“人道观”转化了。《左传·庄公三十二年》记载：

> 内史过曰：“虢必亡矣，虐而听于神。”又史嚚曰：“虢其亡乎？吾闻之，国将兴，听于民；将亡，听于神。神聪明正直而壹者也，依人而行。

随着日益加剧的社会变革，传统的天赋神权观念遭到了前所未有的冲击和挑战，人的重要性也得到了肯定和提倡。这里虢史嚚关于民、神关系的一段话比较有说服力，他提到了兴则听于民，

亡则听于神，这里已经把民的重要性同国家的兴亡联系到了一起，不能不说是思想上的一大进步。而在此之前，季梁已经把民意等同于神意，有时甚至提倡先民而后神。《左传·桓公六年》记载：

> 楚武王侵随。使薳章求成焉。军于瑕以待之。随人使少师董成。……（略）。少师归，请追楚师，随侯将许之。季梁止之曰："天方授楚，楚之羸，其诱我也。君何急焉？臣闻小之能敌大也，小道大淫。所谓道，忠于民而信于神也。"……公曰："吾牲牷肥腯，粢盛丰备，何则不信？"对曰："夫民，神之主也。是以圣王先成民，而后致力于神。"……随侯惧而修政，楚不敢伐。

楚武王伐随，楚臣伯比与楚王谋，欲在随少师来使之际示弱，使随轻视自己追击自己，然后一举歼灭随师。少师上当，回来请随侯追击楚师，季梁制止说："上天正垂青于楚国，于是楚正强盛，现在它表现出的羸弱，是在引诱我们。随侯您着什么急呢？我听说小国能抵御大国，因为小国行道而大国淫乱。所谓道，就是忠诚于民而取信于神……人民是神之主掌，神鬼之情，依民而行。所以圣哲的领导者都先富民强国然后才能敬祭神灵，人民和睦神明才能降福。"重视人民在国家之中的重要作用。认为民情不可不知，民意不可违，民为国之本，把民记民生国富国强兵联系起来。

《左传》书中记载的大量史实中，很多都形象地表明了民心的向背关系到统治者的命运和国家的兴亡。《僖公二十八年》记载的城濮大战，楚国被晋国打败，楚国的荣季说："非神败令尹，令尹不勤民，实自败也。"他的"不勤民而败"的论析可谓是一针见血。哀公元年，吴国想攻打楚国，楚国的令尹子西说：吴王夫差"视民如雠，而用之日新。夫先自败，安能败我？"陈国的逢滑也曾说："臣闻国之兴也，视民如伤，是其福也。其亡也，以民为土芥，是其祸也。……祸之适吴，其何日之有?”果然，夫差不久便身死国灭。不是子西、逢华他们未卜先知，而是他们看得透彻，所以才分析得到位，预见得准确。

他们还宣扬“民为邦本，民重于君”的思想，作者对历史上不勤政不爱民的暴君昏君给予批判，并对驱逐这样的国君的做法给予充分的肯定。襄公十四年，晋悼公对师旷说：“卫人出其君，不亦甚乎?”师旷却答道：“或者其君实甚。……若困民之主，匮神乏祀，百姓绝望，社稷无主，将安用之?……天之爱民甚矣，岂使一人肆于民之上，以从其淫，而弃天地之性?必不然矣!”昭公三十二年，史墨针对鲁君被季氏所逐，死于国外，发表评论说：“鲁君世从其失，季氏世修其勤，民忘君矣。虽死于外，其谁矜之?社稷无常奉，君臣无常位，自古以然。”这些极具时代特色的进步观点，在与维系宗法等级的旧礼制的斗争中，无疑是大胆的鲜明的，是非常不容易的。在《左传》作者看来，有德才能为上天所庇护；得民或失民，被有识之士当作兴国或灭国的重要条件；在人与神的关系上，人的地位提高了；在君与民的关系中，民的地位提高了；民心的向背直接关系着战争的胜负和国家的兴亡；告诫统治者要尊重民意，重视舆论，过则改之。

在这样的观念主宰之下，书中还深刻揭露了“残民”“困民”的统治者，赞扬了“恤民”“用民”的政治家。子产就是人们拥戴表彰的典型。有郑人的歌谣说：“我有子弟，子产诲之；我有田畴，子产殖之。子产而死，谁其嗣之?”子产为政能够尊重舆论，曾主张“不毁乡校”，让百姓自由地讨论国家政事，使百姓得到实惠，对此，作者是拍手称快。书中对那些在关键时刻挺身而出的忠良正直之士极力赞颂，对大国侵略小国的事件和卖国害民的小人进行猛烈抨击。宣公二年，宋国羊斟为泄私愤，故意让宋国打了败仗，《左传》在记载此事时，通过“君子”之口，大骂他的非人之举。

事物的存在本来就有其两面性，我们应该辩证地看待，不能因为它的好而忽视了它所有的不好，这是马克思主义唯物辩证法的原理。其实，《左传》的民本思想很不彻底。在提倡人重于天和神的同时，还宣扬散布了天命、占卜和鬼神等十分迷信的言论。不过，这也可以理解，因为当时的史官还掌管着巫术和占卜，而这样的记载正是出于史官们的传诵，他们不否定妖神的存在，说明了他们的思想并没有完全摆脱有神论的影响和桎梏，当然这也是历史的局限。就连刚才笔者一再强调的“民本思想”，也是有一点需要交待的。统治者把“民”摆到十分重要的地位，并不是完全从人民的立场出发，也不是专门为了人民着想，归根结底，在春秋战国那个大兼并的时代，“民”是财赋和士兵的主要来源，人口的多寡直接关系到国力的盛衰强弱。当时的北方各路诸侯，缺乏的恰恰是这种宝贝，他们的国家地广人稀，人民可以自由地流动和迁徙，所以采取有利措施争取民众是他们的当务之急。说到底，它还是从统治者的利益来考虑问题的。

另外，面对剧烈的社会变革，作者的态度相当矛盾。他一面对新的时代有期望和希冀，另一方面，又流露出对即将没落的奴隶制的依依不舍。《昭公三年》记载的叔向和晏婴的一段对话最能够说明问题。

叔向和晏婴

叔向曰：“其何如?”晏子曰：“此季世也，吾弗知。其为陈氏矣。公弃其民，而归于陈氏。旧四量：豆、区、釜、钟。四升为豆，各自其四，以登于釜，釜十则钟。陈氏三量皆登一焉，钟乃大矣。以家量贷，而以公量收之。山木如市，弗加于山；鱼盐蜃蛤，弗加于海。民三其力，二入于公，而衣食其一。公聚朽蠹，而三老冻馁。国之诸市，屦贱踊贵。民人痛疾，而或燠休之，其爱之如父母，而归之如流水。欲无获民，将焉辟之？箕伯、直柄、虞遂、伯戏，其相胡公、大姬，已在矣！"

叔向曰："然。虽吾公室，今亦季世也。戎马不驾，卿无军行；公乘无人，卒列无长。庶民罢敝，而公室滋侈。道殣相望，而女富溢尤。民闻公命，如逃寇仇。栾、郤、胥、原、狐、续、庆、伯，降在皂隶。政在家门，民无所依。君日不悛，以乐慆忧。公室之卑，其何日之有？《谗鼎之铭》曰：'昧旦丕显，后世犹怠。'况日不悛，其能久乎？"晏子曰："子将若何？"叔向曰："晋之公族尽矣。肸闻之，公室将卑，其宗族枝叶先落，则公从之。肸之宗十一族，唯羊舌氏在而已。肸又无子，公室无度，幸而得死，岂其获祀。"

当时，齐景公派晏婴请求晋国国君继续娶齐国的女子，事情完毕之后，两人就非常有感慨地交谈起来。叔向说："齐国怎么样了？"晏婴回答说："现在是末代了，我不知道该怎么说。齐国恐怕是陈氏的了。国君抛弃他的百姓，使他们归附陈氏。齐国原来有豆、区、釜、钟四种量器。四升为一豆，各自以四进位，一直升到釜，十釜就是一钟。陈氏的豆、区、釜三种量器，都加大了四分之一，钟的容量就更大了。陈氏用私家的大量器借出粮食，而用公家的小量器收回。山上的木材运到市场，价格不比山里高；鱼盐蛤蜊等海产品，价格也不比海边高。百姓把劳动收入分成三分，两分归公家，一分用来维持自己的衣食。国君聚敛的财物已腐烂生虫，老年人们却挨冻受饿。国都的各个市场上，鞋价便宜而假腿昂贵。百姓有了痛苦疾病，有人乘机去安抚。百姓拥戴陈氏如同父母一样，归附陈氏像流水一样。想要陈氏不得到百姓拥戴，哪里能避得开？陈氏远祖箕伯、直柄、虞遂、伯戏，他们随著胡公和大姬，恐怕已经在国接受祭祀了。”叔向说：“是的。就是我们的公室，现在也到了末世了。兵车没有战马和人驾驭，国卿不率军队；国君的战车左右没有好人才，步兵队伍没有好长官。百姓疲病，但宫室更加奢侈。道路上饿死的人随处可见，而宠姬家的财物多得装不下。百姓听到国君的命令，就像逃避仇敌一样。栾、郤、胥、原、狐、续、庆、伯这八个大家族的后人已经沦为低贱的吏役。政事由私家决定，百姓无所依从。国君一天比一天不肯悔改，用行乐来掩盖忧愁。公室的衰微，还能有几天?”晏子说：“您打算怎么办?”叔向说：“晋国的公族全完了。我听说，公室快要衰微时，它的宗族就像树的枝叶一样首先落下来，公室跟着就衰亡了。我的一宗有十一族，只有羊舌氏一支还在。我又没有好儿子，公室没有法度，能够得到善终就是万幸，难道还会指望得到后代的祭祀吗?”齐晋两国的状况正是春秋末期奴隶主贵族“季世”的真实写照。身为旧贵族的晏婴和叔向，对此感到忧心忡忡而又无能为力。作者清醒地看到了统治者的腐朽、民心的向背以及旧贵族不可避免的没落趋势，但其同情又显然在晏婴、叔向这一类人物一边。

这是因为春秋时期民本思潮的形成，有着其深刻的历史原因。乔长路先生曾说过，这是“当时社会变化和社会要求下的产物”①。它是在传统的天道观念发生动摇、天神地位开始下降之时，在当时社会结构出现转型之机，随着社会生产力的提高、劳动者社会地位的提高，以及新兴中下层势力的不断崛起而产生的一种新的社会思潮。这是历史的进步，但是我们必须注意的是，春秋之际

① 乔长路：《一个值得民族自豪的伟大思潮——春秋战国以人为本思潮的兴起及其历史意义》。哲学研究，1989 第 12 期

的民本思想是统治阶级统治经验的总结，其时的政治中心是“治民”，《左传·隐公十一年》说：“政以治民”，《桓公二年》说：“政以正民”。它是以剥削“民”为前提的，是以维护君权为目的，最大限度地维护剥削阶级的整体利益和长远利益。

因此，邵勤先生指出：讲民本归根到底是为了维护君本，这是根本之所在①。因为这些“民本”思想的提出者和践行者，不论是反对急政暴虐，还是维护人民利益，都是有其真实动机的，都是以保证剥削阶级生存和最大限度地剥削人民为前提，才给人民一线生机的。但我们不可否认的是，萌芽于三代而形成于春秋之际的民本思想，以“民为邦本”是其核心内容，它重视民社会地位的提高；强调对人、对普通劳动者的适当爱护与关心；强调民为治国之本；反对对民的无端迫害、大肆杀戮；关心并同情人民的苦难处境，并试图为减轻这种苦难做出种种努力②。这在客观上给“民”提供了生存的条件和社会经济发展的空间。

要之，春秋时期，是我国古代社会由奴隶制向封建制转变的过渡时期。王室、卿诸侯、士大夫是社会的主导阶层，处于社会底层的是自耕农、手工业者和奴隶。上层社会人士是整个社会的统治者、主导力量。然而在社会的发展变迁过程中，他们也逐步认识到下层劳动人民在社会变革中的作用，因而产生了一些朴素的以民为本的思想。秦汉以后，中国经历了2000多年的封建社会，在官方的意识中，民本思想也一直包含其中。开明的封建帝王唐太宗李世民在《贞观政要·君道、政体》中曾经这样对他的大臣们说：“为君之道，必须先存百姓，若损百姓以奉其身，犹割股以啖腹，腹饱而身毙。”又说：“可爱非君，可畏非民。天子者，有道则人推而为主，无道则人弃而不用，诚可畏也。”他知道“水能

---

① 邵勤：《析“民本”——对先秦至西汉“民本”思想的考察》。历史研究，1985第6期。

② 乔长路：《一个值得民族自豪的伟大思潮——春秋战国以人为本思潮的兴起及其历史意义》。哲学研究，1989第12期。

载舟，也能覆舟”的道理，所以他倾尽所能让百姓安居乐业，这是基于国家长治久安的考虑。从重民轻天到民贵君轻，民本思想真正形成。但“民”是中国封建社会的主要被统治阶级，他们是社会的主要劳动者，他们应该享有更多更好的资源，但封建的经济基础和上层建筑都是以阶级剥削为前提的，这种民本思想与和它并存的剥削制度有着天然的不可调和的矛盾，当时封建社会的政治生态，实际上是对民本思想的无情嘲弄和践踏。

第二节　崇霸思想：与“德”“礼”相配的政治手段

春秋战国时期，周王室衰微，周王的权利下移，已经不足以约束那些剑拔弩张割据一方的诸侯了。于是，各路诸侯各显身手，笼络人才，扩张地盘，成为雄踞一方的霸主。这些霸主凭借自己的实力，振臂一呼，应者云集，几乎代替了周天子的权利和威力。《左传》中对这一类人物的描写，笔者已在前面做过分析，但细致深入地分析，你就会发现，作者在刻画这类型人物的时候，心中总是充满着敬佩崇仰之意的。

《左传》中有多处论“霸”，据笔者不完全统计，全书至少有19处出现了“霸”字：庄公十五年“齐始霸也”，闵公元年“霸王之器也”，僖公十五年“诸侯是以知其不遂霸也”，僖公十九年“将以求霸”，僖公二十五年“秦可以霸”，僖公二十七年“取威定霸”和“一战而霸”，文公三年“遂霸西戎”，宣公十二年“晋所以霸……由我失霸”，成公二年“五伯之霸也”，成公八年“而况霸主？霸主将德是以”，成公十八年“成霸定疆”，昭公三年“昔文襄之霸也”，昭公四年“霸之济否”，昭公十年“桓公是以霸”，哀公七年“强言霸一说于曹伯”，哀公十二年“或者难以为霸乎”。此外，“伯”字的出现也约有14处：僖公十九年“诸侯无伯”，僖公二十八年“王命尹氏……策命晋侯为侯伯”，襄公二十七年“宜晋之伯也”，昭公九年“文之伯也”，昭公十六年“诸侯伯之无”，昭公十九年“晋之伯也”，哀公元年“以是求伯”，哀公十三年“我为伯”，“刚伯帅侯牧以见于王……伯台诸侯……男以见于伯……以为伯也……则晋成为伯矣……且执事以伯召诸侯……”等。“伯”字与“霸”字有的意思相同，有的意思相近，两字出现的次数共计约33次。更有甚者，鲁国12公中，只有隐公、桓公、定公不言“霸”（伯），但也对“霸”流露出肯定的态度，这从一个侧面反映了《左传》对“霸”道的推崇。

诸侯称霸，其最主要的途径便是战争。说到战争，更是《左传》的拿手戏。王室衰微，群雄霸起，战争肯定不可避免。虽然战争劳民伤财，但战争也有着一定的积极作用。如《宣公十二年》记载：“夫武，禁暴、戢兵、保大、定功、安民和众、丰财者也”；《襄公二十七年》记载：“兵之设久矣。所以威不轨而昭文德也。”这两处记载意思非常明白，即在兵荒马乱的时代，需要靠战争来消除战争，目的是威慑无道、伸张正义、安定国家、保护民众和财富，而且也只能通过战争，才能实现争霸的目的。作者非常聪明，他在宣扬战争的同时，联系了“德”和“义”等因素，但从不回避求霸的目的。《僖公二十五年》记载“阴饴甥评论秦穆公在韩原击败晋惠公”一事时说：“服者怀德，贰者畏刑此役也，秦可以霸”；《僖公二十七年》记载，先轸在城濮之战前说：“报施救患，取威定霸，于是乎在矣！”在这里，他们明明白白说明了战争的目的就是求霸。其实，《左传》记载的绝大多数战争都是为争霸而起的。《成公十三年》刘康公说：“国之事，在祀与戎”，在这些王公贵族眼里，战争就是最大的政治，战争是政治的延续。如《隐公五年》记载的“臧僖伯谏鲁隐公观鱼”一事中说：“君，将纳民于轨物者也。故讲事（即军事演习）以度轨量谓之轨，取材以章物采谓之物，不轨不物，谓之乱政。”臧僖伯的劝谏之辞，时时刻刻围绕着“礼”在进行，这里的隐公，作为一国之君，却为了个人的乐趣而不理战事，就被看作是非礼之举。

《左传》对战争的描述，非常艺术非常精彩，不论场面还是细

春秋五霸

节，都高超神妙。清代学者吴闻生评论道："左氏大战，皆精之结撰而为之，声势栗色，无不曲尽其妙，古今之至文也。"对战争的描摹独到，对战争胜负决定因素的分析也很有见解。作者能把战争的胜负看作是多种因素共同作用的结果。如晋文公重耳依靠义、信、礼使国民归顺使诸侯恭服而称霸一方；可卫髓公却因玩鹤丧志终归亡国身死。另外，《桓公五年》记载的郑国以"各个击破"的战术打败周桓王联军，《庄公十年》记载的鲁国以"敌疲我打"的方法击溃齐军，《文公七年》记载的晋国先发制人夜袭秦师等等，都极尽对战争的渲染之能事。这样的描述，除了能够展示《左传》在军事上的价值之外，也说明了《左传》作者对战争对争霸的认同和鼓励。

《左传》中，对于称霸诸侯的霸主，从不吝惜赞美之辞。在《隐公十一年》中，作者对只有小霸之名且对母不孝对弟不友的郑庄公这样评价：

> 君子谓郑庄公"于是乎有礼。礼，经国家，定社稷，序人民，利后嗣者也。许，无刑而伐之，服而舍之，度德而处之，量力而行之，相时而动，无累后人，可谓知礼矣。"

《宣公十二年》，对于"春秋五霸"之一的楚庄王，作者借晋国随武子之口这样评价他：

昔岁入陈，今兹入郑，民不罢劳，君无怨讟，政有经矣。荆尸而举，商农工贾不败其业，而卒乘辑睦，事不奸矣。蒍敖为宰，择楚国之令典，军行，右辕，左追蓐，前茅虑无，中权，后劲，百官象物而动，军政不戒而备，能用典矣。

对春秋首霸齐桓公，作者颂扬并美化他的业绩——“九合诸侯，一匡天下”。齐桓公攻打并消灭谭国，是因为谭国的“无礼”；齐桓公“存三亡国”使得诸侯归服，是他的一种惠施；甚至直到他去世后，各诸侯国仍“无不忘齐桓之德”；最后到昭公十三年，作者还借助晋国贤臣叔向之口称许齐桓公：“从善如流。下善齐肃，不藏贿，不从欲，施舍不倦，求善不厌。”对于晋文公，作者更是不惜溢美之词，把他塑造成为最英明的君主形象，对他的霸业的描写也非常出色。《僖公二十三年》和《僖公二十四年》，书中集中叙述了晋国贵公子重耳如何从胸无大志、安于现状的状态成长为机智成熟、雄才大略的一代霸主。重耳到曹国，曹国国君无礼，僖负羁之妻就预见他“必反其国，必撙志于诸侯”；到楚国后，他不卑不亢地对付楚成王的要挟，对方由衷地赞赏他“广而俭，文而有礼”；回国后，重耳抛弃旧怨，接纳刺客寺人披和叛逃者头须；把绵上之田封给介之推补过；僖公二十五年出师围温以勤王；二十七通过年伐原、演兵等措施对百姓施行教化；二十八年在攻曹战中杀掉颠颉以严盟军纪；最后在城濮之战中大败楚国，一举称霸。作者还以“君子谓”的史评称赞他能以德攻。这些都是作者对齐桓公、晋文公、楚庄王等霸主的支持和对他们霸业的欣赏。另外，《左传》作者往往用赞赏的笔调写出贤臣如子产、叔向、晏婴的活动和历史功绩。特别是受孔子赞扬的子产，书中用大量篇幅把他写成“以一身任一国之安危”的人物。

此外，作者还总结了各诸侯争霸失利的教训，从反面教材来表示对“霸”道的支持。《僖公十九年》记载，宋襄公企图以人祭迫东夷归甜，被司马子鱼斥以“将以求霸，不亦难乎?”。言下之意是：争霸是好事，但先要争取民心。《僖公二十二年》记载宋国和楚国在泓水交战，宋襄公行蠢猪式的仁义，“不鼓不成列”，结果被打得大败。司马子鱼再次批评他“君未知战”。认为对敌人绝不可心慈手软，要抓住有利战机打击敌人。而对暴君乱臣，作者则是给以无情揭露和鞭挞。如对晋灵公，作者笔下毫不留情。他首先以“晋灵公不君”为发端写起就是最有力的明证。其他的像《襄公二十八年》记载的易内而淫的齐庆封和卢蒲弊，《襄公二十五年》记载的齐庄公“扮楹而歌”，《宣公九年》记载的陈灵公“柏服而朝”等等，作者通过富有特征的细节描写，把这些淫徒的秽污丑态暴露无遗。

要之，从上述的分析描述中，从《左传》的行文风格和作者的态度上，完全可以看出，书中所流露出的崇霸思想，并不只是建立在强权基础上的一味的武力征服，而是一种和“德”“礼”相配合的政治手段，这些政治的、经济的、文化的因素有机地融合在一起，便形成了作者高屋建瓴的观点和立场。

第三节　尊礼崇德与社会变革的碰撞

春秋时期看似是一个不尊礼、不崇礼甚至礼乐遭到僭越的混乱不堪的时代，其实骨子里的春秋社会仍然是一个坚持礼乐、建设礼乐的特殊时期。

描述春秋社会的典籍中，有不少非礼的议论，也有很多关于“礼，国之干也；敬，礼之舆也”、“夫礼，国之纪也；国无纪，不可以终”、“为国以礼”等维持礼乐秩序的政治见解。正是由于站在这样的立场上，《左传》维护周礼，尊礼尚德，处处以礼之规范评判人物。书中常以“礼也”“非礼也”作为评价人物的标准，并且借助书中人物的话语来谴责一些违背礼义的行为，提倡“君义臣行，父慈子孝，兄爱弟敬”的伦理规范。还有，书中虽然不惜笔墨对诸侯争霸的战争做了绘声绘色的描绘，但对齐桓、晋文等霸主漠视周天子的权威，擅自征伐很有看法。作者在揭露统治者的丑恶行径的同时，又反对“犯上”与“弑君”，想维护周天子的威严。

据《桓公二年》记载：

> 惠之二十四年，晋始乱，故封桓叔于曲沃，靖侯之孙栾宾傅之。师服曰：“吾闻国家之立也，本大而末小，是以能固。故天子建国，诸侯立家，卿置侧室，大夫有贰宗，士有隶子弟，庶人、工、商，各有分亲，皆有等衰。是以民服事其上，而下无觊觎。今晋，甸侯也，而建国。本既弱矣，其能久乎？”

师服是春秋时期晋穆侯的大夫，他不仅精通古乐，而且谙熟礼仪。上文是他回顾晋惠公二十四年时晋国的内乱，这里他提出“本末论”，他认为君权“本”，其他从属于君的都被称为“末”，“本”应该大于“末”。这里师服强调的是最基本的等级秩序，认为只有等级得以确立和维持，社会其他的方面也才会存在和实现。

《桓公十八年》记载：

> 申繻曰：“女有家，男有室，无相渎也，谓之有礼。易此，必败。”

这是齐桓公与文姜去齐国之前申繻说的话。他强调“女有家，男有室”，实际上是说女子有丈夫，男子有妻室，才是合乎礼仪界限的，如果违反了游戏规则，就会有不好的事情发生。文中的文姜是寡妇，她与齐襄公越礼私通，这里影射了他们之间的暧昧关系。这里提到的“礼”，实际上只是用来约束妇女的，男子天经地义可以三妻四妾，而女子一旦丧偶或离异，只能独守空房，孤老一生。

《庄公二十四年》记载：

> 御孙曰："男贽大者玉帛，小者禽鸟，以章物也。女贽不过榛栗枣修，以告虔也。今男女同贽，是无别也。男女之别，国之大节也。而由夫人乱之，无乃不可乎！"

古礼所尊崇的原则之一便是男女有别，直到现在也是人们头脑中根深蒂固的观念，是约束女子的基本依据。所谓男女有别，实际上是很多的事情只能有男子去做，女子是不能涉猎的，否则就有碍观瞻有违礼法。御孙的话也是说的这个意思，自古以来都是男尊女卑，女子之贽不能用"币"，否则就会带来礼法之乱，这是御孙眼中的非礼，也是男权社会所不能容忍的女子的僭越。字里行间透露的就是对妇女的歧视。

《昭公二十五年》记载：

> 子大叔见赵简子，简子问揖让周旋之礼焉。对曰："是仪也，非礼也。"简子曰："敢问何谓礼？"对曰："吉也闻诸先大夫子产曰：'夫礼，天之经也。地之义也，民之行也。'天地之经，而民实则之。则天之明，因地之性，生其六气，用其五行。气为五味，发为五色，章为五声，淫则昏乱，民失其性。是故为礼以奉之：为六畜、五牲、三牺，以奉五味；为九文、六采、五章，以奉五色；为九歌、八风、七音、六律，以奉五声；为君臣、上下，以则地义；为夫妇、外内，以经二物；为父子、兄弟、姑姊、甥舅、昏媾、姻亚，以象天明，为政事、庸力、行务，以从四时；为刑罚、威狱，使民畏忌，以类其震曜杀戮；为温慈、惠和，以效天之生殖长育。民有好、恶、喜、怒、哀、乐，生于六气。是故审则宜类，以制六志。哀有哭泣，乐有歌舞，喜有施舍，怒有战斗；喜生于好，怒生于恶。是故审行信令，祸福赏罚，以制死生。

生，好物也；死，恶物也；好物，乐也；恶物，哀也。哀乐不失，乃能协于天地之性，是以长久。”简子曰：“甚哉，礼之大也！”对曰：“礼，上下之纪，天地之经纬也，民之所以生也，是以先王尚之。故人之能自曲直以赴礼者，谓之成人。大，不亦宜乎？”简子曰：“鞅也请终身守此言也。”

这里讲的是晋国的赵简子赵鞅问礼于鲁国大夫子大叔的情况。这段阐释“礼”的文字，可能是《左传》中最长的一段了，讲述的非常精辟，关于什么是“礼”，“礼”有什么效用，都做了详细的解释说明。最后，赵鞅几乎发誓般地表达了自己的意愿：“愿意终身遵循这些话。”文中实际上暗示了当时社会的状貌，“礼”的存在和遵循已经受到威胁，认真坚守并遵循“礼”已经是迫在眉睫的事情了。

赵简子

《哀公二十四年》记载：

公怒曰：“女为宗司，立夫人，国之大礼也，何故无之？”对曰：“周公及武公娶于薛，孝、惠娶于商，自桓以下娶于齐，此礼也则有。若以妾为夫人，则固无其礼也。”

鲁哀公

这里讲的是鲁哀公“以妾为夫人”遭到衅夏反对的事情。鲁哀公因为宠爱公子荆的母亲而冒天下之大不韪强立其为夫人，立公子荆为太子，还要求衅夏献上立夫人的礼仪，这在当时是一件不合乎“礼”的事情。鲁哀公之所以敢明目张胆无所顾忌地立妾为夫人，这说明即使在当时礼仪之邦的鲁国，礼仪的约束力也已经明显衰弱了。而这件事情遭到衅夏等人的反对，也恰恰说明了“礼”的传统仍有着较好的基础，仍然被一部分人坚守着，维持着。

《昭公二十年》记载：

> 无极曰：“奢之子材，若在吴，必忧楚国，盍以免其父召之。彼仁，必来。不然，将为患。”王使召之，曰：“来，吾免而父。”棠君尚谓其弟员曰：“尔适吴，我将归死。吾知不逮，我能死，尔能报。闻免父之命，不可以莫之奔也；亲戚为戮，不可以莫之报也。奔死免父，孝也；度功而行，仁也；择任而往，知也；知死不辟，勇也。父不可弃，名不可废，尔其勉之！相从为愈。”伍尚归。奢闻员不来，曰：“楚君、大夫其旰食乎！”楚人皆杀之。

伍尚明知道楚平王并不是真的要赦免他们的父亲伍奢，却仍旧选择回去送死，就是因为楚平王以赦免他们父亲的名义召他们回去，为了父亲去死他觉得值得。但他又要求他的弟弟伍员去吴国等待时机复仇。他说：“赴死而使父亲得到赦免，这是孝顺；掂量成功的可能性而行动，这是仁义；选择重任而前往，这是明智；明知必死而不躲避，这是勇气。父亲不可以抛弃，名誉不可以毁掉，你努力而为吧！”在这里，伍尚对“孝”“仁”“智”“勇”的理解透彻而精辟，在礼仪遭到冲击的春秋战国时代，伍尚提出并践行了一种新的观念，这可以说是对“礼”的坚守和深化。

再者，书中对岌岌可危的旧事物极力维护，对顺应历史潮流的革新措施却直截了当地批判和否定，都暴露出了作者的局限性，如鲁国施行初税亩，郑国作丘赋、铸刑书，晋国铸刑鼎等，实际上都是变革图强的好办法，但作者或直接斥责为“非礼也”，或借孔子等圣人之口加以非议。

另外，《左传》表现出对人的价值的认识和对奴隶争取解放的同情，这样的思想倾向同当时变革的社会相一致。《左传》没有反对“天有十日，人有十等”，但却反对人祭和人殉，如《文公六年》记载的指斥秦穆公搞人殉是“死而弃民”。《成公十五年》记载的晋伯宗妻之语：“盗憎主人，民恶其上”。在讲到触及阶级对立的问题，有一些这样的例子：如《襄公十七年》记载的石圃因匠氏攻卫庄公，《襄公廿三年》记载的役人相命杀其长，《昭公二十二年》记载的百工之乱等。此外，还以同情的笔调记述了晋国的一个家内奴隶斐豹，愿意以杀死架党力臣督戎为条件，请求士文子焚毁“丹书”，求取解放。作者对劳动人民的反压迫斗争也如实地记载，这在当时是难能可贵的品质和境界。

在前文的人物分析中，笔者已经重点剖解了几个独具特色的女性形象，其中，对一些悲剧女性形象的刻画，饱含着作者强烈的悲悯感情，具有扣人心弦的艺术力量，同时也体现了作者特定的思想倾向和文化立场，而这样的思想和立场恰恰契合了《左传》中对“礼”的界定和讽喻。

《鲁文公十八年》记载夫死子亡的鲁文公夫人被迫离开鲁国，鲁国上下“市人皆哭，鲁人谓之哀姜”，作者借鲁人传达出了自己的心声，鲁人的眼泪也就是作者心中的凄苦。息夫人的故事前面已有所交待，她内心的痛苦、悔恨与无奈，确实让读者感同身受。她的那一句“吾一妇人而事二夫，纵弗能死，其又何言?”，他面对楚王，惨惨戚戚的回答，不仅使楚王的为满足一己之私欲而对一小国兵戎相加的昏庸、无耻行为见诸笔端，作者的情感也流淌在其中。同类型的悲剧女性还有声伯之妹、戎子、胡姬、申亥之女、东郭姜、夷姜等等，作者对她们的悲惨命运寄予了深切的同情，也表达出了作者对那个时代妇女的关注。更具有典型意义的是作者对待所谓“红颜祸水”夏姬的态度。从文章中不难发现，作者对夏姬，有谴责，但更多的是同情，是对她因为美丽容颜而沦为男性玩物的悲叹！而对陈灵公、孔宁、楚王等人的寡廉鲜耻做了淋漓尽致的揭露，使这些君主、公卿的丑恶形象昭然若揭。还有《鲁襄公十九年》记载的齐侯杀其庶母光子一事，作者在叙述完整个事件的过程之后更是直接加以议论，强烈谴责齐侯的暴行，将当时列国政治的腐败黑暗暴露无遗。还有纳媳杀子的卫宣公，他的行为可谓禽兽不如！作者貌似冷静、客观地叙述这些纷繁复杂的事件和人物，实际上内心则是波涛汹涌愤慨淋漓，暗含着自己特定的思想倾向和文化立场。

在我国历史上大动荡、大变革、战火纷飞，掠夺、屠杀、亡国等现象司空见惯，尊严荡然无存，生命朝不保夕的春秋战国时代，《左传》的悲剧刻画摹写更具有典型性。书中的悲剧人物，多是一些国君、公卿、大臣，女性也几乎都是出身王室豪门的贵族妇女，但他们都无一例外地在敌对强大势力的紧逼下，走向毁灭。在真与假、善与恶、美与丑的较量中，几乎都是以真善美的失败而告终，这些悲剧主人公，他们不仅不能主宰自己的命运，更无法与命运抗争，他们所能做的，只有消极地承受，默默地吸食这些人生的苦难与不幸。这是个体生命的弱小，也显示了社会黑暗势力的强大，还有黑恶势力背后的那根深蒂固的力量。归根结底，这是时代的悲剧，是社会的悲剧。在《左传》中，作者透过纷繁复杂的历史事件，触摸到了现实社会的根本，即造成这些悲剧的根源。作者深刻的洞察力和强烈的社会责任感，预见到了这种历史的必然性。的确，悲剧最能够展现社会或人生最阴暗的一面，也最能够触及到人们内心深处最柔软最热烈的地方，当然也最能够激起人们对阴邪者的痛恨憎恶和对无辜者的同情怜悯。这种极具责任和担当的强烈的批判意识，与社会大变革中崇礼崇德的思想是一脉相承的。

而崇霸思想似乎与强调礼崩、重视民本的王道思想不太一致，崇霸与崇礼也好似存在着矛盾冲突，这都与当时特定的历史背景，同新阶级与旧贵族之何的力量对比密切相关。春秋战国时期，伴随着剧烈的社会大变革。各个学派从不同阶级和社会集团的利益出发，著书立说，互相驳难，展开激烈的“百家争鸣”，使我国进人历史上思想空前活跃的时期。在这一形势下，各家学说互相影响，互相渗透，不断分化整合，原在情理之中。孔子去世后儒家分成八派，墨子去世后墨家一分为三，都是各家思想相互斗争的结果。再如吸收了鞍多法家思想的儒派大师荀子，他既崇尚“以德兼人”的王道，也不反对“以力兼人”的霸道。可见王道和霸道思想在同一个人身上或同一本著作中并非水火不能相容。此外，《左传》并非成于一时一人之手，所以，崇礼与崇霸的思想也并立相存着。

虽然在春秋初期就已出现“札乐征伐出自诸侯”的现象，但诸侯对周天子的隶属关系并未完全消除，虽然这种关系有时候被诸侯利用，但周天子的中心地位仍旧存在。甚至到了战国中期，周王室在各诸侯国中多多少少还有点余威，以至诸侯们还得做些表面文章。如：

《史记·秦本纪》记载秦孝公二十年的事情：“豢使公子少官会诸侯逢泽朝天子”；

《史记·田敬仲完世家）记载：“三年（公元前387年），太公子与魏文侯会浊泽，求为诸侯魏文侯乃使使言周天子及诸侯，请立齐相田和为诸侯”。

同时，直到战国初期。新兴地主阶级虽迅速崛起，但诸侯国内部的旧贵族仍有相当势力。他们不甘心失去自已的天堂。猛烈而顽固地阻挠地主阶级的改革运动。如在秦国变法的商鞅，在楚国变法的吴起，最后都惨遭杀害，甚至被五马分尸。新兴阶级此时在各国内部尚未站稳脚跟，还得依靠皇室世家的支持，所以“保世滋大”，团结好旧贵族，是在这种新旧交替的情况下，在当时的思想文化领域的正常体现。“礼”是宗法杜会的道德和行为规范，具有阶级性和时代性。随着社会的发展，统治阶级需要不断地进行调整、改造有关“礼”的内容，以便适应新形势，维护其统治秩序。但春秋战国时期人们所普遍奉行的“礼”，同周礼相比，有一致之处，也有很多不同点。原因就是在春秋战国时期，新兴地主阶级和旧贵族都属于统治阶级，等级制和宗法制是他们统治的法宝，他们在镇压和剥削人民上有共同利益；而周朝的时候，以周天子为代表的旧贵族势力日益被削弱，新兴势力则蓬勃发展，所以周礼中一些不符合地主阶级利益的部分，便不断被抛弃、改造，并被注入了新的内容。原先所谓的那些非“礼”的争霸和兼并战争，也逐渐被认为是合乎礼仪的事情。要之，《左传》中所推崇的“礼”已经不是纯粹意义上的周礼了，而是被经过改造的新礼。从这个意义上说，崇礼与崇霸并没有矛盾。总之，春秋战国时代处于天翻地覆的社会转型期，环境不断变化，条件不断变换，各种力量不断消长分合，其政治、经济、文化所呈现的革命性，复杂性和过渡性是《左传》崇礼、民本、崇霸三种思想并立的基本原点，当然也反映了作者对腐朽的奴隶制度既依恋又否定的矛盾心态和纠结之处。

其实，把我们放在当时的社会里，设身处地地从作者的境地和角度考虑，他的这种自相矛盾也是可以理解的，这种保守思想的存在是必然的，是正常现象，我们不能对它痛批到底。想想若干年以后，我们的后代在谈论他们的先人的时候，如果拿他们那时候的理论来要求我们，我们能愿意吗？不是不能对古人评头论足，而是要把这些评论放到当时的大环境中，适当的加以批判继承。《左传》就是出生在社会变革的风口浪尖上，他的作者具有进步而又保守的思想也是无可厚非的。

另外，《左传》中还有一种评价人物的方式，即在叙事结束后，直接引入议论，并以“君子曰”“孔子曰”或其他某名人“曰”的形式，对历史人物做出评价。作者自己不说话，而是假借他人之口表述自己的观点。在表现郑庄公的不友和不孝、不忠和不敬时，叙述者是通过人物在事件中的言行来表现人物，而极少做直接的主观评价。同时作者善于通过人物自身的对比来刻画人物。还是以郑庄公为例：郑庄公有意冒犯周天子，而后又假惺惺地去慰问周天子，这里既嘲笑了周襄王的无能，也讽刺了郑庄公的虚伪和城府，还影射了周王朝的衰败和周天子权利的虚空。作者以《郑伯克段于鄢》为《左传》开宗明义，郑庄公的表现正是整个春秋时代礼崩乐坏情状的一个缩影。这篇文章中的颍考叔是个小人物，可作用却不可低估。文末作者假借“君子曰”介入评论，表彰了颍考叔的孝道，表明了作者维护礼乐制度的态度和用心。很多情况下，《左传》的叙述者都假借社会舆论家的身份进行评议，不直接判断是非，也没有改变对人物的批判原则。如《隐公元年》记载：

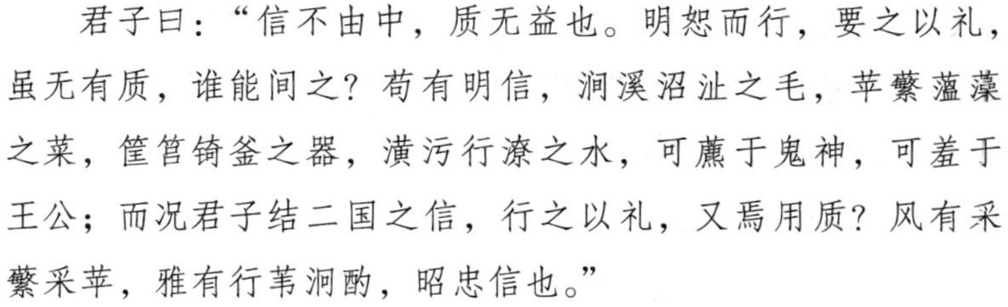

君子曰：“信不由中，质无益也。明恕而行，要之以礼，虽无有质，谁能间之？苟有明信，涧溪沼沚之毛，苹蘩薀藻之菜，筐筥锜釜之器，潢污行潦之水，可薦于鬼神，可羞于王公；而况君子结二国之信，行之以礼，又焉用质？风有采蘩采苹，雅有行苇泂酌，昭忠信也。”

这里作者没有从正面说明周和郑谁对谁错，而是说双方不该背弃礼仪，不忠不信。对于郑庄公的不取许，认为对一个礼崩乐坏的时代来说，有其难能可贵的一面。作者用一句“失正刑矣”，批评郑庄公对“组颍”一事的处理，可见作者在评判的时候，是对事不对人，有着很强的原则性。

综上所述，《左传》这部我国历史上非常重要的编年体史书，无论叙事，还是写人，都有着很多的可圈可点之处。而正是在它叙事与写人中，渗透着作者的思想。如尊重王权、倡导礼治、维护大一统的观念，抨击诸侯士大夫之僭越、奢淫等等。当然，这些思想都是儒家学派思想启蒙的源流，是从维护封建统治制度而产生的，但其中也不乏有一些进步的思想倾向，如：朴素的民本主义思想，认为民是国之本、神之主，治国先顺民，反对人殉等等。这是因为在社会变革的大潮中，上层社会的统治者逐步认识到下层劳动人民在社会变革中的作用，这些以民为本的思想，对于今天我们加强进行的优秀传统文化教育，改进思想政治教育工作具有重要的指导意义。

《左传》在叙事中，作者议论时常常使用的“君子曰”，对后来的史书影响很大，如“太史公曰”“史臣曰”等就往往沿用这种体例。但有所不同的是，《左传》的议论一般不是放在篇章之后，而是随感而发，生于笔端，“既述其事，又发其义”，客观叙事和主观评价一起出现。有时如“一战而霸，文之教也”，虽然也是《左传》著者的赞许性论断，但并没有冠以“君子曰”的字样。另外，《左传》的议论，有反映作者进步思想的，但也有许多是宣扬封建伦理道德的，如对“郑伯克段于鄢”的解释，很显然是勉强凑合的所谓释“春秋”的解经之说。因此，《左传》的议论虽是全书的一个组成部分，却不能跟《史记》的“太史公曰”相提并论，后者的成就要高得多。至于说“君子曰”云云，特别是那些“书法”“义例”部分，也系后人窜伪。

《左传》作者对所叙述事件和人物的褒扬或是贬抑，都充分表现了作者的爱憎。这一点发展到《史记》，便成为“寓论断于序事之中”，这个传统的形成是我国史传文学的一大进步。在叙述战争时，《左传》总是显豁地写出团结谨慎、取信于民的一方胜利，骄傲轻敌、不得人心的一方失败。有的甚至在战争发生前好几年，就可以让我们推测战争的胜负。它所表现的鲜明倾向性，也并没有影响情节的继续展开和叙述的形象性。虽然有时可以推知结局，但一幕幕渐次拉开的战幕，仍有出人意表的具体情节，使得读者可以饶有兴致地阅读下去。

第五章
《左传》与《国语》之异同

第一节　《左传》与《春秋》的关系

《左传》原名《左氏春秋》，又称《春秋左氏传》，简称《左传》。它同《春秋公羊传》《春秋穀梁传》一起合称为“春秋三传”。单从书名上来看，这“三传”都同《春秋》有着不可割裂的关系。“传”是“解释”的意思，顾名思义，即它们是解释《春秋》的作品。众所周知，周朝时候，史官在春、秋两季对史料进行整理，周王朝和诸侯各国的编年史都被称为《春秋》。但今天笔者给您介绍的是时至今日仍流传不衰曾经过孔子修订的鲁国的编年史——《春秋》。《春秋》这部以鲁国为主体的典籍，被称为中国现存最早的一部编年体史书。《春秋》的“简而有法”是出了名的，它不仅记事简要，对义理的阐发也是相当的隐讳，孔子从来都是意在言中，不轻易点破玄机的，清代学者王国维称之为“断烂朝报”，意思是说《春秋》仅仅是最简括的历史大

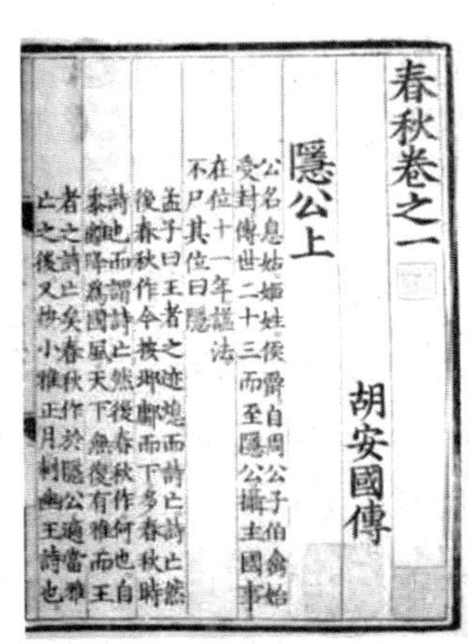
春秋卷之一

胡安國傳

隱公上

公名息姑姬姓侯爵自周公子伯禽始受封傳世二十三而至隱公攝主國事在位十一年謚法不尸其位曰隱

孟子曰王者之迹熄而詩亡詩亡然後春秋作今按邶鄘而下多春秋時詩也而謂詩亡然後春秋作何也自黍離降為國風天下無復有雅而王者之詩亡矣春秋作於隱公適當雅亡之後又按小雅正月刺幽王詩也

春秋书影

事记而已，所以后来古人又撰写了“传”对这部经典中记载的内容进行补充解释和说明。

《左传》就是其中一部。但《左传》同《公羊传》《谷梁传》以议论为主一字一句解释、阐发《春秋》经义不同，说《左传》与《春秋》有关联，是说它以《春秋》的记事为纲要，记事年代大体与《春秋》相当，在《春秋》记事的基础上，对历史事实进行了提炼和加工，描述了丰富多彩的历史事件，摹写了形形色色的历史人物。它把历史事件写得更加完整细致，更加明白晓畅、引人入胜，让人物更加丰满逼真、活灵活现，叙事富于故事性、戏剧性，有紧张动人的情节。尤其善于写战事，特别是对长勺之战、城濮之战等几次春秋时期大规模的战事描写，情节曲折细致，生动逼真。《左传》比《春秋》记载详尽，详载逸闻琐事很多。内容涉猎春秋列国的政治、外交、军事等各个方面，它既是一部历史著作，也是一部文学著作，它是配合《春秋》的编年史。从这点上来看，说《左传》是解经之作也未尝不可。

关于《左传》和《春秋》这两部儒家经典的作者、释名、成书年代等等，学界一直不乏争议。即使是在考量《左传》与《春秋》之间的关系上，也存在多种不同见解。汉哀帝时，刘歆为《左传》争名分，想把它立于学官，认为它和《春秋公羊传》《春秋谷梁传》一样，都是解释《春秋》的作品，并称之为《春秋左氏传》。西晋时，杜预作《春秋经传集解》，又把它和《春秋》合为一书。这实际上有点乱点鸳鸯谱，《左传》与《春秋》是不能混为一谈的，它们在内容上有联系，但却并不是一回事。

《左传》是一部叙事详细的编年体史书，但因解经而成史的，'首先是因为《左传》记载的历史年代与《春秋》所记相差无几。《左传》所记载历史的开始时间与《春秋》相同，都是隐公元年（前 722），而先秦其他的史籍如《逸周书》《国语》《战国策》所记历史的上限都没有与它相同的。这一点可以作为《左传》依据《春秋》立传的重要证据。既然说到了上限，就必然会让人想到记载时间的下限，《左传》纪年的下限是鲁悼公十四年（前 453），这个时间比《春秋》的纪年晚了约 28 年，于是就有人根据这个年限来反驳，说《左传》并不是《春秋》之传。但王力先生在他的《古代汉语》一书中说过："《左传》是春秋时鲁国史官左丘明所作，后来经过许多人增益"，这实际上是说明了《左传》的成书经过，正是因为"增益"，所以才多出 28 年的史实，这些史实是后人所记也是可能的，反驳的人恰恰是忽略了这一点。所以，《左传》纪年的起止问题不能作为《左传》不传《春秋》的依据。还有，《左传》记述史实，一般不作议论，它主要是通过叙事的方式来解释《春秋》。例如：《春秋》记载鲁隐公元年"夏五月，郑伯克段于鄢"的事例。《左传》开篇记载，用了很大篇幅讲述"郑伯克段于鄢"事件的来龙去脉，从起因一直到结局，其中的人物、事件都交待得清清楚楚、一目了然。而《公羊》与《穀梁》两传，它们都是阐释经意，没有具体的史实描述。如果只是这样，《春秋》的经义根本无法明了，"微言大义"只能停留在"微言"这一层面上了。桓谭在《新论》中说："左氏传于经，犹衣之表裏，相待而成。经而无传，使圣人闭户思之十年，不能知也"。的确，如果把它们和《左传》的记载放在一起，"大义"不言自明。

另外，《左传》也有不少直接阐发《春秋》的书法和义理之处。比如：鲁隐公元年，作者不仅用祥瞻的史实记载了"郑伯克段于鄢"这件事，而且在文中对《春秋》经文作了详细解释："'郑伯克段于鄢。'段不弟，故不言弟。如二君，故曰克。称郑伯，讥失教也，谓之郑志。不言出奔，难之也。"像这样的情况在《左传》中还有很多，据赵生群先生统计，截止到鲁哀公十四年（前 453）"西狩获麟"这个条目，《左传》直接解经的条目共约有 1300 条，同解经不很相关的条目数只有 300 条左右。就这个数量上来讲，《左传》已经远远超过了《公羊传》和《谷梁传》的解经密度了。因此，拿"有经无传"的现象来否定《左传》的解经性质也是不成立的。再有，对于书中出现的无经之传，《左传》有时也给出了解释，例如《左传·隐公元年》：“夏四月，费伯帅师城郎。不书，非公命也。”解释了《春秋》没有记载“费伯帅师城郎”的原因是因为不是鲁君的命令。这也可以作为《左传》是《春秋》之传的证据了。梁启超先生在《中国历史研究方法》一书中曾这样说过：“记述人类社会赓续活动之体相，校其总成绩，求得其因果关系，以为现代一般人活动之资鉴也。”《左传》是符合这个条件的，所以说它是一部史书也是学界所认可的。赵生群先生在《论左传非史》一书中提到了不同的意见，他认为：“《左传》虽有史之用，而非史之体：它记事多与当时史官书法不合。”他强调就是《左传》的解经本质。沈玉成先生在《左传学史稿》书中说：“《左传》很像裴松之注《三国志》”。杨伯峻先生在《春秋左传注·前言》也说：“桓谭说，《经》离不开《左传》，其实，《左传》也离不开《春秋经》。”这都说明了《左传》与《春秋》的关系是不可割裂的。所以，说《左传》是继《春秋》之后又一部编年史，首先它“依经作传”，在写作的过程中，作者又对《春秋》进行补遗、校改，最终才发展为成为一部独立撰写自成一家的编年纪事体史书。《左传》的记事，开始于鲁隐公元年（前722），终止于鲁哀公二十七年（前468），还附录了一些鲁悼公四年（前464）至十四年（前453）韩、魏、赵三家灭智伯的史实。可以说，《左传》再现了重大的历史事件，还有各路诸侯、卿大夫等各类人物的活动，与此同时，它还生动反映了春秋时期风生水起的巨大而深刻的历史变迁。

春秋是奴隶制度走向瓦解崩溃、封建制度趋于确立的时代。旧的制度即将谢幕，新的制度刚刚唱出序曲，使得周天子感到了巨大的动荡不安。子杀父，臣弑君，陪臣执国命，你看看，儿子杀父亲、臣子杀主子的事情出现了，就连原来的家臣，也能凭借自己的才干和心机，来支配诸侯国的政治事务了，还能有什么不能发生的呢？在周天子无能为力、沮丧落泪的同时，各个诸侯国却忙得不亦乐乎，争夺霸主地位的斗争此起彼伏，一浪高过一浪。

《左传》对这些个波澜壮阔的战争做了尽情的渲染和描摹，中间穿插着井然真切的叙事，叙事中又有着鲜明的人物刻画，这中间，有了传说，虚构成分也增加了，文学色彩越来越浓厚。

周朝天子的权力向下转移，百家争鸣思想解放运动崛起，人们的独立意识增强了。在这样的大背景中，《左传》诞生了。它一出世，便履行起了自己的义务，忠实地反映整个大动荡的同时，也记录了人们的新认识和新观念。它相当系统而具体地记述了这一时期各国的政治、军事、外交等方面的重大事件，但又不只是对历史事件做客观详实的罗列，还表达了对历史事件的认识和理解，并站在儒家立场上总结历史的经验教训，做出对历史事件和历史人物的道德伦理评价，为人们提供历史的借鉴。总而言之，它对急剧变革的社会做了一次很重要的总结。

第二节　《左传》与《国语》的整体成就比较

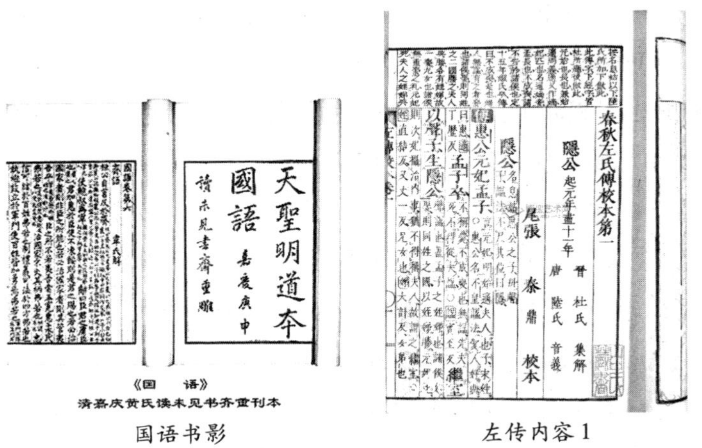

国语书影　　左传内容1

《左传》和《国语》是我国历史上两部重要的史书，它们不仅所记内容互有交叉，而且反映的时代也大体相同。它们都与《春秋》有着非常密切的关系，而且这两部书也普遍被历史学家们认为互为表里。司马迁在《史记·十二诸侯年表》序中说：“鲁君子左丘明惧弟子人人异端，各安其意，失其真，故因孔子史记具论其语，成《左氏春秋》”，又说：“左丘失明，厥有国语。”司马迁认为《左传》和《国语》的作者都是左丘明。对于两书的作者，后世学者也有争议，甚至有的各持一端莫衷一是。但由于《左传》和《国语》在内容上都是记载春秋时期的史实，在思想上也都解释经典微言大义，在叙事规模、写人、记言等方面各有异同、互相补充、互为表里的关系却是认可的。但正是它们这种密切的关系常常让人们忽略了《国语》，以至于削弱了《国语》作为重要文献的独立性。其实，《国语》有它自身无法掩盖的价值和地位，它不应该只是作为某些史书的附庸和捎带。下面就从整体上对《左传》和《国语》的成就做一简要的比较。

一、内容上深广程度不一

1. 叙述规模比较

（1）从记事时间上看，《国语》比《左传》跨度大。

《国语》全书共二十一卷，分别记载周、鲁、齐、晋、郑、楚、吴、越八国的史事，包括从西周末年至春秋时期（约前967－前453）约五百年的历史，上起周穆王十二年征伐犬戎，下至周贞定王十六年韩、赵、魏联合灭智伯。而《左传》记事从鲁隐公元年（前722年）到鲁悼公十四年（前453年），只有大约不到300年的历史。《国语》记事年代范围早于《左传》200多年，从周穆王历经周恭王、周厉王、周宣王、周幽王到周平王四十八年，这段西周末年的历史仅见于《国语》一书，《左传》并没有记载。《周语上》中《祭公谏穆王征犬戎》《密康公母论小丑备物终必亡》《邵公谏厉王弥谤》《苗良夫论荣夷公专利》《邵公以其子代宣王死》《掳文公谏宣王不籍千亩》《仲山父谏宣王立戏》《穆仲论鲁侯孝》《仲山父谏宣王料民》《西周三川皆震伯阳父论周将亡》十篇所载的历史事件，《左传》也没有涉及。周显忠先生说：“《国语》上起周穆王十二年（前990年），比《左传》早了两百多年：下迄智伯之亡（前453年），则与《左传》同时。不过西周的事记得甚少，绝大部分篇幅与《左传》一样，都是记的春秋时代的事情。”① 所以，从时间跨度上来看，《国语》比《左传》所涉猎的历史时段要长得多。

（2）从叙事力度上看，《左传》比《国语》深度高。

《国语》只记载了周、鲁、齐、晋、郑、楚、吴、越等八国的历史事件，并且所涉各国史事的繁简程度差别大，所占的比例也非常悬殊。对周、鲁、晋三国的记事比较全面和详细，而其他国家就比较简略。如《齐语》中专门记录了管仲辅佐齐桓公称霸的事情，而《吴语》和《越语》两部分却仅仅记录了吴越争霸这一事。另外，同一部分中的内容所占比例也不尽相同。如《晋语》的内容占了《国语》全书的三分之一还多，但《晋语》这一部分的内容中，着重记录的就是骊姬谋害申生和重耳流亡的故事，这件事情几乎占了《晋语》一半的篇幅。而《左传》，它依循《春秋》的体例，是严格按照隐公、桓公、庄公、闵公、嘻公、文公、宣公、成公、襄公、昭公、定公、哀公的世系来记载的，对春秋时代各国的政治、外交、军事、社会事件、某些代表人物的活动，都做了详细记载。所以，从取材范围和内容方面来说，都比《国语》要广泛得多。还有，《左传》记载了鲁、齐、晋、卫、蔡、郑、曹、陈、杞、宋、秦、楚、许、吴、越等很多国家的历史事件，并依据各国所发生历史事件的重要性和意义大小来决定记录与否，这样的取舍，使《左传》能够更加全面、更加清晰地展现春秋战国时期的历史概貌。因此，从叙事的深度上来说，《左传》要比《国语》高深得多，《左传》成为儒家经典，成为我国第一部杰出的叙事详细完整的历史著作，是当之无愧的。

另外，《国语》以记言为主，在叙事上有欠力道。它虽然是国

---

① 周显忠：《先秦汉魏六朝文学解惑》，西南师范大学出版社，1986年版，第38页。

别体，但在反映某一国的历史时不够完整，在编纂体例上也显得单调。即便这样，《国语》首创国别史体例的贡献也不容抹杀。后来刘向的《战国策》、陈寿的《三国志》、常璩的《华阳国志》、崔鸿的《十六国春秋》、吴任臣的《十国春秋》等，都是分国别编写的，还有司马迁《史记》中的《世家》、唐房玄龄等人合著《晋书》中的《载记》，也明显受到国别史这种体例的启发，这不能不说是受到了《国语》的巨大影响。

2. 记载史实评测

通过对比两书很容易就能发现，《国语》中所记载的一半以上的事件，都可以在《左传》中找到，并且两书在文字上存在大量的雷同之处。它们所记载史实的交叉程度，有学者做过统计："《国语》记事237次，与《左传》相同的109次，不同的为128次。"[①] 这足以证明二者的关系密切。叶适先生曾指出了《左传》所采用《国语》文字的地方："以《国语》《左氏》二书参校，《左氏》虽有全用《国语》文字者，然所采次仅十一而已。"并且指出《左传》采用的规律是变繁杂为简洁，他说："《左氏》采《国语》，凡数百言者约以数十字而已。"[②] 大多数学者都认同这一观点。徐仁甫先生在《左传疏证》一书中还举出了六十八条《左传》采集《国语》的例证，列出了十三条《左传》采集《国语》的规律。白寿彝先生也曾做过统计："《国语》全书的记载，计《周语》三十三条，《鲁语》三十七条，《齐语》六条，《晋语》九十二条，《郑语》一条，《楚语》十八条，《吴语》七条，《越语》二条，共一百九十六条。以一百九十六条所记的主题，跟《左传》对看，计同于《左传》者九十二条。"[③] 两书所记述内容相同的地方，不仅叙述的事件相同，有些地方甚至语句也完全一样。

---

① 王化钰：《左传与国语比较研究》，《佳木斯师专学报》，1996年。

② 叶适：《学习记言序目》卷第十二，中华书局，1977年版，第165页。

③ 白寿彝：《〈国语〉散论》，人民日报，1962年10月16日

从它们所记载的史实来看，《左传》和《国语》之间关系密切，两书所记载的春秋时期的史实，描述文字上虽然存在很多的相同之处，但它们所记载的历史事件的重合部分，也还存在着记录时间、涉猎人物、经过描述、文献引用等方面大大小小的差异。这将在后面《左传》和《国语》的具体比较中详细分析。

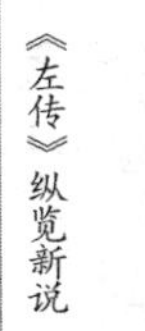

二、风格的整齐与复杂程度不一

1．语言风格有差异

《左传》是先秦叙事散文中的精品力作，其叙事已经趋于成熟。当然，成熟的叙事离不开语言的精准描述，唐代刘知几在其《史通》卷十四《申左》中曾这样称赞：《左传》记言文字无不“文典而美”，“语博而奥”。是的，《左传》的行人辞令有的温文尔雅，含蓄委婉，有的贵曲忌直，绵里藏针，但无论哪种，其语言都简洁精练，婉而有致。全书语言风格统一，简练含蓄，词约义丰，文采盎然，不论是叙事还是写人，都栩栩如生。如《左传·宣公十二年》记录“晋楚邲之战”，楚国将领孙叔敖鼓励士兵进攻，他说：“进之。宁我薄人，无人薄我。《诗》云‘元戎十乘，以先启行。’先人也。《军志》曰：‘先人有夺人之心’。薄之也。”在那样危急的情势下，孙叔敖还引经据典，反复论述，不仅显出了《左传》语言使用的华丽，也写出了孙叔敖生动的形象。后面，书中接着写晋军败退时的混乱状态，军士们争着跳上船逃跑，可船的承载力有限，船上的人怕上船的人过多而导致船沉，所以就用刀砍断后来想上船的人的手，不让他们再上船。书中是这样描述的：“中军、下军争舟，舟中之指可掬。”① 虽描写夸张，但语言简洁而生动。

《国语》是国别史史书，分别记载了周王朝和各诸侯国的事

① 顾馨、徐明：《春秋左传校点》，辽宁教育出版社，1997年版，第129页。

情，而记载这些事情时着重记录的又多是西周天子和各诸侯们所说过的话，因此命名为《国语》。《国语》的风格比较复杂，书中语言的运用既有共性，又有个性。它以记言为主，书中大多数篇章都为说理文，采用对话体。它主要的说理方式就是记录史实或典章制度。如《鲁语》中“公父文伯之母论劳逸”一文，公父文伯的母亲就是在叙述评论史实和典章中，论述了劳逸观，教育了她的儿子。她说：“昔圣王之处民也，择瘠土而处之，劳其民而用之，故长王天下。”她陈述了史实：“社而赋事，蒸而献功，男女效绩，愆则有辟，古之制也”，又引用了典章：“民劳而思，思则善心生，逸则淫，淫则忘善，忘善则恶心生。”分析缜密，逻辑性强，使得她的教育有理有据，有说服力。说它有个性，是因为几乎每一章都有自己独特的风格。如《周语》多重长篇大论的说教，内容涉及政治、历史、哲学、经济、伦理、农业，音乐等许多问题，文风古朴简练，行文较委婉；《鲁语》则与《左传》的风格最为相近，它虽然篇幅不长，但它多为一事一议，重文辞，语言较为典雅隽永；《郑语》所记史伯言论，究天人之际，通古今之变，显示了英明的洞察力，包含了天人合一的哲学思想和宿命论的迷信观点，具有典型的西周史官文化特色。由于《郑语》的文风与《周语》《鲁语》非常接近，清人姚鼐曾怀疑《郑语》原为《周语》的一篇，“《郑语》一篇，吾疑其亦《周语》之文，辑者别出之者。”[①] 而《晋语》多是记录谋略，重叙事，不擅长言辞，但也幽默风趣不乏趣味；《楚语》文章就比较有气势，而且讲究对语言的修饰使用，已出现多处排偶；《吴语》《越语》是《国语》中文字最为流畅，文笔最别具一格的，也最为精彩动人。陶望龄说：“《国语》一书，深厚纯朴，周鲁尚矣。《国语》辞胜事，《晋语》事胜辞。《齐语》单记桓公霸业，大略与《管子》同。如其妙理玮

① 姚兼：《辨（郑语 >》，《惜抱轩全集》卷五，中国书店，1991 年版，第 55 页。

辞，骤读之而心惊，潜玩之而味永，还须以《越语》压卷。”① 崔述《洙泗考信录·余录》也说：“周、鲁多平衍，晋、楚多尖颖，吴、越多恣放。”② 其中对伍举论台之美、范无宇论城陈蔡、申胥谏吴王伐齐等等事件的描写，文风已与后世战国纵横家的言辞非常接近。《越语》常常有韵，如：“天道皇皇，日月以为常，明者以为法，微者则是行。阳至而阴，阴至而阳；日困而还，月盈而匡。”“得时无怠，时不再来，天予不取，反为之灾。”“圣人之功，时为之庸。得时不成，天有还形。”所以唐代柳宗元曾评价其为“尤为奇峻”。

《国语》各篇章的风格相差如此之大，原因很多。陈桐生先生就认为是由于“各国政治传统和政治风尚”的不同，“史官作为该国统治集团的成员，不可避免地要受到本国政治传统和风气潜移默化的影响，不自觉地成为该国政治风尚的文化代言人，由此影响到他们的文风”。③ 当然，由陈先生这样的分析，很容易就让我们想到风格的不同可能与《国语》的作者和成书也有着不可分割的关系。《国语》可能是由不同的作者，在不同时期，把不同国家的史事汇编而成的，各篇作品的写定时间也有早晚，有的篇章可能是保留春秋时代的史料，有的则可能出自战国人之手，所以全书的语言风格不统一，这也是无可厚非的事情。

从总体上来说，《国语》语言文字的使用不如《左传》精彩华丽，但它也有自己的特点。《国语》中的语言平实自然，明白流畅，用语也不乏精彩之处。它与《尚书》的“佶屈聱牙”大不相同，也有别于《春秋》的凝练含蓄和《左传》的委婉典美。它用

---

① 朱彝尊：《经义考》卷二百九引，《四部备要·经部》，中华书局，1989 年版，1072 页。

② 朱彝尊：《经义考》卷二百九引，《四部备要·经部》，中华书局，1989 年版，第 1073 页

③ 陈桐生：《〈国语〉的性质和文学价值》，《文学遗产》，2007 年第 4 期。

词并不生涩，句式比较接近口语，特别是虚词的大量出现，显得通俗自然，富于生活气息。书中侧重记载那些与治乱兴衰有关的言论，并在其中寄寓历史教训，语言朴素自然，接近于日常口语。为了使道理易于接受，讲话的人往往广泛运用譬喻，侃侃而谈。如《晋语八》“叔向贺贫”一节，写韩宣子忧贫，叔向反倒向他祝贺，韩宣子不解，于是叔向发表了一番议论：当年栾武子贫而有德，国家赖以为安，其子孙也受到庇护；郤邵子富而无德，“侍其富宠，以泰于国”，结果“其身尸于朝，其宗灭于绛”，“一朝而灭，莫之哀也”。“今吾子有栾武子之贫，吾以为能其德矣，是以贺。若不忧德之不建，而患货之不足，将吊之不暇，何贺之有?”叔向以贺贫为由，围绕富与德的轻重，引出深刻的道理，文章平易中肯而又摇曳多姿，娓娓道来，含蓄委婉中略带讽劝，章法自然而流畅，后来柳宗元的《贺进士王参元失火书》，就是深得此文的精髓。

《国语》中还有些人物对话写得风趣生动，情态可掬。如《晋语四》，记载了晋公子重耳流亡到齐国，贪恋安乐而不想重振兴国大业，于是文姜与子犯将他灌醉，放到车上把他带离齐国。重耳酒醒后，“以戈逐子犯，曰：‘若无所济，吾食舅氏（指子犯）之肉，其知餍乎!’舅犯走且对曰：‘若无所济，余未知死所，谁能与豺狼争食？若克有成，公子无亦晋之柔嘉，是以甘食。偃之肉腥臊，将焉用之?’遂行。”重耳的暴怒，子犯的幽默，都让读者如闻其声，如见其人，并且任何人都可以想象得出两人追赶的活灵活现的场景。相比之下，《左传》的有关记载倒显得过于简略，逊色不少。又如《晋语九》“董叔将娶于范氏”一节，也幽默而富于讽刺，称得上文章中的绝妙佳品。

《国语》质朴流畅，所用词汇大多明白易懂，很少有古奥晦涩之语；所用句式也都口语化，比较贴近生活，很少别扭难读；另外，大量虚词的使用，更让它显得通俗自然，富于生活气息。如《鲁语》中有“公父文伯之母论劳逸”一文，文章中开头写了

“公父文伯退朝，朝其母，其母方绩”，这句话就是纯粹的记录当时的情况，没有任何发散性的描绘和形容。当公父文伯阻止母亲纺织时，他的母叹息说：“鲁其亡乎！使僮子备官而未之闻邪？居，吾语女。”这些教训儿子的话，非常自然亲切，质朴无华。类似这样的语言运用还有很多，无论是是叙述语言，还是人物语言，都与《左传》的随物赋形、逼真逼肖不一样。当然，华丽多姿是一种美，质朴自然也是另外一种美，只要懂得欣赏，《国语》的独特风格也是一道赏之不尽的风景。

2. 编纂风格不相同

就编写体例上来说，《左传》和《国语》的区别就非常明显。《左传》是编年体史书，《国语》是国别体史书。编年体和国别体的使用，可以说各有利弊。《左传》以年代先后为顺序，按照鲁国十二位君主的世次来编撰，从隐公、桓公、庄公、闵公、僖公、文公、宣公、成公、襄公、昭公、定公，一直到哀公，时间线索清楚而明晰，但记事零散，一些历时较长的人物、事件，常常分割到很多篇章之中，我们只能通过“累积”的办法才能够看到一个人物的全貌或整个事件的完整叙述。《国语》则是分国别记录了周、鲁、齐、晋、郑、楚、吴、越等八国的史事，各国历史清楚集中，也避免了年、月分割的弊端。但如果一件事情涉及到几个诸侯国，而只能分在若干篇章中叙述，显得不够连贯，有时候一件事情在各章中反复提及，造成笔墨多有重复的不足。这两种体例存在的问题，到了西汉时期，司马迁写《史记》创造出了纪传体，才规避了以前各种体例的弊端，以至于“百代以下，史官不能易其法，学者不能舍其书”①，对后世影响深远。但《国语》是首创的国别体，《左传》是继《春秋》之后我国第一部详赡完整的编年体，它们在我国文化史、史学史、文学史上具有划时代的不可磨灭的地位。

① 游国恩等：《中国文学史（一）》人民文学出版社，2002。第162页。

《左传》代表了先秦史传散文的最高成就，皮希瑞先生在《经学通论·春秋》中曾这样评论说："左氏叙事之工，文采之富，即以史论，亦当在司马迁、班固之上，不必依傍经书，可以独有千古。"① 可以说，《左传》字斟句酌，刻意求工，编纂风格统一而严谨。而《国语》是西周春秋时期各国史料的汇编，它保留了史料的原貌。韩非曾评价它说："茅茨不剪，采椽不研。"② 由于素材来源和作者情况不一，编者也无法对全书语言和风格作统一的修改或润色，所以《国语》各篇水平参差不齐，且风格也难以一致。主要有以下几种情况：

一是史料的记载有重复之处。如《晋语一》中"献公伐骊戎"条记载了，骊姬生奚齐、卓子，设计使申生处曲沃、重耳处蒲城、夷吾处屈，下文"公之优曰施"条又重复记载了此事。《越语上》记载有大夫文种行成于吴，勾践休养生息终灭强吴的经过，《越语下》又详细记载了范蠡为勾践谋划由事吴到灭吴的过程，这里不仅仅内容重复，而且让人疑惑，一会儿是文种，一会儿又是范蠡，到底是谁主谋消灭吴国的，没有讲清楚。《周语》中有"阳人不服晋侯"条，《晋语四》又有"文公出阳人"记载，两篇内容相同，但记述角度不同，很显然不是出自同一人之手。从口吻和角度来看，前者应该出自周王室，而后者应该是晋国史官所记。

二是史料的记载有前后矛盾现象。如《越语上》记载，越王勾践曰："昔天以越予吴，而吴不受命，今天以吴予越。越可以无听天之命，而听君之令乎！"《越语下》又说了同样的话，但说话者却变成了范蠡。《越语上》记载代表勾践向吴求和的是文种，而《吴语》中记载代勾践求和则是诸稽郢，二人的求和之语也大不一样。这可能就是因为《国语》的编纂者把这些出自不同史官之手

---

① 皮希瑞：《经学通论·春秋》，中华书局，1982 年版。

② 韩非：《韩非子·五蠹》卷十九，新编诸子集成，中华书局，1998 年版，第 443 页。

的材料原封不动地收入到书中所造成的吧。

《国语》非常注重客观描写，一般不多加议论。《左传》《史记》中有“君子曰”“太史公曰”之类的评判之语，而《国语》则没有。它以纪实为主，多是客观具体的描述，一般不在行文中表明作者的立场，它几乎完全把那些可以品味可以揣摩的空间留给了读者。也正是因为这一点，读《国语》，你可以从原始的史料中得到最真切最直观的信息，当然也可以感受到多姿多采的不同的文风，也许，《国语》作为历史散文在我国历史上具有较高的文学价值，并占有一席之地，原因就在于此吧。

三、写作特点比较

1. 叙事、写人的方式不同

《左传》为编年体史书，它以年系事，所以擅长于多角度地宏观描述历史事件的发生和发展过程；《国语》是分国纪事，仅仅从一个国家的角度去记载历史事件，所以记述难免片面或者重复。如两书对“城濮之战”的记载。《左传》嘻公二十七年、二十八年对这个历史事件记述详尽。作者采用了双线结构，分别从晋国和楚国两个国家的角度叙写这次战争，开始叙写了战前两国的形势，接着记录了楚军围困宋国，晋国针锋相对地制定了联合齐国和秦国攻伐曹国和卫国的行动战略。这时，两国内部也出现比较复杂的情况：楚国，子玉去宋，使伯棼请战；晋国，拘宛春，复曹卫，又退避三舍。并且细致分析了在大战前夕，晋国国君多虑而谨慎，楚国将帅子玉狂妄而急躁。结果不言自明，最后楚师败绩，子玉自杀，晋侯喜形于色。《国语·晋语四》也记载了“文公救宋败楚于城韉”这一事件。可对于这场历史上非常著名的晋国和楚国发生的城濮大战，《国语》只从晋国的角度记述了城濮之战的大概样貌，文中先写了战前晋国君臣的谋划和准备情况，接着叙写了争取曹国和卫国、拘禁楚国使者宛春、分化楚国的盟国等事件，最后简单写了晋军遵守诺言“退避三舍”，城濮决战楚国军队大败。

而其他如“王孙满观秦师”“诸侯伐秦鲁人以莒人先济”“申生伐东山”“文公修内政纳襄王”“赵文子请免叔孙穆子”等事件，《国语》也都只是从一国的角度叙事，而《左传》则从事件所涉及国家的不同层面、不同角度展现了整个事件的发展过程。

在写人方面，《左传》因事系人，又按照纪年顺序而写，所以它所描写的人物，分散在各年各事中，无法以专门篇幅集中一处，看上去非常零散。只有纵向地提炼归纳，才能理清人物的形象脉络；而《国语》则由于是分国编排，它不受时间顺序限制，描摹人物时完全可以围绕一个中心，多方面多渠道地选取材料，有的人物或事件往往占用好几个篇幅。像这种集锦式的描写刻画人物的方法，对于揭示人物的性格特征，展现人物的鲜明特点，都是便捷而有效的方式。这样不仅能够让读者看清人物的全貌，而且能够使它所塑造的人物形象更加丰满和生动。

2. 记事与记言的主次差别

汉代班固在其《汉书·艺文志》中说：“古之王者，世有史官，君举必书，所以慎言行、昭法式也。左史记言，右史记事，事为《春秋》，言为《尚书》，帝王靡不同之。”① 这一段话对后世学者的历史研究产生了极其深远的影响，“左史记言，右史记事”，这样的区分简易又好记，让人们耳熟能详并津津乐道。

《左传》为先秦散文叙事之最，它的出现，标志着我国叙事散文的成熟。它以记事为主，也长于记事，记事时着重交代事件的始末。《左传》记事以《春秋》为纲，但增加了大量的历史事实和传说，叙述了丰富多彩的历史事件。并且，《左传》的叙事精彩，还在于它惊人的叙述手法的多样性和灵活性。像一些叙述方式——顺叙、倒叙、插叙、追叙、平叙、直叙、预叙等等，应有尽有，随手拈来，游刃有余。张高评先生在《〈左传〉之文学价值》

① 班固：《汉书》卷三十，中华书局，1962 年版，第 1715 页。

一书中，用专章概括前人评点之说，竟归纳叙法达 30 种之多①。《左传》叙事，还注重故事情节的完整性和戏剧性。它擅长描写战争，全书记录大大小小战争数百次，大都写得各具特色，精彩生动。一般说来，它不局限于对交战过程的简单记叙，而是深入揭示战争发生的前因后果。而《国语》则不同。它详于记言，所记录的各国史实，大都通过一些历史人物的言论和对话来表现。钱穆在《中国史学名著》一书中也谈到“现在说中国史学有记言记事两条大路。像《国语》《国策》都是记言的，远从《尚书》一路下来。”② 其实，不管是记言还是记事，都是一种叙事的方式。朱自清先生就说过：“所谓记言，其实也是记事，不过是一种特别的方式罢了。记事比较的是间接的，记言比较的是直接的。记言大部分照说的话写下来；虽然也须略加剪裁，但是尽可以不必多费心思。记事需要化自称为他称，剪裁也难，费的心思自然要得多。”③ 由于作者编纂的目的在于采录“邦国成败，嘉言善语，阴阳律吕，天时人事逆顺之数”以供统治者垂鉴，因此《国语》重在记言，长于说理。

《国语》主要记述了西周末年至春秋时期各国贵族言论，通过别有风格和特色的语言来塑造人物形象，表达不同人物的思想及命运，展现波澜壮阔的历史事件。它用语言记史，生动、精练，为历代所称道。《吴语》《越语》记载吴越两国斗争始末，从吴败越，越王勾践卑事吴王夫差，最后终于灭吴。像这样大事，包括两国国君等高层的谋略，大臣的劝谏，两国外交、内政、战争以及人心向背等，大都是通过对话来表现的。

不过，《国语》虽然以记言为主，但并不只是单纯的议论文或语录，“于记言中展现故事情节，于情节中糅合虚构与想象以及一

---

① 张高评：《〈左传〉之文学价值》，台湾文史哲出版社，1982 年版，第 150—157 页。

② 钱穆：《中国史学名著》，三联书店，2000 年版，第 53 页。

③ 朱自清：《经典常谈》，三联书店，2004 年版，第 19 页。

些充满幽默风趣的生动记述，是《国语》在情节构思上的艺术创新。这不仅是《尚书》与《春秋》所无，而且也是《左传》有所不及的”。[①] 比如《国语·晋语》中写重耳在齐国被舅父子犯等人灌醉后用车运走，非常形象生动，重耳的性格特征也更加丰满。而《左传》只是叙写了在路上的情况，当时重耳酒醒了，他用戈矛追逐子犯。当然，记言为主的《国语》还写了重耳与子犯的对话。重耳说，如果回国称君大事不成，我吃了舅父的肉；而子犯则说，如果不成功，我都不知道我将死在何处，谁还能和豺狼争着吃我呢？当然，如果成功的话，公子吃的将是晋国甘美的食物，“偃之肉腥臊，将焉用之？”这些对话非常幽默风趣，不仅写出了重耳流亡集团内部发生的冲突和碰撞，也写出了当时他们在艰难困境下的苦中作乐的乐观心态。

在记言时，《国语》往往首先用简略概括的语言交代事情的前因后果，形成首尾完整的故事，然后通过简要的叙述，再现历史人物的形象，绝对是以事引言的语言汇编。如《周语上》“邵公谏厉王弭谤”一节，先写了这样一段话：

> 厉王虐，国人谤王。邵公告曰：“民不堪命矣！”王怒，得卫巫，使监谤者，以告。则杀之。国人莫敢言，道路以目。王喜，告邵公曰：“吾能弭谤矣，乃不敢言。”

短短数十字，就把背景介绍得清楚明白，事情的起因也交待得一目了然，厉王的一怒一喜，生动表现了他的残暴与愚蠢，他仗势压民，使得老百姓不敢言语，像金人一样三缄其口，这段话把厉王自以为是而又自鸣得意的情态表露得淋漓尽致。文章结尾，又补充交待说：“王不听，于是国人莫敢出言，三年，乃流王于

---

① 郭预衡：《中国文学史长编（先秦卷）》，首都师范大学出版社，2000年版，第184页。

僥。”作者意在揭示弭谤的恶果，以寄寓教训。但这样一来，就形成了完整的故事情节和文章结构。《国语》中这些篇章，达到了记言与记事的完美结合。

另外，《国语》有些篇幅如《晋语》写惠公、《吴语》写夫差、《越语》记勾践等等，都非常集中地记录了某个人的言行，这可以说是这个人物的资料汇编，虽然不能成为独立的人物传记，但这种写作方式，有着向纪传体过渡的趋势。像这样的情况，在以编年为体例的《左传》中是无法看到的。当然，我们无法否认，《国语》叙述历史事件简略而零碎，它对事件因果关系的交代，赶不上《左传》的全面、完整和系统。但《国语》这样的写作安排，淡化了前因后果的叙述，客观上起到了使语言凝练、情节不枝不蔓的作用，同时也鲜明地凸现了贤者的言论，达到了以记言为主的目的。

不同时代的史学大师都提到中国历史分为记言、记事的传统。从这个角度来分析《国语》和《左传》，二书的差别其实是在于《国语》重在记言，《左传》重在记事。当然，《国语》重在记言并不表示没有叙事成分，其实记言也是一种变相的记事。《国语》对于事件的叙述不及《左传》全面、清晰，却比《左传》多出了很多记言成分。像塑造人物形象、间接实现叙事、征引诗书民谚等情况中，都有《左传》所没有的记言优势。正是这些多出的记言成分使得《国语》无论在叙事、写人还是语言应用上都呈现出一些不同于《左传》的特点。

四、思想倾向基本一致

《左传》发展了《春秋》笔法，不再靠事件的简略排比或个别字的褒贬来体现作者的思想倾向，而是主要通过对事件过程的生动叙述，对人物言行举止的形象描绘，来表达作者的道德评价。《国语》多记教诲之语。虽然同其他史书的目的一样，都是惩恶扬善，为维护统治阶级利益服务。但《国语》显然是按照某种明确的说教意图，对史实作过一番筛选的。它所记录的，大都是能够从中引出某种经验教训的言谈和事件，并且教训要从史事中自然引出，所以无论文章长短，它的记言叙事，都把时间、地点、人物、事件、情节、因果等交代得清楚明白、井然有序。这是散文艺术的一大进步，标志着史家之文的新发展。其思想内容上也出现了一些新的特点，主要表现为“重民”“尚礼”“崇德”等方面，基本上体现了儒家的思想倾向。虽然《国语》许多地方仍强调天命，遇事求神问卜，但在神与人的关系上，已是人神并重，由对天命的崇拜，转向对人事的重视，重视人民的地位和作用，以民心的向背为施政的依据。如《周语上》记邵公谏厉王弭谤，提出“防民之口，甚于防”。邵公主张治民应“宣之使言”，从人民的言论中考察国家的兴衰，政治的得失，非常重视民意。《国语》中的《鲁语》，记载孔子的言论，含有儒家的思想；《齐语》记管仲谈霸术，含有法家思想；《越语》记范蠡尚阴柔，功成身退，带有浓厚的道家思想。因此，《国语》又是古代思想史研究的资料来源。

总之，《国语》和《左传》相比，在思想内容上大体一致，在表现形式上则有不同，在文学成就上各有千秋，但《左传》的艺术性更高些，文学性更强些，影响力更大些。

第三节　《左传》与《国语》的异同例说

从整体上看，《国语》不比《左传》，但从个别章节或细节上来讲，它比《左传》要好很多。两书中重复的情节很多，但有一些篇章记录详略各有千秋，学界通常以《左传》上承《尚书》和《春秋》，而将《国语》放在《左传》之后论述，且普遍认为《国语》艺术成就不及《左传》。这种看似公允的定位，掩盖了《国语》的真实价值，使《国语》失去了在先秦文学史上的应有地位。其实《国语》与《左传》成书于同时甚至稍前，在一些细节的处理上也是可圈可点，下面我们就着重看一看《国语》在细节上的重头戏。

一、两书同为一人所著，同记春秋史。

现今能见的最早提及《国语》、《左传》二书的是司马迁的《史记》。《史记·十二诸侯年表序》有“为有所刺讥褒讳挹损之文辞不可以书见也。鲁君子左丘明惧弟子人人异端，各安其意，失其真，故因孔子史记具论其语，成《左氏春秋》”① 一段，言鲁君子左丘明作《左氏春秋》。《史记·太史公自序》又有“昔西伯拘羑里，演《周易》；孔子戹陈蔡，作《春秋》；屈原放逐，著《离骚》；左丘失明，厥有《国语》；孙子膑脚，而论兵法；不韦迁蜀，世传《吕览》；韩非囚秦，《说难》《孤愤》；《诗》三百篇，大抵贤圣发愤之所为作也。”② 言左丘作《国语》。从《史记》现存文本所载看，如果其中所涉鲁君子左丘明与左丘，如有的学者研究认为同系一人的话，我们可以推测司马迁认为《国语》《左传》出于同一作者之手的。

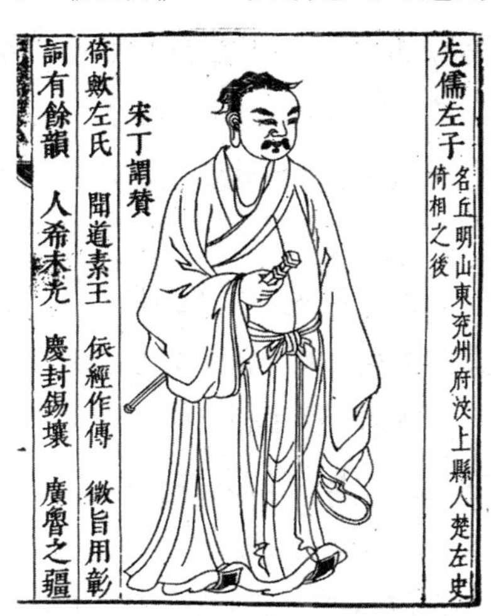

左丘明

成帝时召刘向校书，向死歆继，刘歆编成《七略》。《七略》后虽散佚，内容却大致存于《汉书·艺文志》中。《汉书·艺文志》中有“《国语》二十一篇。左丘明著。”③ 又《汉书·司马迁传赞》有“故司马迁据左氏《国语》，采《世本》、《战国策》，述

① 司马迁，史记［M］。北京：中华书局，1959：509－510。

② 司马迁，史记［M］。北京：中华书局，1959：3300。

③ 班固，汉书［M］。北京：中华书局，1962：1714。

《楚汉春秋》，接其后事，讫于天汉。”① 这些记载证明班固亦认同《国语》作者为左氏。

有汉一代，司马迁、班固都认同《国语》《左传》的著作权归属于左氏。人们既认同《国语》《左传》同为左氏所作，就自然而然开始讨论，同一个人写成两部涉及很多相同史实的书的用心和目的：影响深远的“内外传”之说应运而生。王充言：“《国语》，《左氏》之外传也。《左氏》传经，辞语尚略，故复选录《国语》之辞以实。”②

刘熙则说：“《国语》，记诸国君臣相与言语，谋议之得失也，又曰外传。《春秋》以鲁为内，以诸国为外，外国所传之书也。”③

现存最早的《国语》韦注本也持此说。韦昭是三国时人，他在他的《国语解》序言中说：“左丘明因圣言以摅意，讬王义以流藻，其渊源之远大，沉懿雅丽，可谓命世之才，博物善作者也。其明识高远，雅思未尽，故复采录前世穆王以来，下讫鲁悼、智伯之诛，邦国成败，嘉言善语，阴阳律吕，天时人事，逆顺之数，以为《国语》。其文不主于经，故号曰外传。”④

这种将《国语》《左传》紧密联系起来的观点影响深远，但是并不意味着对这种观点就没有反对的声音。与司马迁、班固同时的傅玄对此就有不同看法，他根据《左传》记事与《国语》不同认为，“《国语》非丘明所作。有共说一事而二文不同。”⑤

近代的今古文之争中，古文经典《左传》成为今文学家攻击

① 班固。汉书［M］。北京：中华书局，1962：2737.2。

② 纪昀主编。四库全书第679册［M］。台湾：商务印书馆发行，1983年：722。

③ 纪昀主编。四库全书第679册［M］。台湾：商务印书馆发行，1983年：722。

④ 纪昀主编。四库全书第406册［M］。台湾：商务印书馆发行，1983年：4。

⑤ 纪昀主编。四库全书第679册［M］。台湾：商务印书馆发行，1983年：722。

的重点目标。因为和《左传》有密切关系，《国语》及其相关问题再次进入人们的视野。康有为发表了著名的《新学伪经考》，重提《国语》《左传》二书关系问题。他认为《左传》纯为刘歆借校书之便所伪造，刘歆分原本五十四篇之《国语》为两部分，一大半约三十篇以为《春秋传》，于是留其残剩，掇拾杂素，加以附益，而为今本之《国语》。康氏此举原为攻击古文经学，从而树立今文经学的崇高地位，为自己的变法行为造势。他的打击目标本只是《左传》，然而城门失火，《国语》无辜被殃及。

这样一来，《国语》的独立地位、历史价值都面临危机。康氏之说得到梁启超、崔适、钱玄同、胡适、林语堂等人不同程度的理解和支持。然而，反对者更多，主要代表有章太炎、钱穆。章氏在《春秋左氏疑义答问》等论著中认为《左传》、《国语》都是左丘明所作，而《国语》之成书在其晚年。二十年代，瑞典汉学家高本汉作《左传真伪考》，认为《左传》和《国语》文法相近，像是一人所作。童书业力主二书并非一分为二，从几方面分析论证《国语》成书在《左传》之前。[①] 杨向奎认为《国语》与《左传》决非由一书割裂而成。[②] 面对康有为关于刘歆分割原《国语》为《左传》，拣其残剩拼凑而成《国语》等惊世骇俗之论，章太炎、童书业、杨向奎等先生不厌其烦，通过对两书的认真对比，最终用最有力的事实证据驳倒了康氏的观点。他们的研究结论证明，《左传》《国语》绝非一书分割而成，而是两本互相独立的史籍。这为我们今天比较研究《国语》《左传》二书打下了一个坚实的基础。但是，探讨两书关系的话题并未终结，许多模糊不清的认识依旧存在。在二书比较中深入研究《国语》，有必要另寻路径。

---

① 童书业著，童教英整理童书业史籍考证论集（上）[M]. 北京：中华书局，2005 年：15 - 35.

② 杨向奎著，绎史斋学术文集 [M]. 上海：上海人民出版社，1983 年 174 - 214. 3

二、记载重合的历史也有差异

前面已经讲过，《左传》和《国语》两书所记载的史实，重复部分很多。将所记载的历史事件中重合的部分仔细比较，将看到两书所记载的时间、人物、经过、引用文献等有数十处存在出入。

一是时间的记载略有差异。有关历史事件的记载时间，两书中出现多处不同。如关于“富辰谏襄王以狄伐郑及以狄女为后”一事的记载，《周语中》记载的是：狄伐周为襄王十八年；而《左传》则记载为襄王十七年，时间相差了一年。《周语中》记“惠王三年而立晋侯（晋惠公）”，周惠王三年即鲁嘻公十年；但《左传》记载此事却是在鲁嘻公十一年，“天王使召武公、内史过赐晋侯命”，[①] 与《周语》中所记载的时间相差了一年。这样的例子还有不少：如，同是对“秦伯纳重耳于晋”一事的记载，《晋语四》载：十月，惠公卒。《左传·俘公二十三年》却载：九月，晋惠公卒。[②] 另外，《晋语四》载：十二月，秦伯纳公子。《左传·傅公二十四年》却载：二十四年春王正月，秦伯纳之。[③]

二是人物、事件的记录有出入。对于人物的记述，也存在不同之处。《鲁语上》载宗人夏父展谏宗妇规哀姜用币，《左传》庄公二十四年则记进谏者为御孙。另外，对于“郑历公与彼叔杀子颓纳惠王”一事的记载，《周语上》载：“杀子颓及三大夫”；《左传·庄公二十一年》载：“杀王子颓及五大夫。”[④]《国语》所记的三大夫指边伯、石速、篇国，《左传》中则还包括詹父、子禽、祝

① 杜预注、孔颖达疏：《春秋左传正义》卷十三，阮元校刻，《十三经注疏》，中华书局，1980 年版，第 1802 页

② 杜预注、孔颖达疏：《春秋左传正义》卷十五，阮元校刻，《十三经注疏》，中华书局，1980 年版，第 1814 页

③ 杜预注、孔颖达疏：《春秋左传正义》卷十五，阮元校刻，《十三经注疏》，中华书局，1980 年版，第 1816 页

④ 杜预注、孔颖达疏：《春秋左传正义》卷十五，阮元校刻，《十三经注疏》，中华书局，1980 年版，第 1774 页

跪之中的两个人。

对事件的记述，有的是记录的事件经过不同。如对“范无宇论国为大城未有利者”一事描述，《国语·楚语上》记载：在楚灵王让仆夫子哲问范无宇，子哲复命告诉灵王，灵王对此加以评价，是灵王和范无宇经过仆夫子哲的间接交流；而在《左传·昭公十二年》中，则是灵王直接和范无宇对话，并没有提到子哲这个人。还有同是对“莒太子仆拭莒公，以其宝来奔鲁”一事的记载，《国语·鲁语下》记载：里革变更君命以驱逐莒太子仆；《左传·文公十八年》则记载这件事是季文子所为，里革只是事后向鲁文公进行了辩解。另外，关于晋公子重耳逃亡的路线，两书的记载也有差异。根据《国语·晋语四》中记述的“重耳自狄适晋”“卫文公不礼重耳”“曹共公不礼重耳而观其骸胁”等几篇内容的推断，重耳的逃亡是由五鹿经过齐国到卫国再到曹国，但《左传》记载的则是由卫国到五鹿到齐国最后到曹国。有的是对同一事件结果的描述不同。如关于“申青自杀”的结果，《国语·吴语》记载：“申肯释剑而对曰……遂自杀。……乃使取申青之尸，盛以鸱嫣，而投之于江。”《左传·哀公十一年》则记载这一事件的结果是：“王闻之，使赐之属镂以死。”[①]

三是文献的出处有异议。这里所说的文献出处，实际上是《左传》和《国语》中所引用的诗作等的来源。比如富辰引用《诗经·常棣》谏周襄王毋娶狄女为后，《国语·周语中》记载这首诗是周文公所作，《左传·嘻公二十四年》则记载此诗为穆公所作。还比如，对于“叔孙穆子聘于晋”这件事，《国语·鲁语下》记载叔孙穆子感谢晋悼公用六德教导他，六德为：“怀和为每怀，咨才为诹，咨事为谋，咨义为度，咨亲为询，忠信为周。”而《左传·襄公四年》所记载的叔孙穆子感谢晋悼公是赐予他五善，五

---

① 杜预注、孔颖达疏：《春秋左传正义》卷十五，阮元校刻，《十三经注疏》，中华书局，1980 年版，第 2167 页

善为："访问于善为咨，咨亲为询，咨礼为度，咨事为诹，咨难为谋。"①

像上述这些不同情况的出现，对于历史事件的复原和实际情况的确认，确实造成了一些困扰和争议。但也不难看出，《国语》和《左传》两书，都是依据一些原始的材料整理编写而成的，并且两书所依据的部分材料是相同的，或者出于同一个作者的传授，所以两书有着密切的关系是毋庸置疑的。但是，在流播的过程中，由于有着传播者和传播媒介等的不同，那些原始的材料被落实到书面上时难免会出现各种各样的意想不到的变化，从而造成关系密切的两本书在内容上存在不少乖违之处。

三、《国语》长记言，《左传》擅记事

对"曹刿论战"的记述；

关于"曹刿论战"一事，《国语·鲁语上》记载：

> 长勺之役，曹刿问所以战于庄公。公曰："余不爱衣食于民，不爱牺牲玉于神。"对曰："夫惠本而后民归之志，民和而后神降之福。若布德于民而平均其政事，君子务治而小人务力；动不违时，财不过用；财用不匮，莫不能使共祀。是以用民无不听，求福无不丰。今将惠以小赐，祀以独恭。小赐不咸，独恭不优。不咸，民不归也；不优，神弗福也。将何以战？夫民求不匮于财，而神求优裕于享者也。故不可以不本。"公曰："余听狱虽不能察，必将至焉。"

《左传·庄公十年》记载：

① 杜预注、孔颖达疏：《春秋左传正义》卷十五，阮元校刻，《十三经注疏》，中华书局，1980，第1932页

> 十年，春，齐师伐我。公将战，曹刿请见。其乡人曰："肉食者谋之，又何间焉。"刿曰："肉食者鄙，未能远谋。"乃入见。问何以战？公曰："衣食所安，弗敢专也，必以分人。"对曰："小枯未编，民弗从也。"公曰："牺牲玉帛，弗敢加也，必以信。"对曰："小信未孚，神弗福也。"公曰："小大之狱，虽不能察，必以情。"对曰："忠之属也，可以一战，战则请从。"……对曰："夫战，勇气也。一鼓作气，再而衰，三而竭。彼竭我盈，故克之。夫大国难测也。惧有伏焉。吾视其辙乱，望其旗靡，故逐之。"①

将两书比较可以发现，《鲁语》详细记载了战前曹刿同庄公关于战争胜败因素分析的一番对话。曹刿认为人心向背是决定战争胜败的主要因素，庄公能谋虑民事，取信于民，所以战前已经具备了取胜的条件。《左传》不仅记述了曹刿战前同乡人的问答，还记述了战斗的整个过程和战后曹刿关于作战的评论。但战前的对话只用了 7 句、83 字进行简单交代。

对"晋文公围阳樊"的记述：

对于"晋文公围阳樊"一事，《国语·周语中》这样记载：

> 王至自郑，以阳樊赐晋文公。阳人不服，晋侯围之。仓葛呼曰："王以晋君为能德，故劳之以阳樊，阳樊怀我王德，是以未从于晋。谓君其何德之布以怀柔之，使无有远志？今将大泯其宗材，而蔑杀其民人，宜吾不敢服也！夫三军之所寻，将蛮、夷、戎、狄之骄逸不虔，于是乎致武。此羸者阳也，未狎君政，故未承命。君若惠及之，唯官是征，其敢逆命，何足以辱师！君之武震，无乃玩而顿乎？臣闻之曰：'武

① 杜预注、孔颖达疏：《春秋左传正义》卷八，阮元校刻，《十三经注疏》，中华书局，1980 年版，第 1767 页。

不可觑，文不可匿。魏武无烈，匿文不昭。’阳不承获甸，而祆以视武，臣是以惧。不然，其敢自爱也？且夫阳，岂有裔民哉？夫亦皆天子之父兄甥舅也，若之何其虐之也？”晋侯闻之，曰：“是君子之言也。”乃出阳民。

而《左传·嘻公二十五年》这样记载：

阳樊不服，围之。苍葛呼曰：“德以柔中国，刑以威四夷，宜吾不敢服也。此谁非王之亲姻，其俘之也！”乃出其民。①

《周语》中详细记述了樊阳人仓葛的长篇大论。面对强大的晋国军队，仓葛以“德治”立论，他指责晋文公恃强凌弱、不能以德服人。他的言论有理有节，最终迫使晋文公解除了对阳樊的包围，让阳樊人自己选择自己的去留。可是《左传》，只是非常简单地概括了仓葛的言辞，没有细细地加以分析，就点出了事件的结果。让人感觉非常笼统，不能够真切感受到当时事情发生的状貌。

清人韩芙曾这样评价《国语》的记事：“譬隋珠之未贯，如狐腋而未集”，② 他指出了《国语》重在记言而不重记事的特点。《国语》记事非常简略，时间、地点、人物等记事六要素通常略写甚至不写，作者往往只在文章开头简单交代事件起因，最后用一句话说明事件发展的结果，以验证贤臣良士所述嘉言善语的正确性。而《左传》则详于叙事，事情发生的起因、经过、结果都完整有叙述，发生的时间、地点也记录的十分清晰。

对“鲁庄公美化装饰公庙”的记述：

① 杜预注、孔颖达疏：《春秋左传正义》卷十六，阮元校刻，《十三经注疏》，中华书局，1980年版，第1821页。

② 韩芙：《左传纪事本末序》，（清）高士奇：《左传纪事本末》，中华书局，1979年版，第1页。

《国语·鲁语上》记载鲁庄公要美化装饰其父鲁桓公庙，以表孝思，匠师庆加以劝谏。作者仅记“庄公丹桓宫之楹，而刻其桷”十一个字以简单说明事情发生的背景，读者无法知道“丹楹”和“刻桷”在何时发生，极有可能认为两事发生于同一时间。《左传》对此事时间记载则一目了然：（二十有三年）秋，丹桓宫之楹。二十四年春，刻其确。[①] 两件事分别发生在庄公二十三年和二十四年。

对“襄王拒杀卫成公”的记述：

《国语·周语中》记载襄王拒杀卫成公：

> 温之会，晋人执卫成公归之于周。晋侯请杀之，王曰：“不可。夫政自上下者也，上作政，而下行之不逆，故上下无怨。今叔父作政而不行，无乃不可乎？夫君臣无狱，今元喧虽直，不可听也。君臣皆狱，父子将狱，是无上下也。而叔父听之，一逆矣。又为臣杀其君，其安庸刑？布刑而不庸，再逆矣。一合诸侯，而有再逆政，余惧其无后。不然，余何私于卫侯？”晋人乃归卫侯。

文章的主体部分是周襄王为了维护君尊臣卑的礼法，以“君臣无狱”为由，拒绝盟主晋文公杀戮成公请求的一番言辞。整个事件发生过程的记叙则过于简单，仅文章开头以“温之会”三个字说明事件起因，末尾以“晋人乃归卫侯”六个字交代事件结果，以至于读者无法知晓整个事件的发生过程。

而《左传·嘻公三十年》则记载：

> 秋，卫杀其大夫元喧及公子瑕。卫侯郑归于卫。晋人、

① 杜预注、孔颖达疏：《春秋左传正义》卷十，阮元校刻，《十三经注疏》，中华书局，1980 年版，1779 页。

秦人围郑。晋侯使医衍鸩卫侯。宁俞货医，使薄其鸩，不死。公为之请，纳玉于王与晋侯，皆十瑴。王许之。秋，乃释卫侯。①

比较《左传》的记载我们就会发现，其实“温之会”前发生了卫侯、元咺争讼不胜、晋侯执卫、囚卫侯等一系列的前因，“王曰不可”后，也没有直接“晋人乃归于侯”，这其间卫成公还经历了鸩卫侯、宁俞贿医，鲁嘻公献璧请免等一系列波折才得以回国。

四、对相同史实的描述差异大

以“晋公子重耳流亡”篇为例；

有人将《国语》称之为《晋史》，也是有一定道理的。原因就是《国语》中记载晋国史事最多，内容最丰富，其卷数所占份额几乎接近整书的一半。相比之下，其他国家的记载就很简略了，如《郑语》，仅仅记载了桓公与史伯的对话。比例异常失衡。

晋公子重耳流亡的篇章，《左传》一句话就讲完了，而《国语》则详细记载了当时的情境和状况。重耳到齐，遇公主姜，迷恋不走，大臣们让他不忘复国，设计把他灌醉弄走，等醒来时，已经离开齐国很远了，他想回去都不可能了。重耳怒，打舅舅子范，后子范想离开，他又想法留住。其间肯定有作者想象的成分，情节的想象和建构，让《国语》更有可读性。

《晋语》一至四记载了骊姬害申生和公子重耳流亡十九年归国重兴国家的故事。这个故事在《晋语》里几乎占了一半篇幅，约有 18000 字，塑造了骊姬、申生、重耳、惠公等一批形象丰满、个性鲜明的人物形象。《左传》写重耳与《国语》互有详略，但骊姬、申生、惠公的事迹则远不如《国语》具体和生动。

① 杜预注、孔颖达疏：《春秋左传正义》卷十三，阮元校刻，《十三经注疏》，中华书局，1980 年版，1802 页。

立言

对骊姬这个人物，大家肯定不陌生。她是骊戎（古代少数民族名。西戎的一支，姬姓。在今陕西省临潼县的骊山）之君的女儿，很有姿色，晋献公消灭骊戎后把她俘虏回国，不顾众臣的反对，非要纳她为妃。不久，骊姬生了儿子奚奇，更得献公宠爱。那时候的规矩是“母以子贵”，只有把儿子扶上太子的宝座，自己当上第一夫人，才能取得荣耀而尊贵的身份。为达到这个目的，骊姬绞尽脑汁，策划了一系列阴谋诡计，就这样，这个女人把晋国折腾得底朝天。她想尽一切办法，把太子申生、二公子重耳、三公子夷吾分而治之，让他们远离国都，后又多次给献公吹枕边风，导致申生被迫自杀，重耳、夷吾被迫逃亡国外，流离失所。骊姬谗害太子申生，以及晋诸公子争立等情节，曲折动人，富于传奇色彩，这是作者有意吸收一些民间传闻，在事实的基础上做了较多装饰，又加以适当的想象和虚构，构造了引人入胜的故事情节。实际上，骊姬夜半而泣进谗言和优施为骊姬说里克（《晋语一》）等情节，对当时的情景描绘得细致入微，绝非第三者能知道的，显然是作者合情合理的猜测，虚构的章节画龙点睛，成功刻画出一个口蜜腹剑，阴险狠毒的人物形象，这正是《国语》最具特色的部分，也是值得为之喝彩的地方。可见，《国语》虽以记言为主，所记多为朝聘、飨宴、讽谏、辩诘、应对之辞，但没有单纯的议论文或语录，而是把故事穿插其中，通过故事情节来刻画人物，不同程度地揭示了当时形形色色的政治人物的精神面貌，刻画了一些性格较为鲜明的人物形象。《国语》包括二百四十三则长长短短的故事，每个故事中都各含有或繁或简的情节，其中也有一些虚构和想象的成分。另外，《吴语》和《越语》曲折恣放，富

于文采，特别是关于战争的描写，更是有声有色，情文并茂。这些生动的文笔，不仅出自史官的记载，而且吸收了宫廷说唱和民间传说的内容。从文学发展的角度来看，《国语》的艺术成就虽然没法与同时代的《左传》相提并论，但比起《尚书》和《春秋》的简略记载，确实有了不小的进步。

五、思想倾向异同

首先主张以民为本。《国语》和《左传》都持有以民为本的政治主张。这一方面表现在君与民的关系上，它们都重视人民，强调民众在国家政治生活中的作用。如《国语·周语》单穆公在劝阻周景王铸钟时说："上得民心，以植义方，是以作无不济，求无不获。"相反，"上失其民，作则不济，求则不获，……国其危哉！"类似上面单穆公的话，在《国语》和《左传》里的其他人物言论中，还有不少。它们从不同角度说明了人民的重要性，民众是君国政治成败的决定性因素。《国语》和《左传》的重民倾向还表现在都有突破神、民共重的地方。神和民的关系，在西周天命论中强调的是神的绝对权威，民无丝毫地位可言，但在春秋时代，多持神与民共重的二元论思想，如《国语·周语》中，祭公谋父讲到了"事神保民"，虢文公谈到了"媚于神而和于民"，这些说法无不是将民与神相提并论。更有一些有识之士，提出了"先民后神"、民重神轻的观点，如《国语·鲁语》"长勺之役"中，曹刿与鲁庄公论战时有"民和而后神降之福"的话，这实际上强调了民是神降福之本，体现了民为神本的思想。

其次崇尚礼仪道德。《国语》和《左传》还都具有崇尚礼仪道德的思想倾向。所谓"礼"，指规定社会行为的法则，包括等级制度、道德规范和礼节仪式等。崇尚礼仪道德，反映了儒家的思想观念。如《国语·晋语》中记述卫人宁庄子劝卫文公礼遇重耳时说："夫礼，国之纪也……国无纪不可以终。"《左传·隐公十一年》中，也借君子之口强调："礼，经国家，定社稷，序民人，利后嗣者也。”当然，在今天看来，《国语》和《左传》这些“尚礼”、“重德”的言论，有的维护的是旧礼制，宣扬的是血缘宗法观念。这一方面折射出当时已然“礼崩乐坏”的时代特征，另一方面也表现了作者非议革新的保守思想。

第三揭露丑行颂扬爱国壮举。《国语》和《左传》还都有揭露暴君丑行、颂扬爱国壮举的篇章。如《国语·周语》说：“厉王虐，国人谤王。……王怒，得卫巫，使监谤者。以告，则杀之。”《国语·晋语》说：“平公射鴳，不死，使竖襄搏之，失。公怒，拘将杀之。”寥寥数语，把周厉王、晋平公的无能昏庸、惨无人道刻画了出来。《左传》也有很多颂扬爱国壮举的内容。如《定公四年》载有“申包胥哭秦庭救楚”的故事：吴国军队攻入楚国都城，楚昭王仓皇逃走：国家危机，“申包胥如秦乞师”，“立，依于庭墙而哭，日夜不绝声，勺饮不入口七日。”终于感动秦君，出师打败了吴军，保卫了楚国。《左传·僖公三十三年》记述的“弦高犒秦师救郑”的故事，更是为人们所熟知。作者对申包胥、弦高等人物的刻画，表现了鲜明的对爱国行为的赞扬立场。《左传》还有不少篇章揭露了统治者的残酷行为，如《左传·文公六年》写秦穆公死后“以子车氏之三子奄息、仲行、针虎为殉”。《左传·宣公二年》写“晋灵公不君，厚敛以雕墙。从台上弹人而观其辟丸也。宰夫胹熊蹯不孰，杀之。”这些都表明了作者爱憎分明的态度。

第四价值导向大致相同。它们阐述孔子微言大义的价值导向也大致相同。比如：尊重王权、倡导礼治、维护大一统的观念；抨击诸侯士大夫之僭越、奢淫等等。当然，这些都是儒家学派思想启蒙的源流，是从维护封建统治制度而产生的，但其中也有一些进步的思想，如：朴素的民本主义思想，认为民是国之本、神之主，治国先顺民，等等。这些以民为本的思想，对于今天我们加强传统文化的教育，改进思想政治教育工作同样具有重要的指导意义。

当然，由于时代和阶级的局限，《国语》的编纂者没有也不可

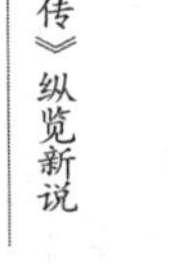

能对历史现象的原因做出深刻的解释。但比起寓褒贬于字里行间的“春秋书法”，比仅为使“乱臣贼子惧”的修史目的，无疑是史学思想上的一个进步。它是社会大动荡时期人们思想日趋深化的反映，也是司马迁“究天人之际，通古今之变”“原始察终，见盛观衰”的杰出思想的历史源头之一。

综上所述，在先秦典籍中，受责难最多的恐怕就数《国语》了。一直以来，关于《国语》的评价，都较为复杂。唐代柳宗元写《非国语》，一写就是六十七篇；直到清代，崔述在他的《洙泗考信录余录》里，给《国语》下了个“荒唐诬妄，自相矛盾”、“文词支蔓，冗弱无骨”的定语，说书中记述的各国历史不成体系，各行其是，并且情节虚构，遇事求神问卜，有着浓重的神秘色彩等等，不一而足。可以说，他从史学和文学两个方面，把《国语》打倒在地，还要踏上一只脚，彻底否定了它的价值。

但《国语》的文学价值，我们是否定不了的。但也应当承认，它没有《左传》的平实严谨，言简意赅，叙事婉曲的突出优点；也没有《战国策》那种纵横捭阖，妙趣横生，设喻言理的高明技巧；在刻画人物方面，更不能和《史记》同日而语，但它仍然有着它自己的特色，生动之处也不是乏善可陈。比如“师轻而骄，轻则寡谋，骄则无礼，无礼则脱。寡谋自陷，入险而脱，能无败乎”，其中包含着逻辑严密的推理和判断；“夫民之大事在农，上帝之粢盛于是乎出，百姓之蕃庶于是乎生，事之供给于是乎在，和协缉睦于是乎兴，财用蕃殖于是乎始，敦庞纯固于是乎成”这里面的用词准确，排比对称，也是可以竖起大拇指的。所以说，《国语》在我国散文发展史上，还是占有一席之地的。

虽说笔者大张旗鼓为《国语》伸冤，但有一点是抹煞不了的，那就是它的成书过程、史料来源和它的编写体例。而正是这些固有的东西，才造成了后人对它的贬斥。《国语》是我国最早的一部国别史。旧传《国语》与《左传》均为春秋时左丘明作，其实《国语》主要来源于各国史官的记述，并非出于一人、一时、一地。它大概是在战国初年或稍后，由熟悉历史掌故的人，将各国史料加工润色，编纂成书的。它记载周王朝及诸侯各国的史事，始创国别史这种体例，以记言为主，所以称为《国语》。全书共二十一卷，分别记载周、鲁、齐、晋、郑、楚、吴、越八国的史事，上起周穆王，下至鲁悼公，包括从西周末年至春秋时期（约前967—前453）约五百年的历史。

由于史料来源不一，《国语》内容也很庞杂。有些内容与《左传》重合，而史实中的细节，又有的与《左传》不同，可见它们所依据的材料并不完全相同。《左传》记载周王室的事迹很简略，《国语》则记有穆、恭、厉、幽、宣、襄、定、灵、景、敬等王的大事，为后代保留了研究周王室的宝贵资料。《左传》对齐桓公成霸业的历史记载简略，《国语》的《齐语》则专记管仲相齐的业绩，对后人详细了解齐桓公霸业形成之经过大有裨益。《左传》对越灭吴的记载略而不详，《国语》的《越语》则用很大的篇幅，生动详细地记载了越王勾践如何忍辱负重，发愤图强，最终灭吴的历史。《左传》记事，偏重于事件之原委，而《国语》则很注重各国贵族的言论。二者可相互参证，相互补充。总之，《国语》作为《春秋外传》，确实可补《春秋内传》——《左传》之不足，具有很高的史料价值，所以，司马迁修《史记》时，将《国语》列为重要的参考书目。现存最早的《国语》注本，是三国时吴国韦昭的《国语解》，有天圣明道本（宋明道二年取天圣七年印本重刊）和公序本（宋代宋庠的《国语补音》本，宋庠字公序）。还有清代洪亮吉的《国语韦昭注疏》、汪远孙的《国语校注本三种》、董增龄的《国语正义》及近人徐元诰的《国语集解》。1978年上海古籍出版社出版的《国语》点校本，广泛吸取前人的校勘成果，注释简明，比较容易阅读。

通过上述比较可知，《国语》《左传》两书在叙述规模、记载史实方面关系紧密，多有互为参验之处，在语言、编纂、写作特点方面则各具特色。《国语》重在记言，长于说理，盖编纂此书之

目的在于供统治者垂鉴。《国语》记载了大量的人物语言，所以其所记情节更加细腻可信，所塑造人物形象更清晰生动。因编者没有对全书语言和风格做统一润色，故《国语》各《语》风格颇有差异，但所记西周春秋时期各国史料则得以比较完整地保留了原貌。《左传》为编年体史书，以年系事，故记事详尽，着重交代事件的始末，且长于多角度宏观描述事件发展过程。由于出自一人之手，《左传》全书语言风格统一，编纂精审。《国语》《左传》分别代表了先秦时期“语”体作品与史传散文的最高成就。

由于国别史的特点，《国语》有时在记叙某一国的事件时，集中在一定篇幅写某个人的言行，这种事迹有机结合可成为一篇完整的传记，而《国语》仅仅是材料的汇编，是一组各自独立的小故事的组合，所以不是独立的人物传记。总之，由于《国语》以记言为主，虽然叙事和刻画人物有一定特色，但文学成就比《左传》要稍逊一筹。

参考文献

著作：

《尚书》，十三经注疏本，中华书局，1980 年。

《春秋左氏传》，十三经注疏本，中华书局，1980 年。

《国语》，上海古籍出版社，1998 年。

《战国策》，上海古籍出版社，1985 年。

班固：《白虎通》，丛书集成初编，商务印书馆，1936 年。

刘向：《列女传》，辽宁教育出版社，1998 年。

《穆天子传》，《四部丛刊》本。

孙星衍、黄以周校：《晏子春秋》，上海：上海古籍出版社，1989 年。

（西汉）司马迁：《史记》，中华书局，1959 年。

（东汉）班固：《汉书》，商务印书馆，1958 年。

（南朝梁）刘勰著，范文澜注：《文心雕龙》，人民文学出版社，1958 年。

（唐）刘知几：《史通》，《四部丛刊》本。

（清）阮元：《十三经注疏》，中华书局，1980 年。

许慎著，段玉裁注：《说文解字注》，上海古籍出版社，1981 年。

（清）皮锡瑞《经学历史》，中华书局，1959 年。

杨伯峻：《春秋左传注》（修订本），中华书局，1959 年。

王国维：《观堂集林》，中华书局，1959 年。

鲁迅：《汉文学史纲要》，人民文学出版社，1981 年。

朱自清：《经典常谈》，三联书店，1980 年。

钱钟书：《管锥编》，中华书局，1982 年。

游国恩等主编：《中国文学史》，人民文学出版社，1963 年。

杨义：《中国叙事学》，人民文学出版社，1977 年。

赵翼：廿二史札记笥记，中华书局，1984 年。

童书业：春秋左传研究，上海人民出版社，1980 年。

杨希枚：《论先秦所谓姓及其相关问题》，中国文史研究，1984 年。

朱光潜：悲剧心理学，人民文学出版社，1983 年。

曹庆元：悲剧论，华岳文艺出版社，1987 年。

胡念贻：左传叙事的倾向性，先秦文学论集，中国社会科学出版社，1981 年。

王季思：中国古代十大古典悲剧集，上海文艺出版社，1982 年。

宗白华：悲剧幽默与人生，美学与意境，人民出版社，1987 年。

袁行霈：《中国文学史纲要（一）》，北京大学出版社，1983 年。

柴德赓：《史籍举要》，北京出版社，2002 年。

白寿彝总主编：《中国通史 · 中古时代》，上海人民出版社，1999 年。

乔力主编：《中国文化经典要义全书》（上），光明日报出版社，1996 年。

陈平原：《中国小说叙事模式的转变》，上海人民出版社，1988 年。

袁行霈：《中国文学史》，高等教育出版社，2001 年。

赵伯雄：春秋学史，山东教育出版社，2004 年。

郭丹：《史传文学：文与史交融的时代画卷》，广西师范大学出版社，1999 年。

朱东润：《朱东润传记作品全集》，东方出版中心，1999 年。

董乃斌：《中国小说的文体独立》，中国社会科学出版社，1994 年。

朱一玄、刘毓忱编：《三国演义资料汇编》，百花文艺出版社，1983 年。

孙绿怡：《左传与中国古典小说》，北京大学出版社，1992 年。

褚斌杰、谭家健：先秦文学史，人民文学出版社，1998 年。

陈克炯：左传详解词典，中州古籍出版社，2004 年。

王叔岷：左传考校，中华书局，2007 年。

童书业：春秋左传研究，中华书局，2006 年。

沈玉成、刘宁：《春秋左传学史稿》，江苏古籍出版社，1992 年。

徐中玉：古文鉴赏大辞典，浙江教育出版社，1989 年。

李梦生：左传译注，上海古籍出版社，2004 年。

瞿林东：中国简明史学史，上海人民出版社，2005 年。

刘黎明：《春秋》经传研究，巴蜀书社，2008 年。

鲁毅：左传考释，湖北人民出版社．2009 年。

高方：《左传》文学研究，中国社会科学出版社，2014 年。

张伟：《话题中国文学史·史传文学卷》，北京工业大学出版社，2008 年。

论文：

张鹤：《国语》《左传》比较略论，春秋三传与经学文化，2012 年第 6 期。

张明艳：《大众科学·科学研究与实践》，2008 年第 2 期。

贺陶乐、王春乐：《左传》的战争描写艺术，延安大学学报，2007 年第 8 期。

张之佐：《左传》民本思想思考，兰州教育学院学报，2003 年第1期。

唐桂丹：《左传》外交辞令的修辞方式辨析，长春理工大学学报，2009年第11期。

史继东：《左传》叙事观念及叙事艺术研究，硕士论文，2007年。

杨晓：《左传》语言特点的探讨，文史哲，2013年第7期。

孟庆莲：《左传》中战争描写角度的多样性，郑州铁路技术学院学报，2013年第6期。

黄连平：浅谈《左传》与《国语》的异同，商丘技术学院学报，2005年第6期。

王贵福：试论《左传》的情节，广西民族学院学报，1985年第4期。

夏继先：试论《左传》的细节描写，湖北广播电视大学学报，2009年第1期。

孙希国：小议《左传》《国语》中的民本思想，辽宁行政学院学报，2013年第6期。

陈洪波：论《左传》政治变革意识，湖北第二师范学院学报，2011年第11期。

王晓岑：《左传》与《春秋》关系考证，硕士论文，2014年。

张伟：《先秦文明与口语传播》，硕士论文，2005年。

图书在版编目(CIP)数据

春秋绝唱:《左传》纵览新说/张伟著. —济南:
济南出版社, 2016. 7
(文化中国. 永恒的话题. 第五辑)
ISBN 978-7-5488-2215-8

Ⅰ. ①春… Ⅱ. ①张… Ⅲ. ①中国历史—春秋
时代—史籍 ②《左传》—研究 Ⅳ. ①K225.04

中国版本图书馆 CIP 数据核字 (2016) 第 164478 号

出 版 人 崔 刚
整体策划 丁少伦
责任编辑 胡瑞成
装帧设计 侯文英

出版发行 济南出版社
地　　址 济南市二环南路 1 号(250002)
发行热线 0531-86131731 86131730 86116641
编辑热线 0531-86131721 86131722
网　　址 www.jnpub.com
经　　销 新华书店
印　　刷 山东省东营市新华印刷厂
版　　次 2017 年 1 月第 1 版
印　　次 2017 年 1 月第 1 次印刷
规　　格 150 毫米×230 毫米 16 开
印　　张 15
字　　数 195 千字
印　　数 1-5000 册
定　　价 48.00 元

济南版图书,如有印装错误,请与出版社联系调换。
联系电话:0531-86131736